普通高等院校"十二五"规划重点教材

国际贸易系列

国际商务谈判

李朝民／主编

张 旭 辛小瑞／副主编

U0781077

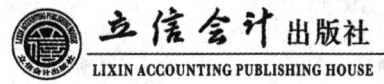

立信会计出版社

LIXIN ACCOUNTING PUBLISHING HOUSE

图书在版编目(CIP)数据

国际商务谈判/李朝民主编. —上海:立信会计出版社,2012.5

普通高等院校"十二五"规划重点教材. 国际贸易系列

ISBN 978 - 7 - 5429 - 3535 - 9

Ⅰ.①国… Ⅱ.①李… Ⅲ.①国际商务—商务谈判—高等学校—教材 Ⅳ.①F740.41

中国版本图书馆 CIP 数据核字(2012)第 086666 号

责任编辑 赵新民
封面设计 周崇文

国际商务谈判

出版发行	立信会计出版社		
地　址	上海市中山西路 2230 号	邮政编码	200235
电　话	(021)64411389	传　真	(021)64411325
网　址	www.lixinaph.com	电子邮箱	lxaph@sh163.net
网上书店	www.shlx.net	电　话	(021)64411071
经　销	各地新华书店		
印　刷	浙江省临安市曙光印务有限公司		
开　本	787 毫米×1092 毫米	1/16	
印　张	16		
字　数	366 千字		
版　次	2012 年 5 月第 1 版		
印　次	2016 年 2 月第 3 次		
印　数	4 601—6 600		
书　号	ISBN 978 - 7 - 5429 - 3535 - 9/F		
定　价	29.00 元		

如有印订差错,请与本社联系调换

普通高等院校"十二五"规划重点教材·国际贸易系列

总　主　编

李朝民

专家指导委员会

总　　序

　　改革开放以来,尤其是加入 WTO 之后,中国的对外贸易得到了快速发展,为国民经济的健康发展作出了巨大贡献。在这种背景下,培养高素质的外贸从业人员,保持国际贸易持续快速增长,就显得十分重要。高素质的外贸从业人员,需要掌握系统的相关理论、知识和技能,这套国际贸易系列教材就是为这一目的而编写的。

　　本套教材共 13 本,分别是《国际营销学》、《中国对外贸易概论》、《国际贸易》、《国际贸易实务》、《国际贸易法》、《国际金融》、《外贸英语函电》、《国际商务英语》、《国际服务贸易》、《国际贸易结算》、《国际货物运输与保险》、《国际贸易单证实务》、《国际商务谈判》,其中前 8 本可作为商务部外销员的考试用书。这 8 本教材以商务部最新外销员考试大纲为指导,在涵盖大纲全部内容的基础上,适当进行了扩充,使其既可满足外贸从业人员参加外销员考试复习之用,亦可供高等院校国际贸易及相关专业的学生学习使用。

　　本套教材的最大特点,在于注重理论性、知识性和趣味性的同时,也注重实用性和可操作性。比如,《国际贸易实务》介绍了如何选择进出口商品和寻找贸易商的各种有效途径,还有如何办理出口外汇核销和出口退税手续的相关内容等;《外贸英语函电》的案例几乎全部来源于外贸公司的真实案例;《国际贸易单证实务》的各种单证全部来源于外贸公司和外贸运输公司的真实单证,以便学生学以致用,提高实际业务操作技能,毕业后能快速适应外贸工作。全套教材都适当增加了"知识拓展"和"案例分析",便于学生理解、掌握相关理论和知识。

　　本套教材的另一特点,是内容的前沿性和新颖性。最新相关理论、惯例、政策、规章制度以及所涉及的相关最新知识、信息等均纳入教材中,紧跟时代步伐。

　　本套教材的编者,有长期从事国际贸易相关专业的教学和科研工作的专家、学者,还有长期从事国际贸易实务、管理及相关工作的专业人士,既确保了理论知识的深度、广度和系统性,又确保了应用知识的真实性和实用性。

　　本套教材的广泛使用,将有助于改变长期以来教材与国际贸易实践脱节的现状,有利于培养理论知识系统、全面、扎实,操作技能强的综合性外贸专门人才。

李朝民

前　言

　　国际商务谈判是对外经济贸易工作中不可缺少的重要环节。在现代国际社会中,许多交易往往需要经过艰难繁琐的谈判。尽管交易的成败往往与所提供商品质量的优劣、价格的高低和技术的先进与否有关,但在一定程度上也取决于谈判的成功与否。在国际商务活动中,不同的利益主体需要就共同关心或感兴趣的问题进行磋商,协调各自的经济利益,谋求在某一点上取得妥协,使双方都感到有利从而达成协议。因此,国际商务谈判是对外经济贸易活动中普遍存在的一项十分重要的经济活动,是调整和解决不同国家和地区政府及商业机构之间不可避免的经济利益冲突的必不可少的一种手段。

　　国际商务谈判是一门理论与实践并重的学科。从理论上讲,它具有很强的综合性,涉及经济学、管理学、行为学、语言学、逻辑学等学科;从实践上看,它是一门注重实践、讲求实用、解决实际问题的应用科学。国际商务谈判既有其规律性和原则性,又有其灵活性和创造性。国际商务谈判是实力与智慧的竞争,也是学识与口才的较量。要想成为商界的谈判高手,就必须学好这门课程。

　　本书系统地介绍了国际商务谈判的基本理论、基本原理、谈判形式和谈判过程,同时也介绍了谈判的策略与技巧,以及如何在谈判中避免不同文化的冲突等问题。本书尽可能反映本学科发展的前沿动态,吸收谈判学领域的最新成果。相对于其他谈判学教材,本书具有覆盖面广、实用性强、内容新颖等特点。

　　本书主编为李朝民,副主编为张旭、辛小瑞,李万军、赵绿明、魏一卓等参与了本书的编写。编写中我们参考了一些相关图书及网站资料,引用的案例有的稍做改动,在此对各位作者深表谢意。本书可作为普通高等院校涉外专业的教材,亦可作为希望提高自身谈判能力的社会各界人士的读物。

编　者

目 录

第一章　国际商务谈判概述

 **学习目标**

通过本章的学习,学生应了解国际商务谈判的概念、特征、种类、基本程序,以及开展国际商务谈判的基本原则。

第一节　国际商务谈判的概念、特征及作用

谈判是对外经济贸易工作程序中必不可少的一个环节,在整个对外经济贸易活动中,每一次进出口贸易活动能否通过谈判达到自己的目的,以及怎样谈判可以提高谈判效率,已引起了买卖双方的普遍关注。如今,在国际社会中,任何交易都须经过艰难的谈判,尽管有时企业可以凭借商品的优质或价格的低廉取胜,但交易的成败往往取决于谈判,而谈判结果就是买卖双方博弈的支付。

一、国际商务谈判的概念

国际商务谈判(international business negotiations)是指在国际商务活动中,处于不同国家或地区的商务活动当事人为了达成某笔交易,彼此通过信息交流,就交易的各项要件进行协商的行为过程。国际商务谈判是国际商务活动的重要组成部分,也是国际商务理论的主要内容。国际商务谈判是一种在对外经贸活动中普遍存在的、解决不同国家或地区的商业机构之间不可避免的利害冲突、实现共同利益的必不可少的手段。

国际商务谈判中,利益主体的一方通常是外国的政府、企业或公民(在现阶段,还包括我国香港、澳门和台湾地区的企业和商人),另一方是本国的政府、企业或公民。在国际商务活动中,不同的利益主体需要就共同关心或感兴趣的问题进行磋商,协调各自的经济利益或政治利益,谋求在某一点上取得妥协,使双方都感到有利从而达成协议。

由于谈判双方的立场不同,所追求的具体目标各异,因此,在谈判过程中充满了复杂的利害冲突。正是这种冲突才使谈判成为必要,而如何解决这些冲突,恰是谈判人员所承担的任务。一项谈判能否取得成功,就在于参加谈判的双方能否通过各种不同的讨价还价的方式或手段,最后取得妥协,得到一个双方都能接受的公平合理的结论。这就要求参加谈判的人员具备高度的原则性和灵活性,具备广博的知识和丰富的想象力,既有远见卓识,又有灵活机智的策略和技巧,这样才能立于不败之地。

二、国际商务谈判的特征

国际商务谈判同其他贸易谈判一样,既具有一般谈判的共性,又具有其自身的特殊性。

1. 国际商务谈判的共性

国际商务谈判的共性表现在以下几点:

(1) 以经济利益为谈判的目的。人们之所以要进行各种谈判是因为有一定的目标和利益需要得到实现。国际商务谈判的目的集中而鲜明地指向经济上的利益,虽然参与商务谈判的双方要受政治、外交因素的制约,但他们考虑的最终只是如何在现有政治、外交关系的格局下取得更多的经济利益。

(2) 以经济效益作为谈判的主要评价指标。商务谈判是经济活动的组成部分或本身就是一项经济活动,任何经济活动都要讲究经济效益,不仅要注意从谈判中能获得多少经济效益,还要核算谈判的三项成本,即谈判桌上的成本、谈判过程的成本和谈判的机会成本。

(3) 以价格作为谈判的核心。虽然商务谈判所涉及的项目和要素不仅仅是价格,谈判者的需要和利益也并不仅仅表现在价格上,但在几乎所有的商务谈判中,价格都是谈判的核心内容,占据最显赫、最重要的地位。这不仅是因为价格的高低最直接、最集中地表明了谈判双方的利益分割,而且还在于谈判双方在其他条件,诸如质量、数量、付款形式、付款时间等利益要素上的得与失,在很多情况下都可以折算为一定的价格,通过价格的升降而得到体现或予以补偿。

2. 国际商务谈判的特殊性

国际商务谈判的特殊性表现为以下几点:

(1) 国际商务谈判既是一笔交易的商洽,也是一项涉外活动,具有较强的政策性。谈判双方之间的商务关系是一个国家或地区同别的国家或地区之间的经济关系的一部分,并且常常涉及一国或地区同别国或地区之间的政治关系和外交关系。国际商务谈判必须贯彻执行国家有关的方针政策,尤其是外交政策和某些国别政策,执行有关对外经济贸易的一系列法律和规章制度。例如,我国政府的对外开放政策极大地推进了涉外商务谈判及由其带来的商务交易活动,而美国国会以前一年一度的关于是否保留中国最惠国待遇的辩论和投票,以及西方国家实施或取消对中国的经济制裁等,都对中美之间和中西方国家之间的商务谈判产生了积极或消极的影响。因此,各类国际商务谈判的参与者都会设法通过各种渠道,积极寻求谈判参与方国家政府或地区当局的支持与认可。

(2) 国际商务谈判的当事人通常属于不同的国家或地区,应按国际惯例办事。国际商务谈判商讨的是两个或多个国家或地区的企业之间的商务关系,因此在适用的法律方面就不能完全以任何一方所在国家或地区的经济法为依据,而必须以国际经济法为准则,按国际惯例行事。当需要仲裁时,与仲裁地点及仲裁所适用的规则直接相关。一般来说,规定在哪一国仲裁,往往就要使用该国的仲裁规则和程序。

(3) 影响谈判的因素复杂。谈判者来自不同的国家或地区,这些国家或地区有着不同的社会文化环境和政治经济体制,人们的价值观念、思维方式、行为方式、语言及风俗习惯各不相同,从而使影响谈判的因素大大增加,导致谈判更为复杂、难度更大,稍有不慎,就会面

临挫折和失败。

（4）谈判涉及的内容广泛。由于谈判结果是导致有形或无形资产的跨国转移，因而要涉及国际贸易、国际金融、会计、保险、运输等一系列相关的问题，这就对从事国际商务谈判的人员在专业知识方面提出了更高的要求。

三、国际商务谈判的作用

在国际商务谈判活动中，不同的利益主体需要就共同关注或感兴趣的问题进行磋商，协调和调整各自的经济利益，谋求在某一点上取得妥协，从而使双方都能获利而达成协议。国际商务谈判的作用体现在如下几个方面：

（1）传递、沟通信息。谈判人员是公司与客户间的桥梁，谈判使沟通成为现实。在谈判过程中，谈判的双方都会得到诸如产品设计、质量、包装以及市场等方面的信息资料。

在谈判过程中，不仅要搜集到自己所需的情报，还要向顾客传递有关产品、服务和企业发展的信息。有时对方是因为产品本身而购的产品，有时是因服务而购的产品，还有时是因为企业的生产条件和声望而购的产品。可见，这些信息对于签订合约和扩大企业的影响是非常重要的。

（2）解决利害冲突、实现共同利益。在市场经济条件下，组织与组织之间、组织与个人之间存在冲突是不可回避的现实，谈判可以消除和避免组织和上级部门、政府机构、合作者和竞争者等各类人员之间的误解、纠纷。有时在经济合作过程中，合同的某些缺陷会给工作带来麻烦，通过谈判求同存异，寻找解决问题的方法，可以使双方的利益都得到保证。

（3）满足国际商务的需要。在经济全球化的今天，任何一个国家都不可能将自己封闭起来。世界在缩小，贸易往来日益频繁。国际贸易比国内贸易复杂得多，其特点在于语言不同、法律与风俗习惯不同、货币与度量衡制度不同、商业习惯不同，贸易各国存在壁垒、沟通接洽不便、海关及汇兑手续复杂、运输困难、保险及索赔技术不易把握，信用、汇兑、运输、价格、政治和商业风险极大。尽管国际上经过长期的努力已形成了多种贸易术语，但明确贸易中彼此权利和义务仍是贸易双方谈判必不可少的环节。只有通过面谈、函电、电子网络进行磋商，才能更好地达成协议，化解双方的误解。

第二节　国际商务谈判的种类

根据不同的标准，可以将国际商务谈判划分为各种不同的类型。

一、按参加谈判的人数规模来划分

按参加谈判的人数规模来划分，可以将谈判分为谈判双方各只有一人参加的一对一的个体谈判和双方都有多人参加的集体谈判。一般来说，关系重大且比较复杂的谈判大多是集体谈判。

谈判的人数规模不同，则在谈判者的选择、谈判的组织与管理上都有很大的不同。例如，在人员的选择上，如果是一对一的个体谈判，那么所选择的谈判者必须是全能型的，即必须具备本次谈判所涉及的各个方面的知识和能力，如国际金融、国际贸易、商品、技术和法律

等方面的知识。个体谈判尽管有谈判者不易得到他人帮助的不足,但也有有利之处,这就是谈判者可以随时有效地把自己的谈判设想和意图贯彻到谈判中去,不存在集体谈判时内部意见协商困难以及某种程度上的内耗问题。

二、按参加谈判的利益主体的数量来划分

根据参加谈判的利益主体数量的不同,可以将谈判分为双方谈判(两个利益主体)和多方谈判(两个以上的利益主体)。

很显然,双方谈判的利益关系比较明确具体,也比较简单,因而容易达成一致意见。相比之下,多方谈判的利益关系则要复杂得多,难以协调一致。

三、按谈判双方接触的方式来划分

按谈判双方接触的方式,可以将谈判划分为直接的、面对面的口头谈判与间接的书面谈判两种。

直接的、面对面的口头谈判的好处是便于双方谈判者能够交流思想感情。双方谈判者随着日常的直接接触,会由生人变为熟人,产生一种所谓的互惠要求,因此,在某些谈判中,有些交易条件的妥协、让步完全是出于情感上的原因。在一般情况下,在面对面的谈判中,即使实力再强的谈判者也难以保持交易立场的丝毫不动摇,或者拒绝作出任何让步。面对面的谈判还可以通过观察对方的面部表情、姿态动作,借以审查对方的为人及交易的可靠性。

书面谈判是谈判双方不直接见面,而是通过电传、电报、互联网、传真、信函等方式进行商谈。这种谈判方式的好处在于:在阐述自己的主观立场时,用书面形式比口头形式显得更为坚定有力;在向对方表示拒绝时,书面谈判要比口头谈判方便得多;书面谈判还比较节省费用。书面谈判的缺点在于:不便于谈判双方的相互了解,信函、电报、电传、传真等通信媒介所能传递的信息量有限。因此,这种谈判方式只适用于交易条件比较规范、明确,内容比较简单,谈判双方彼此比较了解的情况。对一些内容比较复杂多变而双方又缺少必要了解的谈判,这种方式是不适用的。

四、按谈判进行的地点来划分

根据谈判进行的地点不同,可以将谈判分为主场谈判(home negotiations)、客场谈判(away negotiations)和中立地谈判(neutral negotiations)三种。

所谓主场谈判,是指对谈判的某一方来讲谈判是在其所在地进行,他就是东道主;相应地,对谈判的另一方来讲就是客场谈判,他是以宾客的身份前往谈判的谈判。所谓中立地谈判,是指在谈判双方所在地以外的其他地点进行的谈判。在中立地进行谈判,对谈判双方来讲就无宾主之分了。不同的谈判地点使得谈判双方具有不同的身份,谈判双方在谈判过程中都可以借此身份和条件,选择运用某些谈判策略和战术来影响谈判,争取主动。

五、按谈判中双方所采取的态度与方针来划分

根据谈判中双方所采取的态度,可以将谈判划分为三种类型:让步型谈判(concession-based negotiations)或称软式谈判,立场型谈判(position-based negotiations)或称硬式谈判,

原则型谈判(principle-based negotiations)或称价值型谈判。

（一）让步型谈判

让步型谈判者希望避免冲突，随时准备为达成协议而让步，希望通过谈判签订一个双赢的协议。在让步型谈判中，一般的做法是：提议、让步、信任对方、保持友善，以及为了避免冲突、对抗而屈服于对方。

如果谈判双方都能以宽大及让步的心态进行谈判，那么达成协议的可能性、速度、成本与效率都比较令人满意，并且双方的关系也会得到进一步的发展。然而，由于利益的驱使，加上价值观及个性方面的差异，并非人人在谈判中都会采取这种谈判方法。并且，让步型谈判并不一定是恰当的，在遇到强硬的谈判者时，让步者往往会受到伤害。因而，在实际的商务谈判中，采取让步型谈判的人是极少的，一般只限于双方的合作关系非常友好，并有长期业务往来的情况。

 **知识拓展**

> 著名谈判实战专家盖温·肯尼迪(Gavin Kennedy)对有志成为谈判专家的人们提出如下建议："面对艰难的对手，较好的办法是先作出些微小的让步，以换取对方的善意。"据说这是谈判能力的一块"试金石"。表示同意的人将被判定谈判行为的基本态度不正确，因为只要作出让步，对手将步步紧逼，从而导致你放弃更多的利益。一个关于谈判的悖论出现了："让步，将导致对手的步步紧逼；不做让步可能导致对手因得不到利益的满足而终止谈判。"何去何从，要具体情况具体分析。

在利益冲突不能采取其他的方式协调时，客观标准的让步策略的使用在商务谈判中会起到非常重要的作用。成功让步的策略和技巧表现在谈判的各个阶段，但是，要准确、有价值地运用好让步策略，总体来讲必须服从以下原则。

1. 目标价值最大化原则

应当承认，在商务谈判中，很多情况下的目标并非是单一的一个目标，在处理这些多重目标的过程中，不可避免地存在着目标冲突现象。谈判的过程事实上是寻求双方目标价值最大化的一个过程，但这种目标价值的最大化并不是所有目标的最大化。如果是所有目标最大化的话，就违背了商务谈判中的平等公正原则，因此也避免不了在处理不同价值目标时使用让步策略。不可否认，在实际过程中，不同目标之间的冲突是时常发生的，但是不同目标的重要价值及紧迫程度也是不相同的，所以在处理这类矛盾时需要在目标之间依照重要性和紧迫性建立优先顺序，优先解决达到重要及紧迫目标的问题，在条件允许的前提下适当争取其他目标。其中的让步策略首先就是保护重要目标价值的最大化，如关键环节、价格、付款方式等。成功的商务谈判者在解决这类矛盾时所采取的思维顺序是：① 评估目标冲突的重要性、分析自己所处的环境和位置，在不牺牲任何目标的前提下冲突是否可以解决。② 如果在冲突中必须有所选择的话区分主目标和次目标，以保证整体利益最大化，但同时

也应注意目标不要太多,以免顾此失彼,甚至自相混乱,留给谈判对手可乘之机。

2. 刚性原则

在谈判中,谈判双方在寻求自己目标价值最大化的同时也对自己最大的让步价值有所准备,就是说,谈判中可以使用的让步资源是有限的,所以,让步策略的使用是具有刚性的,其运用的力度只能是先小后大,一旦让步力度下降或减小则以往的让步价值也就失去意义;同时,谈判对手对于让步的体会具有抗药性,一种方式的让步使用几次就失去效果,同时也应该注意到谈判对手的某些需求是无止境的。必须认识到,让步策略的运用是有限的,即使你所拥有的让步资源比较丰富,但是在谈判中对手对于你的让步的体会也是不同的,并不能保证你取得预先期望的价值回报。因此,在刚性原则中必须注意到以下几点:① 谈判对手的需求是有一定限度的,也是具有一定层次差别的,让步策略的运用也必须是有限的、有层次区别的。② 让步策略的运用效果是有限的,每一次的让步只能在谈判的一定时期内起作用,是针对特定阶段、特定人物、特定事件起作用的,所以不要期望满足对手的所有意愿,对于重要问题的让步必须给予严格的控制。③ 时刻对于让步资源的投入与你所期望效果的产出进行对比分析,必须做到让步价值的投入小于所产生的积极效益。在使用让步资源时一定要有一个所获利润的测算,你需要投入多大比例来保证你所期望的回报,并不是投入越多回报越多,而是寻求一个两者之间的最佳组合。

3. 时机原则

所谓让步策略中的时机原则,就是在适当的时机和场合作出适当适时的让步,使谈判让步的作用发挥到最大、所起到的作用最佳。虽然让步的正确时机和不正确时机说起来容易,但在谈判的实际过程中,时机是非常难以把握的,常常存在以下种种问题:① 时机难以判定。例如,谈判的对方提出要求时就认为让步的时机到了,或者认为让步有一系列的方法,谈判完成是最佳的时机。② 对于让步的随意性导致时机把握不准确。在商务谈判中,谈判者仅仅根据自己的喜好、兴趣、成见、性情等因素使用让步策略,而不顾及所处的场合、谈判的进展情况及发展方向等,不遵从让步策略的原则、方式和方法。这种随意性导致让步价值缺失、让步原则消失,进而促使对方的胃口越来越大,在谈判中丧失主动权,导致谈判失败,所以在使用让步策略时千万不得随意而为之。

4. 清晰原则

在商务谈判的让步策略中的清晰原则是:让步的标准、让步的对象、让步的理由、让步的具体内容及实施细节应当准确明了,避免因为让步而导致出现新的问题和矛盾。常见的问题有:① 让步的标准不明确,使对方感觉自己的期望与你的让步意图错位,甚至感觉你没有在问题上让步而是含糊其辞。② 方式、内容不清晰,在谈判中你所作的每一次让步必须是对方所能明确感受到的。也就是说,让步的方式、内容必须准确、有力度,对方能够明确感觉到你所作出的让步,从而激发对方的反应。

5. 弥补原则

如果迫不得已,己方再不作出让步就有可能使谈判夭折的话,也必须把握住"此失彼补"这一原则。即这一方面(或此问题)己方给了对方优惠,但在另一方面(或其他地方)必须加倍地或至少均等地获取回报。当然,在谈判时,如果发觉此问题己方若是让步可以换取彼处更大的好处时,也应毫不犹豫地给其让步,以保持全盘的优势。

在商务谈判中,为了达成协议,让步是必要的。但是,让步不是轻率的行动,必须慎重处理。成功的让步策略可以起到以局部小利益的牺牲来换取整体利益的作用,甚至在有些时候还可以达到"四两拨千斤"的效果。

让步策略要因人、因地、因时而异,基本原则是以小博大。

（二）立场型谈判

立场型谈判者把任何情况都看作是一场意志力的竞争和搏斗,立场越强硬者,最后的收获也就越多。在立场型谈判中,双方把注意力都投入到如何维护自己的立场、否定对方的立场上,而忽视双方在谈判中真正需要的是什么,以及能否找到一个兼顾双方需要的解决方法。

立场型谈判者往往在谈判开始时提出一个极端的立场,进而固执地加以坚持。只有在谈判难以为继、迫不得已的情况下,才会作出极小的让步。双方都采取这种态度和方针,必然导致双方的关系紧张,延长谈判的时间,增加谈判的成本,降低谈判的效率。即使某一方屈服于对方的意志而被迫让步、签订协议,其内心的不满也是显然的,因为在这场谈判中,他的需要没能得到应有的满足,这会导致他在以后协议履行过程中的消极行为,甚至是想方设法阻碍和破坏协议的执行。从这个角度来讲,立场型谈判中没有真正的胜利者。

总之,立场型谈判中双方陷入立场性争执的泥潭而难以自拔,不注意尊重对方的需要和寻求双方利益的共同点,所以很难达成协议。

（三）原则型谈判

原则型谈判要求谈判双方将对方视为与自己并肩合作的同事,而不是作为敌人来对待,即要注意与对方的人际关系。但是,原则型谈判并不像让步型谈判那样只强调双方的关系而忽视利益的获取,它要求谈判双方尊重对方的基本需要,寻求双方利益上的共同点,设想各种使双方各有所获的方案。当双方的利益发生冲突时,则坚持根据公平的标准来作出决定,而不是通过双方意志力的比赛一决胜负。

与立场型谈判相比,原则型谈判注意调和双方的利益而不是立场,从而可以找到既符合自己利益,又符合对方利益的替代性立场。

原则型谈判认为,在谈判双方对立立场的背后,存在着某种共同性利益和冲突性利益。己方常常因为对方的立场与己方的立场相对立而认为对方的全部利益与己方的利益都是冲突的。但事实上,在许多谈判中,深入地分析双方对立立场背后隐含的或代表的利益,就会发现双方共同性的利益要多于冲突性利益。如果双方都能认识到并看重共同性利益的话,调解冲突性利益也就比较容易了。

原则型谈判强调通过谈判所取得的价值。这个价值既包括经济上的价值,也包括人际关系的价值,因而是一种既理性又富有人情味的谈判,为世界各国的谈判研究人员和谈判人员所推崇。

表1-1所述的三种方法都是比较理论化的谈判方法,现实中的谈判往往与上述三种方法有所差别,准确地说是三种方法的综合。

表 1－1　　　　　　　　　让步型谈判、立场型谈判和原则型谈判的比较

类　型		让 步 型 谈 判	立 场 型 谈 判	原 则 型 谈 判
策略	对　手	视为朋友 信任对方	视为敌人 不信任对方	视为问题的共同解决者
	出发点	为增进关系而轻易改变立场,坚持达成协议	不顾关系坚持立场,让对方让步	利益至上,坚持客观标准
方法	手　段	对人和事都温和	对人和事都强硬	对人温和,对事强硬
	做　法	提出建议	威胁对方	共同探究共同利益
	协　议	为达成协议而让步	要有所获才肯让步	达成双方都有利的协议
	方　案	找出对方能接受的	找出自己愿意接受的	规划多个方案供双方选择
	表　现	尽量避免意气用事	双方意志力的较量	根据客观标准达成协议
结　果		屈服于对方压力	增加压力使对方屈服或谈判破裂	服从原则而不屈服于压力

影响和制约上述方法运用的因素有四个方面：

首先,今后与对方继续保持业务关系的可能性。如果一方想与另一方保持长期的业务关系,并且具有这样的可能性,那么就不能采取立场型谈判,而要采取比较注意建立和维护双方关系的原则型谈判与让步型谈判;反之,如果是一次性的、偶然的业务关系,则可以适当地考虑使用立场型谈判。

其次,对方谈判实力与己方谈判实力的对比。如果双方实力接近,可以采取原则型谈判;如果己方的谈判实力要比对方强许多,则可以考虑适当采用立场型谈判。

再次,该笔交易的重要性。如果交易很重要,可以考虑采用原则型谈判或立场型谈判。

最后,谈判在人力、物力、财力和时间方面的限制。如果谈判的花费很大,在人力、物力、财力上支出较多,谈判时间一长,己方必然难以负担,则应考虑采用让步型谈判或原则型谈判。

六、按谈判的内容来划分

企业经济活动的内容是多种多样的,因此商务谈判的内容也是复杂多样的。中国企业在涉外经济活动中经常碰到的国际商务谈判主要有以下几种。

1. 投资谈判

投资,简单地说就是把一定的资本(包括货币形态的资本、物质形态的资本、所有权形态的资本和智能形态的资本等)投入和运用于某一项以营利为目的的事业中的活动。投资谈判(investment negotiations)是指谈判的各方就共同参与或涉及的某项投资活动,对该投资活动所涉及的有关投资的周期、方向、方式、内容与条件、项目的经营及管理,以及投资者在投资活动中的权利、义务、责任和相互关系所进行的谈判。

2. 租赁及"三来一补"谈判

租赁谈判(lease negotiations)是指中国的企业从国外租用机器和设备而进行的谈判。

它涉及机器设备的选定、交货、维修保养、到期后的处理、租金的计算及支付、在租赁期内租赁公司与承租企业双方的责任及权利和义务关系等问题。

"三来一补"谈判（"three plus one" trading mix negotiations）中的"三来"是指从国外来料加工、来样加工和来件装配业务，这方面的谈判内容主要包括：来料、来件的时间，质量认定，加工标准，成品的交货时间及质量认定，原材料损耗率的确定，加工费的计算及支付等。"一补"是指补偿贸易，其谈判主要涉及技术设备的作价、质量保证、补偿产品的选定及作价、补偿时间、支付方式等方面的问题。

国际租赁及"三来一补"业务在我国许多企业，特别是中小型企业中非常活跃。

3. 货物买卖谈判

货物买卖谈判（negotiating the sale of goods）即一般商品的买卖谈判，它主要是买卖双方就买卖货物本身的有关内容，如质量、数量、货物的转移方式和时间、买卖的价格条件与支付方式、交易过程中双方的权利与责任义务等问题所进行的谈判。货物买卖谈判是商务谈判中数量最多的一种谈判，在企业国际商务谈判中占有十分重要的地位。

4. 劳务买卖谈判

劳务买卖谈判（negotiating the sale of labors）是劳务买卖双方就劳务提供的形式、内容、时间，劳务的价格、计算方法及劳务费的支付方式等有关买卖双方的权利、责任和义务关系的问题所进行的谈判。由于劳务本身不是物质商品，而是通过人的特殊劳动，改变某种物质或物体的性质或形状，来满足人们一定需要的劳动过程，因此，劳务买卖谈判与一般商品买卖谈判是有所不同的。

5. 技术贸易谈判

技术贸易谈判（technology trade negotiations）是指技术的接收方与技术的转让方就技术转让的形式、内容、质量规定、使用范围、价格条件、支付方式及双方在技术转让中的权利、责任和义务关系等问题所进行的谈判。技术本身的特点使技术贸易谈判与一般货物买卖谈判存在较大的差异。

6. 损害及违约赔偿谈判

这里的损害是指在商务活动中，由于一方当事人的过失给另一方当事人造成的名誉损害、人身伤害和财产损失。违约是指在商务活动中，由于非不可抗力引起的合同一方的当事人不履约或违反合同的行为。在上述两种情况下，负有责任的一方要赔偿另一方的经济损失，需要进行损害及违约赔偿谈判（compensation for damages and breach of contract negotiations）。

第三节　国际商务谈判的基本程序

一、准备阶段

简而言之，商务谈判前的准备工作就是要做到知己知彼。一场谈判能否达到预期的目

的,获得圆满的结果,不仅要看谈判桌上有关策略、战术和技巧的灵活运用和充分发挥,还有赖于谈判前充分细致的准备工作。尤其是在缺少谈判经验的谈判人员在与经验丰富的对手谈判时,更要重视谈判前的准备工作,以充分、细致、全面的准备来弥补经验和技巧上的不足。

二、开局阶段

开局阶段主要指谈判双方见面后,在进入具体交易内容之前,相互介绍、寒暄和就谈判内容以外的话题进行交谈的这一阶段。开局阶段所占用的时间较短,谈论的内容也与整个谈判主题关系不大或根本无关,但却很重要,因为它为整个谈判过程确定了基调。

谈判的内容、形式、地点不同,其谈判气氛也各不相同。在开局阶段,究竟应该营造何种谈判气氛为宜,要根据准备采取的谈判方针和谈判策略来决定,也要视谈判对手是陌生的新人还是熟识的老友来加以区别。也就是说,谈判气氛的选择和营造应该因人而异,服务于谈判的目标、方针和策略。

三、正式谈判阶段

正式谈判阶段又称实质性谈判阶段,是指从开局阶段结束开始,到最终签订协议或谈判失败为止,双方就交易的内容和条件进行谈判的过程,也是整个谈判过程的主体。正式谈判阶段一般要经历询盘、发盘、还盘、接受四个环节。从法律的角度来看,每一个环节之间均有着本质的区别。询盘和还盘不是必须经过的程序,买卖双方完全可以依据实际情况,不经过询盘而直接发盘,或不经过还盘而直接接受,但发盘和接受则是谈判获得成功和签订合同必不可少的两道程序。国际商务谈判人员只有熟练掌握每道程序的中心问题和重点问题及其相互的衔接关系,精通有关法律规定或惯例,才能在谈判中发挥自如,运用得当,从而控制整个谈判进程,直到获得成功。

1. 询盘

询盘(inquiry)是指在外贸交易洽谈中,由买卖双方中的一方向另一方就某项商品的交易内容和条件发出询问(一般多由买方向卖方发出询问),以便为下一步彼此间进行详细而周密的洽谈奠定基础。询盘可以口头表示也可以书面表示,可以询问价格也可以询问其他一项或几项交易条件。由于询盘纯属试探性接触,询盘的一方对能否达成协议不负有任何责任,因而它既没有约束性,也没有固定格式。

2. 发盘

继询盘之后,通常要由被询盘的一方进行发盘(offer)。发盘又称发价,它是由交易的一方向另一方以书面或口头形式提出交易条件,并表示愿意按照有关条件进行磋商,达成协议,签订合同。在多数情况下,发盘是由卖方向买方发出。有时发盘也可以由买方主动发出,这种由买方主动作出的发盘,国际上称为买方发盘或递盘。

发盘是交易洽谈中至关重要的一环。若发盘人发出实盘后,受盘人无条件地表示接受,交易即告达成,协议亦即成为一项对买卖双方均具法律约束力的契约。

3. 还盘

还盘(counter offer)是指受盘人不同意发盘的交易条件而提出修改或增加条件的表示。

还盘的具体方法一般有以下几种：

（1）请求重新发盘。受盘人对发盘中的交易条件不能接受，可以请求发盘人重新发盘。如果要求全面重新发盘，就是对原发盘的完全拒绝，并同时提出发盘邀请。其优点是向发盘人表明受盘人的态度，即一方面不同意原发盘条件；另一方面又愿意就此标的进一步磋商谈判，同时自己不承担义务。

（2）修改发盘。发盘中包括商品质量、数量、包装、价格、装运、支付等若干项交易条件，受盘人不同意其中的一些条款，明确提出修改的具体内容或自己所能接受的交易条件。无论修改幅度多大，新的条款既构成还盘，同时又构成受盘人作出的新的发盘。

4. 接受

接受是买方或卖方无条件同意对方在发盘中提出的交易条件，并愿按这些条件与对方达成交易、订立合同的一种肯定表示。一方的发盘经另一方接受，交易即告达成，合同即告成立，双方就应分别履行其所承担的合同义务。一般用"接受"、"同意"和"确认"等术语表示接受。

谈判双方经过多次反复洽谈，就合同的各项重要条款达成协议以后，为了明确各方的权利和义务，通常要以文字形式签订书面合同。书面合同是确定双方权利和义务的重要依据，因此，合同内容必须与双方谈妥的事项及其要求完全一致，特别是主要的交易条件都要订得明确而肯定。拟定合同时所涉及的概念不应有歧义，前后的叙述不能自相矛盾或出现疏漏和差错。

在国际贸易中，对销售合同的书面形式没有特定的限制，从事进出口贸易的买卖双方，可采用正式的合同、确认书、协议书，也可采用备忘录等形式。在我国进出口业务中，主要采用合同和确认书两种形式，这两种形式在法律上具有同等效力。

第四节　国际商务谈判的基本原则

一、平等性原则

平等是国际商务谈判得以顺利进行从而取得成功的重要前提。在国际经济往来中，企业间的洽谈协商活动不仅反映着企业与企业的关系，还体现了国家与国家的关系，相互间要求在尊重各自权利和国格的基础上，平等地进行贸易与经济合作。在国际商务谈判中，平等性要求包括以下几方面内容。

1. 谈判各方地位平等

国家不分大小贫富，企业不论实力强弱，个人不管权势高低，在经济贸易谈判中的地位一律平等，不可将自己的观点和意志强加给对方。谈判各方尊重对方的主权和愿望，根据彼此的需要和可能，在自愿的基础上进行谈判。对于利益、意见分歧的问题，应通过友好协商加以妥善解决，而不可强人所难。切忌使用要挟、欺骗的手段来达到自己的交易目的，也不能接受对方带强迫性的意见和无理的要求。使用强硬、胁迫手段，只能导致谈判破裂。

2. 谈判各方权利和义务平等

各国之间在商务往来的谈判中权利和义务是平等的,既应平等地享受权利,也要平等地承担义务。谈判者的权利和义务,具体表现在谈判各方的一系列交易条件上,包括涉及各方贸易利益的价格、标准、资料、方案、关税、运输、保险等。如在世界贸易组织中,国与国之间的贸易和谈判,要按照有关规则公平合理地削减关税,尤其是限制或取消非关税壁垒。谈判的每一方都是自己利益的占有者,都有权从谈判中得到自己所需要的,都有权要求达成等价有偿、互相受益、各有所得的公平交易。价格是商贸谈判交易条件的集中表现,谈判各方讨价还价是免不了的,但是按照公平合理的价格进行协商,对进出口商品作价应以国际市场价格水平平等商议,做到随行就市,对双方有利。为弥合在价格和其他交易条件上的分歧,顺利解决谈判中的争执,就需要以公平的标准来对不同意见进行判定,而公平的标准应当是谈判各方共同认定的标准。在谈判的信息资料方面,谈判者既有获取真实资料的权利,又有向对方提供真实资料的义务。谈判方案以及其他条件的提出、选择和接受,都应符合权利和义务对等的原则。谈判者享受的权利越多,相应地需要承担的义务也就越多;反之亦然。

3. 谈判各方签约与践约平等

商务谈判的结果是签订贸易及合作协议或合同。协议条款的拟订必须公平合理,有利于谈判各方目标的实现,使各方利益都能得到最大限度地满足。"签约践约要使各方都是胜者",美国学者尼尔伦伯格的这句话充分体现了谈判的平等性要求,可以说是谈判成功的至理名言。谈判合同一经成立,谈判各方须"重合同,守信用","言必信,行必果",认真遵守,严格执行。签订合同时不允许附加任何不合理的条件,履行合同时不能随意违约和单方面毁约,否则,就会以不平等的行为损害对方的利益。

二、互利性原则

在国际商务谈判中,平等是互利的前提,互利是平等的目的。平等与互利是平等互利原则密切联系、有机统一的两个方面。打仗、赛球、下棋,结局通常都是一胜一负。国际商务谈判不能以胜负输赢而告终,要兼顾各方的利益。为此,应做到以下几点。

1. 投其所需

在国际商务活动中进行谈判,说到底就是为了说服对方进而得到对方的帮助和配合以实现自己的利益目标,或者通过协商从对方获取己方所需要的东西。

首先,应将自己置身于对方的立场上设身处地地为其着想。把对方的利益看得与自己的利益同样重要,对其愿望、需要与担忧表示理解和同情,赋予人情味,建立起情感上的认同关系,从心理上开启对方接纳之门。要记住:谈判虽为论理之战,但谈判桌上为人所动的往往是情,常常是情先于理。

其次,要了解对方在商务谈判中的利益要求是什么。谈判的立场往往是具体而明确的,利益隐藏在立场的后面。出于戒心,对方不会轻易表白,即使显露,也是很有分寸、注意一定程度的。因而,了解对方的需求,应巧妙地暗探,策略地询问,敏锐地体味话中之话,机智地捕捉弦外之音。

最后,在对对方有所知的基础上有的放矢地满足其需求。这是前面行为的目的,是最重

要的一环。在商务谈判中考虑和照顾对方的利益,会引起对方的积极反应,促进互相吸引、互相推动的谈判格局的形成。己方的主动利他之举,能唤起对方的注意和关心。谈判各方通常都有在该谈判中努力实现的利益目标,因此,为对方着想就要根据对方的利益目标满足其基本需要。在目标要求不一致的情况下,要尽可能地寻求双方利益的相容点而投其所需。此外,还要注意对方非经济利益的需求,如安全感、归属感、自尊感、认同感、荣誉感等,这类需求能得到满足,有时会产生某种意想不到的效果,使谈判的实质性问题得到轻而易举的解决,使自己受益无穷。

2. 求同存异

谈判各方的利益要求完全一致,就无需谈判,因而产生谈判的前提是各方利益、条件、意见等存在着分歧。国际商务谈判实际上是通过协商弥合分歧使各方利益目标趋于一致而最后达成协议的过程。如果因为争执升级、互不相让而使分歧扩大,则容易导致谈判破裂。而如果想使一切分歧意见皆求得一致,在谈判上既不可能也无必要。因此,互利的一个重要条件就是求大同、存小异。谈判各方应谋求共同利益,妥善解决和尽量忽略非实质性的差异。这是商务谈判成功的重要条件。

首先,要把谋求共同利益放在第一位。在国际商务谈判中,各方之"同",是使谈判顺利进行和达到预期目的的基础,从分歧到分歧等于无效谈判。谈判中的分歧通常表现为利益上和立场上的分歧。参与谈判的每一方都要追求自身的利益,由于所处地位、价格观念及处理态度不同,对待利益的立场也就不同。需要指出的是,谈判各方从固有的立场出发,是难以取得一致的,只有瞄准利益,才有可能找到共同之处。而且,国际商务谈判的目的是求得各方利益之同,并非立场之同。所以,要把谈判的重点和求同的指向放在各方的利益之上,而不是放在对立的立场上,以谋求共同利益为目标。这就是求大同,即求利益之同。

然而,求利益之同难以求到完全相同,只要在总体上和原则上达到一致即可,这是对求大同的进一步理解。求同是互利的重要内容,如果谈判者只追求自己的利益,不考虑对方的利益,不注重双方的共同利益,势必扩大对立,中断谈判,各方均不能有所得。一项成功的商务谈判并不是置对方于一败涂地,而是各方达成互利的协议。谈判者都本着谋求共同利益的态度参与谈判,各方均能不同程度地达到自己的目的。谈判的前提是异,谈判的良好开端则是同,谈判的推动力和谈判的归宿更在于同。

其次,努力发现各方之同。国际商务谈判是一个交换利益的过程,而这个交换在谈判结束时的协议中才明确地体现出来。在谈判之初,各方的利益要求还不明朗或不甚明朗,精明的谈判者能随着谈判的逐步深入从各种意见的碰撞中积极寻找各自利益的相容点或共同点,然后据此进一步探求彼此基本利益的结合部。谈判各方的利益纵然有诸多相异之处,也能找到某种相同或吻合之点,否则在一开始就缺乏谈判的基础和可能。为了引导对方表露其利益要求,应在谈判中主动而有策略地说明己方的利益。只要己方不表现出轻视或无视对方的利益,就可以用坚定的态度陈述自己利益的重要性。坚持互利原则内在地包含着坚持自己的利益,只是要把这种自我坚持奠定在对对方利益的认可与容纳的基础之上。忽视、排斥对方的利益和隐藏、削弱自身的利益,都不利于寻求相互之间的共同之处,都会妨碍谈判目标的正常实现。在解释自己的利益时,要力求具体化、生动化、情感化,以增加感染力,

唤起对方的关注。在协调不同要求和意见的过程中,应以对方最小的损失换取自己最大的收获,而不是相反。

最后,把分歧和差异限定在适度的范围内。求大同同时意味着存小异,存小异折射着谈判各方的互利性。绝对无异不现实,而差异太大难互利。就商务谈判而言,"小异"不只是个数量概念,更重要的是有质的含义。其质的要求有两个方面:其一是谈判各方非利益之异;其二是若存在利益上的差异则应为非基本利益之异。这是互利性要求的内在规定,是谈判协议中保留分歧的原则界限。谈判各方的不同利益需要,又可分为相容性和排斥性的。属于排斥性的,只要不与上述原则要求相悖,允许存在于谈判协议之中;如是相容性的,则能各取所需,互为补充,互相满足。

3. 妥协让步

在国际商务谈判中,互利不仅表现在互取上,还表现在互让上。互利的完整含义,应包括促进谈判各方利益目标共同实现的有所为和有所不为两个方面。既要坚持、维护己方的利益,又要考虑、满足对方的利益,兼顾双方利益,谋求共同利益,是谓有所为;对于难以协调的非基本利益分歧,面临不妥协不利于达成谈判协议的局面,作出必要的让步,此乃有所不为。在谈判中,得利与让利是辩证统一的。妥协能避免冲突,让步可防止僵局,妥协让步的实质是以退为进,促进谈判的顺利进行并达成协议。

 **本章小结**

1. 对国际商务谈判的概念进行阐述,国际商务谈判具有一般贸易谈判的共性及其特殊性。

2. 通过对参加谈判的人数规模、利益主体的数量、双方接触的方式、进行的地点和双方所采取的态度与方针的划分来区别国际商务谈判的种类。另外,还可以谈判的内容来划分为:投资谈判、租赁及"三来一补"谈判、货物买卖谈判、劳务买卖谈判、技术贸易谈判和损害及违约赔偿谈判。

3. 国际商务谈判的基本程序包括:准备阶段—开局阶段—正式谈判阶段。在国际商务谈判中,要坚持基本谈判各方地位、权利和义务,签约与践约的平等原则,以及投其所需、求同存异、妥协让步的互利性原则。

 **思考与练习**

一、单项选择题

1. 谈判是追求(　　)的过程。

　　A. 自身利益要求

　　B. 双方利益需求

　　C. 双方不断调整自身需要,最终达成一致

　　D. 双方为维护自身利益而进行的智力较量

2. 下列各项中,不属于商务谈判特征的是(　　)。

　　A. 经济利益性　　　B. 约束性　　　　C. 惯例性　　　　D. 自然性

3. 下列各项中,不属于以谈判人员的数量来分类的商务谈判是(　　)。

　　A. 一对一谈判　　　B. 小组谈判　　　C. 中型谈判　　　D. 网上谈判

4. 按谈判中双方所采取的态度,可以将谈判分为立场型谈判、原则型谈判和(　　)。

　　A. 让步型谈判　　　B. 集体谈判　　　C. 横向谈判　　　D. 投资谈判

5. 在商务谈判中,双方地位平等是指双方在(　　)上的平等。

　　A. 实力　　　　　　B. 经济利益　　　C. 法律　　　　　D. 级别

6. 关系重大而又复杂的谈判大多为(　　)谈判。

　　A. 个体　　　　　　B. 集体　　　　　C. 双方　　　　　D. 多方

7. 在(　　)谈判中,要求首先注意与对方的人际关系。

　　A. 让步型　　　　　B. 立场型　　　　C. 原则型　　　　D. 进取型

二、多项选择题

1. 谈判的构成要素有(　　)。

　　A. 谈判主体　　　　B. 谈判客体　　　C. 谈判环境　　　D. 谈判目的

　　E. 谈判方案

2. 按谈判双方所采取的态度划分,谈判有(　　)。

　　A. 一对一谈判　　　B. 让步型谈判　　C. 立场型谈判　　D. 原则型谈判

　　E. 其他

3. 按谈判地点的不同,可将谈判分为(　　)。

　　A. 主场谈判　　　　B. 客场谈判　　　C. 中立地谈判　　D. 双方谈判

　　E. 投资谈判

4. 按谈判类型的划分,谈判有(　　)。

　　A. 投资谈判和货物买卖谈判　　　　　B. 租赁及"三来一补"谈判

　　C. 劳务买卖谈判　　　　　　　　　　D. 技术贸易谈判

　　E. 损害及违约赔偿谈判

5. 商务谈判的基本程序有(　　)。

　　A. 开局阶段　　　　B. 准备阶段　　　C. 询盘发盘　　　D. 还盘接受

　　E. 签约阶段

6. 原则性谈判强调通过谈判所取得的价值,这个价值包括(　　)。

　　A. 经济上的价值　　　　　　　　　　B. 人际关系的价值

　　C. 协议的达成　　　　　　　　　　　D. 获取的利益比对方大

　　E. 谈判人员个人尊严价值

7. 国际商务谈判与一般贸易谈判的区别表现在(　　)。

　　A. 以价格谈判为中心　　　　　　　　B. 以经济利益为谈判目的

　　C. 谈判涉及的内容广　　　　　　　　D. 影响谈判因素多

　　E. 以经济效益为评价指标

8. 还盘的具体方法有(　　)。

A. 询问对方的交易条件　　　　　B. 拒绝成交

C. 请求重新发盘　　　　　　　　D. 修改发盘

E. 继续询盘

三、名词解释

1. 商务谈判　　　　　2. 原则型谈判　　　　　3. 发盘

四、简答题

1. 如何把握谈判的基本概念？

2. 国际商务谈判不同于一般贸易谈判的主要特点有哪些？

3. 比较让步型谈判、立场型谈判、原则型谈判的区别和联系。

4. 遵循互利原则应注意哪些方面？

 **案例分析题**

疲劳战中的谈判

　　甲公司欲销售其一条生产线给乙公司。甲公司多次到乙公司所在地交流、谈判，也请乙公司到甲公司的工厂参观考察，双方决意合作。不过，乙公司留了两个议题：甲公司的条件与成交的时间。对此，甲公司认为不应成问题。于是，双方约定到乙公司所在地谈判。

　　双方在乙公司的办公楼连续谈判了4天，进度不快也不慢，关键是甲公司参加谈判的8位成员谨慎细致，对各种条件把得很紧，离乙公司要求仍有相当差距。

　　乙公司看到进度和条件均不尽如人意，于是提出了批评意见："贵方谈判是否有问题，4天过去了不见进展。有些条件本来是明显的，也被贵公司专家搞复杂了。这么下去什么时候能谈完？"

　　甲公司："时间进度我们不会耽误，不把问题都谈清也不行。"

　　乙公司："事情当然要谈清，但何时能达成一致呢？"

　　甲公司："这是双方的责任，希望贵公司也努力。"

　　乙公司："我公司可以配合贵方，充分利用贵公司来访的时间。"

　　甲公司："只要贵公司有这个态度，我公司相信能很快谈完。"

　　这么一交锋后，果然进度快了不少，关键是双方态度都做了调整，配合默契多了。到了星期六，谈判进展很大。

　　星期六是周末，对于谈判人员来说也存在一种期盼。能否结束谈判呢？上午和下午的谈判，双方人员似乎上足了发条，全力向前推进。然而在关键问题——最后的设备价格上，谈判陷入了僵局。下午散会时，甲公司问乙公司："什么时候再谈？"乙公司说："今天是周末，下周一再谈吧。"甲公司又问："不知贵方愿意不愿意今天继续谈判，趁热打铁或许会有奇迹出现。"此话正合乙公司之意，于是乙公司说："贵公司是客，我公司可以陪你们继续谈，不过不希望像下午谈判那样僵着，不前进。"甲公司说："谢谢贵公司配合，我方也希望向前进，僵着对谁都没有意义。"乙公司又说："晚上办公楼可能没有人服务，人多了有所不便。""那可以到我们住的饭店来谈判。"甲公司说。

　　晚饭后，双方人员在甲公司住的饭店继续谈判。这是一个套房，有床有沙发，还有个大圆桌,喝水也较方便,大家认为条件还不错。谈判围绕最后的分歧——设备价格进行,一会儿评、一会儿议、一会儿对某些设备的价格作调整,但价格差距仍没有明显缩小。甲公司于是让乙公司改变设备构成,取消部分外购设备,改由乙公司内购。乙公司对此予以反击,认为技术水平难以保证,并批评甲公司不做努力。尽管如此,甲公司还是改善了价格,乙公司也做了部分设备的调整,或外购改内购。时间就这么一点一点地过去,直到次日凌晨4点,双方终于走到一起,握手成交。当这一刻到来时,甲公司人员感到筋疲力尽,全都躺在沙发上睡着了。而乙公司人员在主谈人的带领下,清点资料,核对成交结果,发现己方所需的内容(指降价)均在,而己方同意去掉的部分设备并未去掉。于是,全体谈判人员欣喜地离开饭店回家。此时,已是清晨5点多了。

按约定,1个月后该签合同了。签订合同后,3个月内乙公司开始付第一笔款,甲公司开始交付第一批货。交付时,甲公司通知乙公司:"合同内容有问题。原来双方同意去掉的十几台设备,计20多万美元,没有从清单中抹去。"乙公司问:"为什么?"甲公司回答:"由于当时很疲劳,成交后没有复核设备清单。"乙公司说:"不可能。贵方成交时因极度困倦而未核清单,那么签约时也在睡觉吗?我公司认为不存在遗忘问题,而是讨价还价的结果。"双方在互通函电后,又派人面谈交涉该问题。甲公司坚持"是遗忘造成的",乙公司强调"合同已生效,不能随便改"。面对这个争议,双方最后只得妥协,以使合同安全执行。乙公司说:"考虑到双方合作,我们可以让一步,减少一半,即10多万美元的设备,其他不能动。"甲公司说:"谢谢,我公司只好接受贵方建议。"

案例来源:http://yingyu. 100xuexi. com/view/mustdata/20100520/CB41E356 - 4C1E - 4AD6 - 8550 - 4B6D134C19AE. html.

分析:

(1) 本案中,乙公司采用的是什么谈判策略?

(2) 乙公司采用该谈判策略成功的原因是什么?

第二章 国际商务谈判理论

 学习目标

  通过本章的学习,学生应了解国际商务谈判的经济学、心理学等理论基础,以及整合性谈判模式与管理模式。

第一节 商务谈判的经济学理论

  商务谈判的经济学理论主要讲述需求价格弹性和需求收入弹性。

一、需求价格弹性

  在需求分析中,弹性经常被用来测量需求对影响其变动的因素的变动的反应程度,即一个自变量变动的百分比所引起的需求量变动的百分比。在需求函数中,有需求价格弹性、需求收入弹性、需求交叉价格弹性等。其中,需求价格弹性(price elasticity of demand)是国际贸易双方最为关注的。需求价格弹性是需求量对于市场价格变动的反应程度,或者说,是需求量变化的百分比与价格变化的百分比的比率。

  假定在需求函数中,所有其他的变量保持不变,需求价格弹性可以按下面的公式计算:

$$E = \frac{\Delta Q}{\Delta P} \cdot \frac{P}{Q}$$

式中 $\Delta Q / \Delta P$ ——需求函数对价格的偏导数。

  需求价格弹性是负值,表明需求量与市场价格之间是反方向变动关系。根据商品的需求量对价格变动反应程度的大小,可以把需求价格弹性划分为五种,用 $|E|$ 表示需求价格弹性的绝对值。这五个弹性范围如下:

  $|E| > 1$,为需求有弹性,即需求变化的百分比大于价格变化的百分比。

  $|E| = 1$,为需求单位弹性,即需求量变化的百分比等于价格变化的百分比。

  $|E| < 1$,为需求无弹性,即需求量变动的百分比小于价格变化的百分比。

  $|E| = \infty$,为需求完全弹性,需求量因价格的变动而无限变动。

  $|E| = 0$,为需求完全无弹性,即需求量不随价格变动。

  影响需求价格弹性的因素,概括地说,有以下五个方面:

（1）是否为必需品。如为必需品，需求价格弹性小。

（2）有无替代品。如有替代品，需求价格弹性较大。

（3）是否是耐用品。如为耐用品，需求价格弹性大，而非耐用品的需求价格弹性小。

（4）是长期需求还是短期需求。一般来说，长期需求的需求价格弹性较大，短期需求的需求价格弹性较小。

（5）购买者的收入花在该项商品上的比率。如比率较大，则需求价格弹性较大；如比率较小，则需求价格弹性较小。因此，重大支出项目的需求价格弹性必大。

二、需求收入弹性

需求收入弹性（income elasticity of demand）是指需求量对收入变动的反应程度，用公式表示为：

$$E = \frac{\Delta Q}{\Delta M} \cdot \frac{M}{Q}$$

式中　　$\Delta Q / \Delta M$ ——需求函数对收入的偏导数。

反映收入与需求量之间关系的函数称为恩格尔系数。

根据需求收入弹性的大小，可以将需求收入弹性划分为以下三种：

$|E| > 1$，需求量变动的比率大于收入变动的比率。

$|E| = 1$，需求量变动的比率等于收入变动的比率。

$|E| < 1$，需求量变动的比率小于收入变动的比率。

大体上说，非生活必需品，如耐用品、奢侈品，其需求收入弹性大；而那些人们生活中不可缺少的必需品，如粮食、衣物等，其需求收入弹性小。因为按照人们的需求层次和消费方式，无论收入水平如何，首先必须满足最基本的生理需要和生活需要，其次才会考虑购买耐用品、奢侈品。而当收入下降的时候，也首先考虑满足最基本的生理需要和生活需要，而削减对不甚紧要的耐用品与奢侈品的需求。

影响需求收入弹性的主要因素有：

（1）某种商品的消费支出占消费者收入或总支出的百分比。显然，占消费者收入或总消费支出百分比较大的商品，在收入变动的时候将首先发生变动，故有较大的需求收入弹性。

（2）人们的收入水平。人们的收入水平本身也决定需求收入弹性。恩格尔发现，当消费者收入超过一定水平之后，其用于某些商品上的支出占总支出的百分数将会下降。

第二节　商务谈判的心理学理论

谈判的心理原则是指在谈判中谈判者要利用对方的心理活动因素，因势利导，促成交易。由于心理活动对于谈判有着重要影响，当今对于谈判心理学的研究越来越深入，对于谈判中心理活动的分析，正逐渐发展为一门新的心理学分支学科。在商务谈判中主要有需求层次理论和基本需求理论两种心理学理论。

一、需求层次理论

需求层次理论的代表人物是美国心理学家亚伯拉罕·马斯洛（Abraham Maslow，

1908—1970）。马斯洛在对人类的需要进行了系统的考察和研究之后，于1954年提出了作为人类行为基本要素的五种需求层次。这五种需求层次依次是：生理的需求、安全的需求、社交的需求、尊重的需求、自我实现的需求，如图2-1所示。

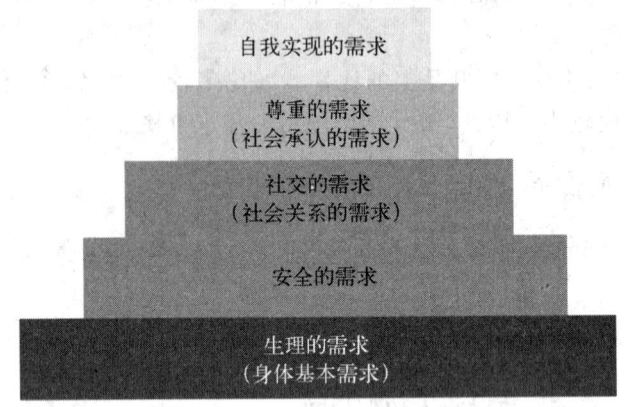

图2-1　马斯洛的需求金字塔

所谓生理的需求，是指人类满足各种生理性冲动和欲望的需求。它在人的各种需求中是基本的、位居第一位的。在此种需求未能得到基本满足之前，人类对其他各种需求都将缺乏兴趣。所谓安全的需求，是指人类满足人身和财产安全与职业保障方面的需求。它在人的各种需求中虽然位居第二位，然而它与位居第一位的需求往往交错在一起。例如一个人的人身安全受到威胁时，他可能会暂时放弃第一位的需求。所谓社交的需求，是指人类对友情、亲情、家庭、群体的渴望的需求。当一个人在生理和安全的需求得到基本满足后，对友情、亲情及成为群体中的一员的需要就会占据主导地位。因为，从本质上讲，人们既需要得到他人的友爱，也愿意给予他人友爱。所谓尊重的需求，是指人类对独立、自由、名誉和尊严的渴望的需求。这一需求导致人们时时约束自己的行为和注意他人的行为。所谓自我实现的需求，是指人们希望在社会生活中能充分发挥自身潜能，表现自己的价值，并且该价值能得到社会或者群体的承认和赞赏的需求。

马斯洛认为，人们对上述五种需求是按其顺序渐次展开的，除了第一种基本需求外，其他每一种需求一般都是在前一种需求得到基本满足之后才出现的。通常一种需求得到满足之后，另一种更高层次的需求就会占据主导地位。这种需求层次对大多数人而言可能是适应的，但是，这一顺序也绝非一成不变，并且也并非意味着人们必须在前一种需求得到全部满足之后才会出现后一种需求。现实情况是：只要人们的前一种需求得到部分满足，后一种需求就会渐次出现，并且要让人们全部满足上述五种需求确实很困难。不过，马斯洛的需求层次理论揭示了人类的一般的需求层次，指出了人类在不同的时间、环境之下，其需求就有明显差异。

因此，掌握需求层次理论，能使谈判者找出谈判双方的共同需求，进而选择合适的方法去尽量满足或者改变双方的需求。须知，谈判的目的实质上是为了满足双方的需求。只有那些在谈判的整个过程中能及时发现、全面掌握、恰当解决、尽量顾及双方需求的谈判者才会掌握谈判的主动权，取得谈判的成功，真正满足自己的需求。

二、基本需求理论

基本需求理论的代表人物之一是杰勒德·尼尔伦伯格（Gerard I. Nierenberg），他在其所著的《谈判的艺术》一书中，系统地提出了基本需求理论。根据尼尔伦伯格的观点，人们在审视自我的各种需求时，往往会忽略那些能够充分满足或者无法满足的需求；在策划和考虑行为目标时，也往往会将那些轻而易举就能得到满足，或者不可能得到满足的需求排斥在行为目标的范围之外；人们在每次行为时，通常只考虑那些尚未满足自己的能力可及的需求，而这种需求就是其基本需求，并且谈判者在谈判中抓住的需求越是基本，其获得成功的可能性就越大。基于此，尼尔伦伯格将适合于不同需求的谈判方法分为六种类型：谈判者服从对方的需求，谈判者使对方服从自身的需求，谈判者同时服从对方和自己的需求，谈判者违背自己的需求，谈判者损害对方的需求，谈判者同时损害对方和自己的需求。

 **知识拓展**

> 杰勒德·尼尔伦伯格是美国著名律师、谈判学的奠基人。他运用行为科学及各流派的心理学理论，对谈判动因、形式、方法、谈判控制等方面进行了全面研究。他提出谈判是一门艺术，建立了谈判学概念。其主要作品有《谈判的艺术》、《哈佛谈判学》等。

根据尼尔伦伯格的观点，在上述六种方法中，第一种最容易被谈判者控制，第二种次之，以此类推，第六种方法最难控制。同时，鉴于谈判者的行为并非都是自主、单纯的，于是，尼尔伦伯格又将谈判划分为三个层次：自然人与自然人之间的谈判，自然人与法人之间的谈判，法人与法人之间的谈判。尼尔伦伯格认为，在任何一种非个体的谈判中，往往都有两种需求在同时起作用：一种是谈判者所代表的法人的需求；另一种是谈判者的个体需求。因此，作为一个有经验的谈判者，不但需要顾及对方所代表的群体的需求，而且还须特别重视对方的个体需求，努力通过恰当的方法去发现、诱导和尽可能地满足对方的个体需求，进而影响对方的固有立场、观点，以便使谈判的对方能够和己方合作。

由以上可见，基本需求理论所强调的是：谈判的前提是谈判各方均试图从谈判中得到某种基本需求，而此种基本需求既不是已经满足或者很容易就能得到满足的，也不是无法得到满足或者希望渺茫的需求，而是尚未得到而又渴望得到满足的，并且其中基本需求既包括群体（法人）的需求，也包括谈判者作为个体的需求。只有那些设法抓住对方的基本需求并因势利导的谈判者，才有可能取得谈判的成功。

第三节　整合性谈判模式与双赢原则

谈判关系到双方的切身利益，双方会为自己的利益而据理力争。因此，在任何影视和媒体中，谈判场面不是剑拔弩张，就是勾心斗角，给人的印象往往不是很好，最终形成零和游

戏。实际情况到底如何呢？

西方学者对谈判双方的输赢关系作了非常深入而系统的探讨,将谈判分为分配性谈判(distributive approach)与整合性谈判(integrative approach)。

简单来说,分配性谈判将冲突视为一场竞赛,双方利益呈完全负相关关系,亦即增加一方的获利必然同时减少另一方的获利,"彼之所得即我之所失"。而整合性谈判则假设当事者之间的冲突往往经常只是一种认知上的错觉,尽管双方表面上存在冲突,但事实上双方的根本利益是相容或互补的。

一、分配性谈判

在分配性谈判中,谈判方认为双方的目标和利益彼此相斥,一方想获得尽量多的利益,对方必须付出代价,结果必然是一赢一输。在此类谈判中,双方显然是竞争对手关系,谈判的目标是赢取胜利,一方要求对方必须作出让步才能维持商务关系,他们苛求对方,不信任对方,坚持己见,使用威胁性的语言,努力隐藏己方底线或者误导对方作出错误的理解。

贝瑟曼(Max H. Bazerman,1993)和尼尔(Margaret A. Neale,1993)在所著的《乐在谈判》中认为,在这种谈判模式下,谈判方试图分取一个想象中固定大小的馅饼,双方都想要得到超过一半的份额,因此努力竞争、争论以获取自己的份额。这种谈判模式的最大缺陷在于:争论中失败的那一方将久久不能忘怀此次失利,因此如果双方必须再次合作,协商将更加困难。

分配性谈判的典型行为包括:争吵和辩论、过分的要求、勉强作出的让步、不愿意倾听、立场式声明以及有争议性的手段。在国家间谈判、劳资谈判、离婚纠纷、体育谈判中,经常使用这一模式。

二、整合性谈判

整合性谈判建立在对问题的共同理解上,并且试图整合谈判各方的需求,认为各方的目标彼此可以兼容,问题的解决可以给双方都带来利益,即所谓的双赢。整合性谈判的典型行为包括:与对方坦诚相见、分享信息、信任对方、以各自看重的利益进行交换、进行利益为基础的讨论。通过整合性谈判,双方能够为各方创造更多的利益,从而把利益的"馅饼"做大。

在整合性谈判模式中,谈判不是零和游戏,它是一种妥协,是一种沟通,是双方技巧的对抗和运用。分析可知,由于谈判关乎双方的利益,因此谈判的最高境界是可以做到兼顾双方利益,也就是做到双赢。谈判双方之所以能够坐到谈判桌前,耗费人力、物力探讨可能达成的协议,就是因为基于一种信念,即双方合作达成协议,与无法达成协议相比,能给合作双方带来更大的利益。

分配性谈判与整合性谈判的主要区别见表2-1。

在很多问题中,采取整合性谈判方式,意味着各方在存在差异的基础上进行合作,这就有助于找出商务关系中存在的问题,提出解决方案,更深入地了解对方,使得问题的解决和转化变得更加可能。

表 2-1 分配性谈判与整合性谈判的主要区别

项目	分 配 性 谈 判	整 合 性 谈 判
1	隐藏信息	坦诚相见、分享信息
2	要求获取利益	以看重的利益进行交换
3	立场性讨论	利益为基础的讨论
4	协商解决问题	强迫对方接受方案
5	争论	解释
6	牺牲合作关系	建设合作关系
7	针对人	只针对问题
8	只关注私己目标,冲突当事者的目标是最大化自己的利益	关注共同目标,假定谈判者同时关心自己的利益和对方的利益
9	将可分配的资源视为固定不变	假定可提供给双方进行分配的资源并非固定不变
10	冲突的当事者采取竞争战术,追求自己分配到最大的利益	共同努力探求彼此可以接受的冲突解决方案,亦即发展足以调和双方冲突的利益,并提供双方高联合利润的整合性协议

沃尔顿(Richard Walton,1965)与麦克西(Robert Mckersie,1965)在所著的《劳资谈判之行为理论》中指出,实践中双赢和一赢一输两个极端之间存在着很多潜在的可能,通过权衡交易,参与方可能在某些方面获得利益,而在其他一些方面则失去利益。谈判各方的利益在某些方面是一致的,在某些方面会相互冲突,在其他方面则有可能相互补充。这种复杂的情况意味着谈判者一方面要合作以创造共同价值,另一方面也要竞争。共同价值可能涉及经济利益与社会心理利益的交换。例如,谈判一方愿意放弃某些有价值的资源而获得对决策过程更大的发言权,另一方则可能愿意放弃权力而获得经济利益。双赢的达成事实上是由于各方对每项利益的看重程度不一。

多伊奇(Deutsch,1989)则指出,谈判双方获得利益的多少对他们合作意愿强烈与否有非常大的影响。他解释说:"在通常情况下,人们不会为了相对比较低的回报而采取竞争性的行为,而是相对比较高的回报容易激励竞争性的、侵犯性的行为。"这解释了为什么在汽车购买、房屋购买、劳资关系、运动与体育组织的交易谈判以及离婚谈判中,尽管参与方非常愿意进行合作,但极易发生争论,原因就是事关重大利益的得失。

学者们对分配性谈判模式与整合性谈判模式一直有着不同的见解。首先,分配性谈判模式较整合性谈判模式发展得早,而整合性谈判模式的出现主要是因为分配性模式较为简单且不切实际;但学者都认为以上两种模式各有利弊,应该依冲突情境的特性来选择适用的模式。其次,越来越多的学者主张上述两种模式所探讨的冲突解决过程,其实是冲突解决过程的一体两面,两者之间存在一种互相依存的关系。比较符合实践的看法是,实际的冲突解决过程,应该是两种模式的混合体。冲突当事者一方面必须采取积极的、创意的合作行为来解决问题,创造尽量多的可供分配的资源;另一方面也必须采取必要的竞争手段,以确保自己最后获利。

需要强调的一点是,在争取自己利益的过程中,即便是在实力相差悬殊的谈判中,占优

势的一方也不能企图把所有利益占为己有。当取得这次胜利的时候,也就牺牲掉了客户和未来的利益。所以,双方在谈判中至少应该是合作的利己主义,双方都获得利益才是谈判所应该达到的最高境界。

分配性谈判模式所注重的竞争手段,正是多数谈判者所习惯的思维方式。

三、双赢中"赢"的概念(成本效益分析)

如果谈判者抱定了双赢的思路来进行谈判,那么在谈判中就会注重合作,注重互惠,在自己的利益得到满足的同时尽量让对方也有所收获。要使双赢原则在实践中得以体现,谈判者首先应该明了谈判中的成本和效益问题。

(一)谈判的效益

谈判的效益是指谈判中目标实现的程度,或者谈判者预期目的的完成程度。谈判的效益可以从谈判的远期目标的实现、商务关系的维系与发展和眼前财务目标的实现这三个方面来加以考虑。

在一定时期内,近期的财务利益和远期的商务关系,或者长期的目标是吻合的,但更多时期三者之间也会产生矛盾。这就需要在近期的财务目标和远期的商务目标之间达成妥协,寻找一个交叉点。

(二)谈判的成本

谈判的成本包括以下三个方面的内容:

(1)谈判中所作的让步,即预期目标与实际实现目标之间的差距。

(2)商务谈判中所涉及的人、财、物等资源的耗费。

(3)谈判中所占用资源的机会成本,即所占用的资源用于其他用途所能够创造出的最大收益。这一点在实际中很重要,但往往为人们所忽视。

在所涉及的成本和效益分析中,有一些谈判成本和效益是很明显的,比如在谈判中的财务收益和人、财、物所发生的实际耗费。但是对效益中的商务关系的开发与维系成本,对成本中的机会成本,人们往往会忽略。

因此,从商务谈判的角度,应充分考虑到商务关系的维系与发展对于己方未来利益的重要作用,同时也应该考虑到这种商务关系的维系除了在未来可能带来直接的利益之外,还可能透过这层商务关系发展与其他方的商务关系,从而形成一个商业网络。这种谈判所带来的网络关系在很多情况下比谈判本身还要重要。

在实际中,由于机会成本本身不是很明确,所以很多人就认定它比在谈判中所耗费的人、财、物的绝对值要小,甚至可忽略其存在,这是十分错误的。在重视人、财、物占用的实际值的时候,要对机会成本本身进行充分的考虑,要考虑除了谈判自身之外,还可能发生的情况。在谈判的过程中兼顾了成本和效益双方面的问题,就能够使谈判在比较高的层次上开展,也就比较容易达到双赢的状态。

四、兼顾双方利益的做法和策略

国内外许多谈判专家都认真研究达到双赢的方法和途径,概括来说在谈判中要遵循以

下几项原则：① 如果无法达成协议，应对可能的备选方案及其可能产生的影响进行充分的评估。② 将重点放在利益、需求和合作上，而不是过多强调各自的立场。③ 就利益背后的信息和逻辑进行充分沟通，以便增强彼此的理解。④ 评价利益分配是否合理以及协议条款是否可以接受，应采用双方均认可的标准。⑤ 应该建立一个机制，在某些选择方案失败或者情势变迁时，双方有机会重新探讨协议。具体的做法如下。

1. 避开利益冲突，尽量做大利益

避开利益冲突，在做大的基础上进行利益分割；分散目标，制造多层次的需要，从而避开利益冲突。

谈判的最高境界是双赢，即双方均要有利益的获得和满足。对于利益的理解，谈判双方可能一致，也可能不一致。双方在谈判中发自内心的利益追求可能重合，也可能有差异。经过进一步分析可知，如果双方所追求的各自的利益目标重合，即利益冲突较大，那么谈判很可能会陷入一种竞争状态。如果双方的利益目标存在差异，那么竞争会减弱，合作求得双方利益最大化的愿望就可能强劲一些。因此，如何区分谈判双方追求的利益，有多大程度的重合，有多大程度的差异，如何制造多层次的需要，使得利益不再冲突，就成为追求双赢的一个重要命题。

在谈判中，利益的重合本身可能就是造成双方竞争的基础。所谓利益的重合，即双方都想得到的利益，还有随之而来的利益分割的问题，这样就会造成双方对既定利益总量的竞争。如果双方追求的利益是有差异的，这种差异本身就给了双方合作的基础。双方的利益都可能得到满足，同时还能避免对抗，产生以双赢为基础的合作。

上述案例说明，在现实生活中，利益的差异总是存在的，因此，合作的可能也总是存在的，关键在于如何去发现和利用。利益有差异，而差异促成合作，合作又产生新的利益，最终达到一个双赢的结果。

2. 为对方着想，最终达到自己的目的

要想追求利益，就必须给对方以利益，如果把对方的利益全部占为己有，那么当对方被迫退出谈判的时候，己方所应该获得的利益也随之全部丧失。这也是辩证法的道理所在：只有同时照顾到了对方的利益，己方才能获得最大的利益。站在对方的立场，从对方的角度设身处地地考虑问题，就能够充分体现己方的谈判诚意。在十分友好的谈判气氛中，己方提出的设想和方案就能够比较顺利地得以采纳，从而达到谈判的目的。这一点也是兼顾双方利益、实现双方利益共享原则得以贯彻的要求。

3. 消除对立

谈判中如果双方情绪对立，语言将趋于激烈，此时很难判定双方的利益所在，面子上的小损失可能导致利益上的大损失。合作的利益总是大于对抗的利益，所以，应该消除对立，寻求合作。

4. 求同存异，缩小不同点

在谈判中，在双方利益重合之处容易产生争执，在双方利益差异之处则比较容易达成协议。有差异性的利益使得双方可从不同的角度获得各自利益的满足，从而产生双方的利益共同之处。需要强调的是，利益的共同之处和利益的重合之处是两个不同的概念。利益的

共同之处是指双方均能获得各自不同的利益,双方都满意,从而达到双赢的结果的那部分利益;利益的重合之处是指双方都想得到,从而产生争执的那部分利益。

因此,所谓的求同存异,是指在利益的共同之处求同,在利益的重合之处存异,尽量做大共同的利益,这样谈判就能够得以顺利进行,双赢的局面才有可能产生。

5. 分中求合

分中求合是指为了共同的利益,必须有分有合。在日常的商务谈判中,运用分中求合方法时要注意:不能抱着害人的心态,但是也不能一点都不设防。这样,就能较好地做到分中求合,有分有合。

在这里,分是手段,合是目的。当然,从更大的范围来讲,从谈判的总体来看,合作就不是目的了,合作变成了手段,利益才是真正的目的。这是一个层次高低的问题,不同的层次要有不同的做法,要遵循不同的原则。

第四节　博　弈　论

博弈论(game theory)也称对策论,是研究决策主体(个人、团队或组织)在一定的环境条件和规则下,同时或先后,一次或多次,从各自允许选择的行为或策略中进行选择并加以实施,并各自从中取得相应结果的过程。在博弈过程中,每个决策主体的选择受到其他决策主体的影响,而且反过来影响到其他决策主体的决策。个人、团队或组织之间的决策行为相互影响的例子很多,寡头市场上企业的价格和产量的决策和均衡就是一个典型的例子。

一、博弈论的产生和发展

与博弈论有关的零星研究在 19 世纪初期就出现了,但博弈论的真正发展还是在 20 世纪。20 世纪 20 年代,法国数学家波雷尔(E. Borel,1871—1956)用最佳策略的概念研究了许多具体的决策问题,虽然没有建立起博弈论的理论体系,但却作出了有益的尝试。第二次世界大战期间,博弈论的思想和方法被运用到军事领域中,显示出了它的重要作用。1944 年,约翰·冯·诺伊曼(John Von Neumann,1903—1957)和奥斯卡·摩根斯特恩(Oskar Morgenstern,1902—1977)合作出版了《博弈论和经济行为》,在该著作中阐发了一些数学模型,提出了一些有用的概念,标志着博弈论的初步建立。

20 世纪五六十年代,博弈论获得了较快发展。一批著名学者,如约翰·纳什(John F. Nash,1928—　)、莱因哈德·泽尔腾(Reinhard Selten,1930—　)和约翰·海萨尼(John Charles Harsanyi,1920—2000)相继发表了一些产生重要影响的文章,1994 年的诺贝尔经济学奖是对他们成就的极大肯定。

严格地说,博弈论并不是经济学的一个分支,而应归属到数学中的运筹学中,它实质上是一种研究问题的方法,在军事学、公共选择、国际关系、政治学和经济学中都被广泛使用。博弈论在经济学中的绝大多数应用模型都是在 20 世纪 70 年代中期之后发展起来的,80 年代中期以后,博弈论逐渐成为主流经济学的一部分,受到了越来越多的重视。

二、博弈论的构成要素和类型

博弈包括下列几个要素：参与者、策略或行为、信息、支付函数和均衡。参与者即在所定义的博弈中作出决策、承担结果的个人、团队或组织（也包括国家和国际组织）。策略或行为指的是各参与者各自可选择的全部策略或行为的集合，即每个参与者在进行决策时可以选择的方法、做法或经济活动的水平、量值等。在不同的博弈中，可供参与者选择的策略或行为的数量大不相同，即使在同一博弈中，不同参与者的可选策略或行为也常常不相同，有时只有有限的几种，甚至只有一种，有时又可能有许多种甚至是无限种可选策略或行为。信息指的是参与者在博弈中的知识，特别是有关其他参与者的特征和行动的知识。支付函数是指参与者从博弈中获得的效用水平，对应于各个参与者的每一组可能的决策选择，博弈都有一个结果表示各个参与者在该策略组合下的所得和所失，即收入、利润、损失、量化的效用、社会效用和经济福利等，这个结果可以是正值，也可以是负值或零。均衡即指所有参与者的最优战略或行为的组合。

博弈的划分可以从两个角度进行：第一个角度是参与者行动的先后顺序，从这个角度看，博弈可以划分为静态博弈和动态博弈。静态博弈指的是在博弈中，参与人同时选择行动或虽非同时选择，但后行动者并不知道前行动者采取了什么具体行动。动态博弈指的是参与人的行动有先后顺序，且后行动者能够观察到先行动者所选择的行动。划分博弈的第二个角度是参与人对有关其他参与人（对手）的特征、战略空间及支付函数的知识。从这个角度看，博弈可以划分为完全信息博弈和不完全信息博弈。完全信息博弈指的是每一个参与人对所有其他参与人（对手）的特征、战略空间及支付函数有准确的知识的博弈，而与此概念相反的博弈就是不完全信息博弈。将上述两个角度的划分结合起来，就可以得到四种不同类型的博弈，完全信息静态博弈、完全信息动态博弈、不完全信息静态博弈、不完全信息动态博弈。博弈的类型不同，博弈的均衡也将不同。

三、不同类型的博弈问题及其在国际商务谈判中的应用

（一）完全信息静态博弈及其在国际商务谈判中的应用

所谓完全信息静态博弈，即各博弈方同时决策，且所有博弈方对博弈中的各种情况下的得益都完全了解的博弈。完全信息静态博弈的例子较多，如说囚犯困境、智猪博弈、齐威王与田忌赛马等。

囚犯困境应该是博弈论中被引用频率最高的例子，它说明了个人理性与集体理性的矛盾问题。现阶段，我国对外贸易发展面临的一个严峻问题就是各外贸企业之间大打价格战，导致肥水流入外人田。外商一来，各企业一哄而上，争相降低外销商品的报价。大家都知道这样做的结果，可是都没有动力去改变现状。

智猪博弈反映出了在垄断竞争市场上大企业与小企业之间的关系问题。我国对外贸易面临的另一个突出问题就是出口商品结构不尽合理，政府和学界都呼吁企业加快技术创新。但是，要想提高出口产品结构，就要进行研究与开发，要投入巨额的研究和开发费用，这项费用只有在垄断竞争市场上少数大企业才能承担得起，所以中小企业只能选择观望等待。问题是一旦大企业推出了新产品，众多中小企业立即模仿，由于中小企业没有研发投入，所以

生产成本低,这样很快就走到价格战的老路上去,导致大企业无法收回研究与开发的成本,丧失了利润激励,所以也渐渐失去了技术创新的动力。

齐威王与田忌赛马是我国古代非常有名的运用谋略的故事,说的是田忌的谋士孙膑如何运用谋略帮助田忌以弱胜强战胜齐威王。这一博弈在国际商务谈判中有广泛的应用。通常,国际商务谈判中的双方当事人和个人在经济实力、谈判能力上是不对等的,这样,处于弱势的一方就必须采用谋略和技巧来与强势一方相抗衡,以便为本方争取较大的利益。通常,双方在谈判之前都会广泛地搜集情报,寻找对方的弱点,在谈判中抓住不放。因为谈判的结果是合同各项条款的综合,而不能仅关注单个项目的得失。中外不少谈判人员都通过谋略的运用为自己的国家、企业和个人争得利益和荣誉。

(二)完全信息动态博弈及其在国际商务谈判中的应用

与静态博弈不同,动态博弈的根本特征是各博弈方不是同时,而是先后、依次进行选择或行动。由于动态博弈所研究的决策问题的参与者的行为分先后次序,且后行为者在自己行为之前能观察到此前其他参与者的行为,这就意味着动态博弈中各博弈方在关于博弈进程的信息方面是不对称的,意味着后行为的博弈方有更多的信息帮助自己选择行为。一般来说,这是后行为方的有利条件,因为他们可减少决策的盲目性,有针对性地选择合理的行为。

完全信息动态博弈在国际商务谈判中有非常广泛的应用。如在报价阶段,谈判双方通常都要准备几套行为方案,先报价的一方完成报价以后,还价的一方就可以从事先准备的方案中采取有针对性的策略,而不会盲目选择。完全信息动态博弈在讨价还价的具体过程中还有更广泛的应用。

(三)不完全信息静态博弈及其在国际商务谈判中的应用

不完全信息静态博弈是指在博弈中至少有一个博弈方不完全清楚其他某些博弈方的得益或得益函数的博弈。

国际经济贸易中的拍卖和投标属于不完全信息静态博弈的例子。在拍卖交易中,由于各竞拍方只知道自己对拍卖标的的估价,并不知道其他竞拍者的估价,所以每个竞拍者不知道其他竞拍者的得益。在国际公开招标、投标的例子中,由于投标书都是密封递交的,每个投标方在决定各自的标价之前都无法知道其他投标者的标价。

这种类型的博弈中,拍卖的均衡结果是,每个博弈方的最佳反应是其报价为自己对拍品估价的一半。这种决定拍卖出价的原则实际上反映了博弈方面的一个基本矛盾,即出价越高拍中的机会越大,但得到的利益就越小,而出价越低拍得的机会就越小;但一旦拍得则利益就越大,采用兼顾拍得机会和得益大小的折中方法是其最佳选择。在国际公开招标中,如果投标人数超过两个人时,情况就变得比较复杂。

(四)不完全信息动态博弈及其在国际商务谈判中的应用

不完全信息动态博弈是指至少有一个博弈方对其他某些博弈方的得益不是非常清楚的博弈。对买方来说,经常存在的情况是自己对想要买的商品的真正价值并无十分的把握,这就足以使买方在交易中犹豫不决了。除此之外,他对卖方的进价更是缺乏了解,因此他无法确定什么价格是卖方真正愿意接受的最低价格,以任何价格成交都无法使他确定是否做了

一笔成功的交易。同样的,对于卖方来说,有时也会不真正了解自己所销售商品的价值,如到底应该加上多少折旧、多少风险系数、人工费如何确定等。

实事求是地说,任何国际商务谈判在一定程度上都可以说是不完全信息动态博弈,因为交易一方无法完全清楚另一方究竟有多想做成这笔买卖,这也就是为什么许多交易中买卖双方总是从"漫天要价、就地还钱"开始,慢慢地进行讨价还价的原因,因为双方都想从这个过程中获得更多的关于对方估价和得益的信息,以便为自己争取更多的利益。

 **本章小结**

1. 国际商务谈判不同的理论,如经济学理论基础、心理学理论基础等,可以为具体谈判策略提供依据。

2. 在国际商务谈判中,基于谈判双方的输赢关系可以具体分为分配性谈判和整合性谈判。

3. 随着博弈论的产生和发展,可以将不同类型的博弈问题应用在国际商务谈判中。

 **思考与练习**

一、单项选择题

1. 在谈判中,以与别人保持良好关系为满足的谈判心理属于(　　)谈判心理。
   A. 进取型　　　　　B. 关系型　　　　　C. 权力型　　　　　D. 自我型

2. 在和对方谈判时,注意运用赞美策略,这是为了满足对方(　　)的谈判心理。
   A. 生理的需求　　　B. 自尊的需求　　　C. 社交的需求　　　D. 安全的需求

3. 在商务谈判中,有些时候谈判者宁可放弃有较大吸引力的大笔交易,而选择比较保险的小额交易或者放弃交易,这是为了满足自己(　　)的谈判心理。
   A. 生理的需求　　　B. 自尊的需求　　　C. 社交的需求　　　D. 安全的需求

4. (　　)是人类最低层次的需要,也是最强烈的需要。
   A. 自我实现的需求　　　　　　　　　B. 尊重的需求
   C. 生理的需求　　　　　　　　　　　D. 安全的需求

5. 商品的需求量与其市场价格是成(　　)的,若其需求价格弹性绝对值为 0.5,则(　　)。
   A. 正比　需求无弹性　　　　　　　　B. 反比　需求有弹性
   C. 反比　需求无弹性　　　　　　　　D. 正比　需求有弹性

二、多项选择题

1. 下列说法中,正确的有(　　)。
   A. 必需品的需求价格弹性较小
   B. 商品若有替代品,则需求弹性较大
   C. 长期需求的需求弹性较大,短期的较小
   D. 购买者的收入花在该商品的比率越大,其需求弹性也越大

E. 商品是否为其耐用品对其需求价格弹性也有影响

2. 马斯洛的需求理论主要包括(   )。

    A. 生理的需求   B. 尊重的需求

    C. 自我实现的需求   D. 社交的需求

    E. 安全的需求

3. 整合性谈判与分配性谈判的主要区别是前者(   )。

    A. 坦诚相见、分享信息

    B. 强迫对方接受方案

    C. 牺牲合作关系

    D. 只关注自己目标,冲突当事者的目标是最大化自己的利益

4. 博弈论的构成要素有(   )。

    A. 参与人   B. 支付函数   C. 策略或行为   D. 信息

    E. 均衡

5. 下列各项中,属于完全信息静态博弈的有(   )。

    A. 囚徒困境   B. 智猪博弈

    C. 动态斗鸡博弈   D. 讨价还价博弈

    E. 齐威王与田忌赛马

三、名词解释

1. 需求价格弹性   2. 需求层次理论   3. 完全信息静态博弈

四、简答题

1. 根据价格弹性与收入弹性理论,在商务谈判中应注意哪些问题?

2. 简述马斯洛的需求层次理论,并阐述其在商务谈判时的具体应用。

3. 通过对分配性谈判与整合性谈判的比较,你认为在商务谈判中应尽可能地采取哪一类谈判模式?

4. 在商务谈判中应如何兼顾双方的利益?

 案例分析题

关于外贸店的一场谈判

在阳光城商业中心有一家名叫 DEMON 的精品时尚外贸店。它出生于 2007 年 6 月 1 日,合伙人有本校市场专业的 Sofia,阿梅以及统计系的李棵和胖子。他们亲切地称 DEMON 为"自家的儿子",他诞生前的孕育过程虽然短暂但是相当富有戏剧性。

盘店,指从前店主处接手店铺进行租用的行话,店铺转让的下家是必须向原店主交盘店费的(店铺之前的装修成本等),租金另算。值得注意的是,如果前任店家的租用期到了,无人向其租用,只能退出,新店主向房东直接租门面只准备房租即可。

DEMON 店的前任店主秦鹏等人正面临房租到期的状况,铺面急于出手。买家于 2007 年 5 月中旬向卖家提出盘店意向,双方谈判在即。

2007 年 5 月 18 日,双方在 DEMON 店铺中开始谈判。

一开始，卖家具体介绍了店内的基本状况和装修情况，包括面积、水电、墙面、地板、货架、付款台以及其他重金属装饰品，装修成本逼近2万。卖家以行业熟手的姿态，为开价说明了事实根据，算是恰到好处地拉开了谈判序幕。买家并没被卖家高屋建瓴的气势所影响，而是提出质疑："店面装修的确是有特色和个性，但是我们无从考证装修的成本，更何况目前的装修风格不一定会利用到将来我们店的营业中（事实是我们差不多没变风格）。所以请介绍一下该店铺的其他方面。"

卖家看出了买家虽然是初来乍道，但并不是冲动情感型的租铺者，于是开口询问买家对于开店的想法。买家谈判者李棵实事求是地说："我们都是跳街舞的，开店也主要是搞街舞用品和轮滑用品之类的时尚产品。"卖家对这一关键信息立即作出反应："你们跳街舞的最重要的就是服饰，这店以前就是做服饰的，你们接手以后可以直接做。并且不是每个人都喜欢那种夸张风格，你们还是应该卖一些比较大众化的外贸服装，现在店里的货你们就可以直接拿去卖。"买家明白，这是卖家打算把店铺卖给他们的同时，再让买家把货盘下来，这又是一项成本支出。卖家继续说："我在广东和成都等地都有货源，开店以后，可以帮你们拿货，渠道短，保证最低价。"

此时，买家就其他方面发表意见："不过这里位置太偏了，在整条街的尾巴上，而且是个拐角怎么会有客流？"秦鹏解释说："后面的金巴黎，即'头号耍都'3期工程10月份就完工。到时玛利影院、德克士等会入驻进来，这里将会成为商业中心，不用担心客流。"

"不，在做生意时我们要把一切考虑清楚，如果有那么长一段时间的萎靡期，我们为什么不选择一个开店就能赢利的地理位置呢？"买家摆明态度，双方在认定铺面价值上陷入僵局。卖家坚持说买家疑虑过多，该铺面是个黄金口岸。买家有待做更多的考察。

"那这个店，你打算卖多少钱？"买家成员试探性地询问。

卖家拿出早就拟好的价单说："渠道＋现货＋铺子5 500；现货＋铺子4 500；铺子3 500。"了解了价格之后，买家表示要再做商量。

买家要求卖家重报价一次并对价格所含内容进行解释。卖家回应："如果付渠道费，那我将以最低成本给你们供货；如果付了货款，店里一切物品都是你们的；如果只是铺款，就只给你们空铺。"买家立即作出反应："首先，我们不能保证你供的货是否符合我们的要求；其次，我们无法确定你拿货的价格水平；第三，我们不认为铺子的价值值3 500元那么多，并且马上就是6月份，有些学校已经放假了。到7、8月份暑假根本就没有利润，我们认为你的价格太高了。"

卖家反问道："你们认为多少钱合适？"买家不紧不慢地说："目前最多拿出2 000元，并且我们十分想要你的渠道……"

买方淡然一笑说："到哪里2 000元也找不到一个像样的铺子。"买家不依不饶："如果那么贵的价钱，我们可以找其他地理位置更好的铺子。"

这一招很奏效，顿时把卖家将住了。卖家自知铺子即将到期转而以恳切的态度征询："你们最多能给多少钱？2 000元真的太低了。"

买家看出卖家的软肋，毫不退让。卖家无奈只能说答应2 000元给他们空铺。

买家见形势不对，立即阻挠，表示要求留下货品，最好再把渠道给他们。卖家濒临崩溃的边缘，说："如果加货品和渠道，最低3 500。"买家答应并表示，目前还是只有2 000元，

1 500元于1个月后支付。

双方签定协议,谈判告终。

案例来源:http://edu.gongchang.com/payoff/mode - 2010 - 06 - 28 - 18769. html.

分析:这场谈判是在怎样的背景下进行的?

第三章　国际商务谈判的主要类型

学习目标

通过本章的学习,学生应掌握国际商务谈判的主要类型,国际货物买卖业务的谈判、国际技术贸易的谈判、国际补偿贸易的谈判、国际融资租赁业务的谈判等的内容与特点。

第一节　国际货物买卖业务的谈判

一、概述

国际货物买卖业务(international sale of goods business)在我国通常称为国际贸易业务或进出口业务,它是指营业地在不同国家的当事人之间的货物销售业务,至于当事人的国籍则不予考虑。在国际货物买卖业务中,洽商交易的方式是多种多样的,主要包括以下几种:

(1)通过函电洽商交易。通过函电洽商交易不受时间和地点的限制,方便易行,费用也较少,因而使用最多。

(2)口头洽商交易。口头洽商交易需要双方会合在一起,比较费时、费事、费钱,但有利于解决比较复杂的问题及迅速成交,也有利于双方互相增强了解以促进友谊,因此,使用也较多。

(3)拍卖、招标和投标,通过商品交易所买卖等。这些都是一些比较特殊的洽商交易的方式,各有一套特殊的规则,只在某些特殊情况下才予采用。

其中,通过函电或口头洽商交易,一般要经过五个环节,即询盘、发盘、还盘、接受和订约。其中的询盘、还盘和订约三个环节可能有也可能没有,发盘和接受是绝对不能缺少的最基本的两个环节。发盘起要约的作用,接受起承诺的作用。

交易洽商的内容主要是指洽商交易条件,常见的交易条件有11条,即品名和品质条件、数量条件、包装条件、商检条件、价格条件、装运条件、保险条件、支付条件、不可抗力条件、索赔条件与仲裁条件。按照一般的概念,其中的6条属于主要交易条件,即品名和品质条件、数量条件、包装条件、价格条件、装运条件与支付条件。有的商人为了简化每次交易洽谈的内容,缩短每次洽商的时间,常将一些自己习惯采用的各次交易中共同性的内容,如品质机动幅度、溢短装条款、商品检验、异议索赔、不可抗力和仲裁等,印成一张书面文件或印在本公司合同格式的背面,名之为一般交易条件,事先送交对方,经过双方协商同意后,它就成为今后双方进行交易的基础,而不需要每次都重复商谈这些内容。在此情况下,今后双方所签

订的各个合同都应受到一般交易条件的约束。

二、国际货物买卖谈判中应注意的主要事项

产品的品质是内在质量和外观形态,是由产品的自然属性决定的,具体表现为产品(货物)的化学成分、物理性能和造型、结构、色泽、味觉等特征。这些特征有多种多样的表示方法,常见的有凭样品、凭规格、凭等级、凭标准、凭牌名或商标、凭产地名称等。应当根据商品特性和行业习惯正确选用,可以只用一种,也可以几种结合使用。如果同时采用两种以上的方法来表示有关商品的品质,卖方交货时必须几个方面都符合要求,才算尽到自己的责任。下面具体来分析这些表示方法。

1. 在凭样品交易时

在我国出口业务中,样品大多是由卖方提出,如果买方来样,为了防止将来买方无理挑剔,最好采用凭对等样品成交的做法。对等样品是指卖方按照买方的来样复制出来的样品,交由买方确认之后,作为交易的依据。要注意的问题是包括所取之样要有一定的代表性,以及保留好复样。

2. 在凭规格交易时

所谓规格,是反映产品品质的技术指标,如成分、含量、纯度、大小、长短、粗细等方面的指标,各种产品的品质特性不同,其规格也不相同。谈判时以规格作为产品的品质,并作为谈判条件,一般来说是比较准确的,所以大多数商品交易都采用这种方法。但是,对商品的品质规格应当既明确、又灵活,既不含糊不清,又不应订得太死。所谓明确,指的是表示为一定的量化关系。所谓灵活,指的是在表述上不说绝对的话。有的商品的品质规格应订上公差或一定的机动幅度。

3. 在凭等级交易时

产品的等级是同类产品质量差异的分类。根据生产和贸易实践,通常用一、二、三或甲、乙、丙或正、副等数码、文字或符号来表示,以反映同类产品中的品质差异。在制定了产品等级的情况下,买卖商品只要标明其等级,就可以表达谈判双方对商品品质提出的要求。不过,这种表示方法是以规格表示法为基础的。

4. 在凭标准交易时

商品的标准是指经商业团体或政府机关统一制定并公布的规格或等级。不同的标准反映了商品品质的差异。我国现行的商品标准主要分为国际标准(international standard)(如ISO9001：2008)、国家标准(national standards)和部颁标准(ministerial standards)、供需双方洽商的协议标准(protocol standards)等。在有商品标准的前提下,交易谈判时,只需说明商品的标准,就可以表达谈判双方对商品品质提出的要求。这种表示法也是以规格表示法为基础的。

5. 在凭牌名或商标交易时

牌名是商品的名称,商标是商品的标记。牌名和商标之所以能被用来表示商品的品质,是因为它们所表示的商品在品质上稳定、规格上统一,并在市场上树立了较为固定的信誉,

为广大购买者所熟悉。在经济谈判中,往往只要说明牌名或商标,谈判双方即能明确商品的品质情况,不必再说明规格、等级、标准或提供样品。作为卖方,一定要保持商品质量的稳定性,以免因一两批货物质量不够好而卖垮整个牌名,特别是多家工厂共用一个牌名的,更应注意这一问题。作为买方,第一,要注意这些商品是否因其他原因造成损坏或变化;第二,要注意同一牌名或商标的商品是否来自不同的工厂,以防止商品品质与牌名商标所代表的品质不一致;第三,还要谨防假冒商标,以免受骗上当。

6. 在凭产地名称交易时

在凭产地名称交易时,绝不能以其他地区生产的同类产品来代替。在实际谈判中,上述表示商品品质的方法可以结合在一起运用。比如,有的交易既使用牌名,又使用规格;有的交易既以规格为准,又以标准衡量。需要强调的是,商品品质条件是经济谈判的主要内容之一。

交易商品的数量也是经济谈判的一个重要问题。成交商品数量的多少,不仅关系到卖方的销售计划和买方的采购计划能否完成,而且与商品的价格高低有关,从而又影响到谈判双方的经济利益。因此,在经济谈判时,也要着重洽谈商品的数量。

此外,在我国的出口合同中,一般都应签订溢短装(即可以多交或少交的数量)条款,以免在交货时出现问题。溢短装条款是国际货物买卖合同中最常见的规定数量机动幅度的条款,主要由三部分组成,即数量机动幅度的范围、溢短装的选择权和溢短装部分的作价办法。其中,数量机动幅度的范围通常用百分比表示。在机动幅度范围内是多交货物还是少交货物,该选择权一般由卖方来决定。但在采用海洋运输的情况下,由于交货的数量与载货船舶的舱容有着非常密切的关系,因此溢短装的选择权应由安排货物运输的一方掌握。至于溢短装部分的作价办法,如果合同中没有作相反的规定,一般按合同价格计算。但也有的合同规定按装船日或卸货日的市场价格计算,其目的是防止有权选择溢短装的一方,为获取额外利益而有意多交或少交货物。

第二节　国际技术贸易的谈判

一、技术的含义及特征

国际技术贸易(international technology trade)是指不同国家的企业、经济组织或个人之间,按照一般商业条件,向对方出售或从对方购买软件技术使用权的一种国际贸易行为。它由技术出口和技术引进这两方面组成。简言之,国际技术贸易是一种国际间的以纯技术的使用权为主要交易标的的商业行为。

国际工业产权组织认为:技术是指制造一种产品或提供一项服务的系统的知识。技术有三个显著特征:① 无形性。技术是一种看不见摸不着的知识性的东西,它只能靠理解去把握。有些技术可用语言来表达,而有些技术只存在于"能人"的经验中。② 系统性。零星的技术知识不能称为技术,只有关于产品的生产原理、设计、生产操作、设备安装调试、管理、销售等各个环节的知识、经验和技艺的综合,才能称为技术。③ 商品属性。技术是无形的特殊商品。正因为技术不仅有使用价值,而且也有交换价值,所以它才能充当技术贸易的交

易标的。

二、国际技术贸易的特点及内容

国际技术贸易是指不同国家的企业、经济组织或个人之间,按照一般商业条件,向对方出售或从对方购买软件技术使用权的一种国际贸易行为。它由技术出口和技术引进两方面组成。简言之,国际技术贸易是一种国际间的以纯技术的使用权为主要交易标的的商业行为。

（一）国际技术贸易的特点

国际技术贸易与国际货物贸易有着明显的区别,具体表现在如下方面。

1. 交易标的(object of transaction)性质不同

国际技术贸易的标的是无形的知识,其计量、论质和定价的标准较复杂;而国际货物贸易的标的是有形的物质商品,易计量、论质和定价。

2. 交易双方当事人不同

一方面,国际货物贸易双方当事人一般不是同行,而国际技术贸易双方当事人则一般都是同行。因为只有双方是同行,引进方才会对转让方的技术感兴趣,引进方才有能力使用这种技术。另一方面,国际货物贸易中的卖方始终是以销售为目的,而国际技术贸易中的卖方(转让方),一般并不是为了转让而是为了自己使用才去开发技术的,只是在某些特定情况下才转让技术。

3. 交货过程不同

国际货物贸易的交货是实物移交,其过程较简单。国际技术贸易的交货则是传授技术知识、经验和技艺的复杂且漫长的过程。

4. 所涉及的问题和法律不同

国际技术贸易涉及的问题多、复杂、特殊。如国际技术贸易涉及工业产权保护、技术风险、技术定价、限制与反限制、保密、权利和技术保证、支持办法等问题。国际技术贸易中涉及的国内法律和国际法律、公约也比国际货物贸易多,因而从事国际技术贸易远比从事国际货物贸易难度大。

5. 政府干预程度不同

政府对国际技术贸易的干预程度大于对国际货物贸易的干预程度。由于技术出口实际上是一种技术水平、制造能力和发展能力的出口,所以为了国家的安全和经济利益上的考虑,国家对技术出口的审查较严。由于在国际技术贸易中,技术转让方往往在技术上占优势,为了防止其凭借这种优势迫使引进方接受不合理的交易条件,也为了国内经济、社会、科技发展政策上的考虑,国家对技术引进也予以严格的管理。

在国际技术贸易实践中,技术出口方往往凭借其技术上的优势地位而迫使引进方接受种种不公平的限制条件。这种现象在国际上逐渐被普遍化,从而成为国际技术贸易中限制性商业惯例,也越来越阻碍国际技术贸易的发展。为此,许多发展中国家要求联合国主持制定一项国际性的技术转让守则。

1975 年 10 月,联合国大会委托联合国贸易与发展会议负责起草的《国际技术转让行动守则》(以下简称《行动守则》)出台,此后又经多次修改,截至 1983 年 6 月 4 日第五届会议结束时才最终确定。《行动守则》除序言外,共分为 9 章:① 定义和范围。77 国集团认为《行动守则》既适用于越过国界的技术转让,也适用本国内与外国分公司、子公司之间的技术转让,而发达国家则认为只适用于越过国界的技术转让。② 目标和原则。确定互利和平等的标准,作为技术转让双方和有关各国政府间的关系基础,促进当事双方和政府间的互相信任,鼓励在交易谈判时地位均衡,任何一方都不得滥用优势地位;各国应在技术转让中进行合作,以促进全世界、尤其是发展中国家的经济增长,输出方和引进方必须互相得益,议定公平合理的条件等。③ 国家对技术转让交易的管制。规定各国制定有关转让的法律规章时,应遵循公认的法律程序和本守则的原则,公平合理,一视同仁。④ 限制性条款。共列举 20 项限制性商业行为。⑤ 担保、责任与义务。要求当事各方在谈判、缔约和执行合同时,遵守公平、诚实的商业惯例。⑥ 对发展中国家的特殊待遇。要求发达国家把向发展中国家转让技术作为发展援助和合作计划的一部分,并考虑发展中国家的要求。⑦ 国际协作。通过适当的国际协作,促进更多的国际技术交流,增强所有国家的技术能力。⑧ 国际性体制机构。在联合国贸易与发展会议内设立一个特别行动委员会,任务是就《行动守则》的有关问题交流经验,协商和交流意见;进行调查研究;促进《行动守则》的实施等。⑨ 适用的法律和争端的解决。序言阐明《行动守则》的宗旨和目的,指出科学技术对所有国家在社会经济发展中的基本作用,强调促进技术转让和技术发展是迈向建立新的国际经济秩序的决定性的一步,并且明确提出发达国家在技术转让方面需要给予发展中国家特殊待遇。然而对于《行动守则》的法律性质尚未在草案正文中明确。尽管《行动守则》至今仍然是一个草案,但其规定的一些基本原则和一些定义的解释已在国际技术转让中产生一定的影响,提出了技术转让的普遍应遵循的原则,在国际上有较广泛的基础,因而对指导国际技术转让、建立良好的国际技术贸易新秩序有着重要意义,也成为研究国际技术转让的重要参考文件。

为维护我方利益,根据实践经验并参考一些国家的立法,我国对技术引进的管理作出一些规定,在技术引进合同中不得含有下列不合理的限制性条款:

(1) 要求受方接受同技术引进无关的附带条件,包括购买不需要的技术、技术服务、原材料、设备或产品。

(2) 限制受方自由选择从不同来源购买原材料、零部件或设备。

(3) 限制受方发展和改进所引进的技术。

(4) 限制受方从其他来源获得类似技术或与供方竞争的同类技术。

(5) 双方交换改进技术的条件不对等。

(6) 限制受方利用引进的技术生产产品的数量、品种或销售价格。

(7) 不合理地限制受方的销售渠道或出口市场。

(8) 禁止受方在合同期满后,继续使用引进的技术。

(9) 要求受方为不使用的或失效的专利支付报酬或承担义务。

我国以贸易渠道出口技术是从 20 世纪 80 年代开始的,并于 1986 年制定了我国技术出口的方针、原则和管理制度。我国技术出口应遵循以下六项原则:

(1) 遵守我国的法律、法规。

(2) 符合我国外交、外贸和科技政策并参照国际惯例。

(3) 遵守我国对外签订的协议和所承担的义务。

(4) 不得危害国家安全和社会公共利益。

(5) 有利于促进我国对外贸易发展、科学技术进步和经济技术合作。

(6) 保护我国经济技术权益和我国产品在国际市场上的竞争地位。

为贯彻上述原则,我国把技术项目分为禁止出口、控制出口(重大技术)和允许出口(一般技术)三大类,并对技术出口项目和技术出口合同实行双重审批制度。

(二) 国际技术贸易的内容

国际技术贸易是以无形的技术知识作为主要交易标的的,这些技术知识构成了国际技术贸易的内容,它主要包括:专利、商标、保护工业产权的国际公约和专有技术。商标虽不属技术,但与技术密切相关,所以常被作为国际技术贸易的基本内容之一。

1. 专利

专利(patent)是由政府机构或代表几个国家的地区机构根据申请而发出的一种文件,文件中说明一项发明并给予它一种法律上的地位,即此项得到专利的发明,通常只能在专利持有人的授权下,才能予以利用(制造、使用、出售、进口)。在这里,专利被理解为三层含义:一是指专利证书这种专利文件;二是指专利机关给发明本身授予的特定法律地位,技术发明获得了这种法律地位就成了专利发明或专利技术;三是指专利权(patent right),即获得法律地位的发明的发明人所获得的使用专利发明的独占权利,它包括专有权(所有权)、实施权(包括制造权和使用权)、许可使用权、销售进口权利放弃权。在我国,专利权是以申请在先原则授予的,受到专门法律——《专利法》的保护。

专利权有其明显的特点:

(1) 专利权是一种法律赋予的权力。

(2) 专利技术是一种知识财产、无形财产。

(3) 专利权是一种不完全的所有权。专利权的获得是以发明人公开其发明的内容为前提的,而公开了的知识很难真正为发明人所独有。

(4) 专利权是一种排他性(独占性、专有性)的权力。

(5) 专利权是一种有地域性的权利。专利权只在专利权批准机关所管辖的地区范围内发生效力。

(6) 专利权是一种有时间性的权利。专利权的有效期一般为 10 年、20 年。超过这个时间,专利权即失去效力。

2. 商标

商标(trademark)是商品生产者或经营者为了使自己的商品同他人的商品相区别而在其商品上所加的一种具有显著性特征的标记。常见的商标是文字商标和图形商标,国外也有立体商标,如可口可乐饮料瓶子的特殊形状;还有音响商标、气味商标等形式。商标大体上可分为三类:制造商标、商业商标和服务商标。

一般只有能够移动的重复性生产的商品才使用商标。商标须具有显著性特点,显示一定的作用:

（1）区别功能，即商标能标明产品的来源，把一企业的产品与另一同类企业的产品区别开来。这是商标的最基本最重要的功能。

（2）间接标示产品质量的功能。商标作为特定来源的产品的标记，间接地反映了该产品的内在质量。

（3）广告功能。由于商标的简明性和显著性，最容易被消费者记住，从而使商标成为醒目的广告。

商标权是商标使用者向商标管理部门申请注册并得到批准的商标专用权。但在少数国家，商标权是由于商标的首先使用而获得的。在我国，商标权是以注册在先原则而取得的，受《商标法》的保护。商标权的内容包括使用权、禁止权（禁止他人使用）、转让权、许可使用权和放弃权。商标权的特点如下：

（1）商标权是一种排他性权利。

（2）商标是一种无形的知识财产，商标权是一种特殊的财产权。

（3）商标权是有时间性但又可无限延期的权利。与专利权期满不可延期不同，商标权到期可续展延期，且延期次数不限。

（4）地域性。商标权只在注册机构所管辖地区范围内有效。

3．保护工业产权的国际公约

工业产权是指法律赋予产业活动中的知识产品所有人对其创造性的智力成果所享有的一种专有权。专利权和商标权均属工业产权，工业产权和版权合称为知识产权，它们都受到专门法律的保护。首先是受到各国的国内法的保护。但国际上的货物和技术贸易，使得工业产权的国际保护成为必要，为此产生了保护工业产权的国际公约。

4．专有技术

专有技术（proprietary technology）是指在实践中已使用过了的没有专门的法律保护的具有秘密性质的技术知识、经验和技巧。专有技术可以是产品的构思，也可以是方法的构思，但它在不少方面与专利技术不同：

（1）专利技术必须是可以通过语言来传授的，专有技术虽然也是可以传授的，但它未必都是可言传的，有些只能通过身教才能传授。

（2）专有技术是处于秘密状态下的技术，而专利技术是公开技术。

（3）专有技术没有专门法律保护，所以不属于知识产权。

（4）专利技术是被专利文件固定了的静态技术，而专有技术则是富于变化的动态技术。

（5）专利技术受保护或被垄断的期限是有限的（最多 20 年），而专有技术是靠保密而垄断的，因而被垄断的期限是不确定的。

专有技术也是一种无形的知识财产，它除需用保密手段得到保护以外，也需要法律的保护。在实际中，专有技术是援引合同法、防止侵权行为法、反不正当竞争法和刑法取得保护的。但相较而言，专有技术受法律保护的力度远比专利技术受到专利法保护的力度小。

（三）国际技术贸易采用的方式

国际技术贸易合同是分属两国的当事双方就实现技术转让这一目的而缔结的规定双方权利和义务关系的法律文件。它的形式往往是与国际技术贸易方式相对应的，如许可合同、

技术服务和咨询合同、合作生产合同、设备合同等。在这里仅介绍以下两种经常采用的方式。

1. 许可合同

作为最基本、最典型、最普遍的一种形式,许可合同是指许可贸易的技术供方为允许(许可)技术的受方有偿使用其知识产权或专有技术而与对方签订的一种授权协议。根据授权程度的不同,它有独占许可合同、排他许可合同、普通许可合同、可转让许可合同、交叉许可合同等类型。根据其合同标的不同,又有专利许可合同、商标许可合同和专有技术许可合同等类型。不同类型的许可合同,都具有共同性的条款及内容,包括如下几种:

(1) 合同名称和编号。合同名称要确切地反映合同的内容、性质和特征。合同编号是识别合同的特定符号,它反映出许可方的国别、被许可方的名称和部门及签约年份等。

(2) 签约时间和地点。签约时间是双方正式签字日期,签约地点往往与签约时间相联系。签约时间和地点往往涉及合同的生效、法律的适用及纳税等问题。

(3) 当事人法定名称和地址。这是有关通讯联络不可缺少的,也是双方发生争议确定法院管辖权和适用法的依据之一。

(4) 鉴于条款。鉴于条款因常用"鉴于……"语句而得名。它是叙述性条款,用于说明当事人双方的背景、立约意愿和目的,其中要特别讲明许可方对技术或权利拥有的合法性及被许可方接受技术的经验和能力。

(5) 定义条款。为使合同内容清楚、言简义切,常对以下词语进行定义:与合同标的有关的重要名词和术语,各国法律或惯例有不同的理解或易产生歧义的重要名词和术语,重要的专业性技术术语,合同中多次出现、需加以简化的名词和术语等。

(6) 转让技术的内容和范围。作为整个合同的核心部分,这是确认双方权利和义务的基础。它主要规定:具体的技术名称、规格,要求达到的性能和技术指标;转让的方式(包括合同产品设计资料、生产技术资料的范围和内容),供方在技术培训和技术服务方面应承担的责任和义务,具体培训人数、方式,技术服务的范围及待遇条件,要达到的目标,受方可以使用技术制造、销售和出口许可产品的地区;商标的使用办法等。

(7) 技术改进和发展的交换。在合同期限内,改进和发展的技术的所有权应归作出改进和发展的一方所有,并且双方均应承担不断交换这种改进和发展的技术的义务。

(8) 技术文件的交付。该条款包括技术文件交付的时间、地点和方式,对技术资料包装的要求,技术文件短损的补救办法,技术文件使用文字和技术参数的度量衡制度等内容。

(9) 技术价格与支付。与有形商品定价不同,技术定价是个复杂的问题,其高低取决于多种因素,主要有供方为完成交易所垫支的直接费用;供方所预期的利润;技术的生命周期和技术所处的周期阶段;供方所提供的技术服务量;技术使用的目的和范围;供方对受方授权程度,供方对技术的担保和受方接受能力;技术供求状况;技术的经济效益;受方国家政治环境和对产权保护状况等。技术价款的支付办法也与有形商品不同,常用的有三种:一次总付、提成支付、入门费加提成支付。

(10) 保证。该条款主要是为维护被许可方的利益,加强许可方的责任,包括权利保证和技术保证两项内容。在保证条款中,主要是规定技术保证的内容。权利保证则主要在鉴于条款、侵权等条款中加以规定。

（11）其他条款。除上述条款外，许可合同中还有索赔、不可抗力、税费、法律的适用和争议的解决、合同期限、文字及签字、合同附件等条款和内容。这些内容与一般商品买卖合同大同小异，故此不再赘述。

2. 技术服务和咨询合同

技术服务和咨询也是国际技术贸易实践中常用的一种技术贸易方式，由于其内容、范围和形式相当广泛，故其合同的内容也不尽相同。但一般来说，技术服务和咨询合同主要包括以下几个方面的内容。

（1）合同的标的。主要订明合同项目名称、服务内容和最终要解决的问题或要达到的技术要求。

（2）服务的要求及形式。在该条款中，应订明服务方派遣技术人员的人次、等级、资历、工作进度、工作地点和待遇条件，委托方接受培训人员的数量、资格、培训时间、地点、方式和待遇条件，服务方提供资料或报告的时间、地点和方式，以及完成技术服务和咨询的时限。

（3）双方的责任。委托方要如实介绍情况，为服务方实地考察提供方便，按规定支付技术服务咨询费，按时接受对方的工作成果。服务方尽最大努力为对方服务，及时提出报告，适时解答对方提出的问题，为对方保密，等等。

（4）咨询报告的验收和处理。若属咨询性服务，则在咨询报告期限完了以后一定时间内，服务方要提供咨询报告，双方举行答辩会，由服务方解答委托方提出的问题或质疑。若发现报告中有数据差错或其他问题，应规定纠正的期限，并确定验收报告的最终期限。

（5）其他条款。其他如技术服务和咨询的计价和支付，违约及其处理，关于工程设计、产品开发等技术服务合同的保证和担保等都要在合同中订明。

第三节　国际补偿贸易的谈判

一、补偿贸易的概念及特征

国际补偿贸易（international compensation trade）即交易的一方提供设备、技术，另一方基本上不支付现汇，而是以该设备、技术生产出来的产品或双方商定的其他商品，去偿还设备、技术的价款。国际补偿贸易是资金信贷和商品信贷相联系的一种方式，但又不同于传统的易货贸易，而是与生产有密切联系的经济合同形式。这种形式既利用了外资，也扩大了商品的销售渠道。

早期的补偿贸易主要用于兴建大型工业企业。如当时苏联从日本引进价值 8.6 亿美元的采矿设备，以 1 亿吨煤偿还；波兰从美国进口价值 4 亿美元的化工设备和技术，以相关工业产品返销抵偿。后期的补偿贸易趋向多样化，不但有大型成套设备，也有中小型项目。20世纪 80 年代，波兰向西方出口的电子和机械产品中，属于补偿贸易返销的占 40%～50%。

我国在 20 世纪 80 年代，曾广泛采用补偿贸易方式引进国外先进技术设备，但规模不大，多为小型项目。近年来，外商以设备技术作为直接投资进入我国，故补偿贸易更趋减少。

但是,随着我国市场经济的发展,补偿贸易在利用外资,促进销售方面的优越性不容忽视。

补偿贸易与一般贸易方式相比,具有以下两个基本特征:① 信贷是进行补偿贸易必不可缺少的前提条件;② 设备供应方必须同时承诺回购设备进口方的产品或劳务,这是构成补偿贸易的必备条件。应当明确的是,在信贷基础上进行设备的进口并不一定构成补偿贸易,补偿贸易不仅要求设备供应方提供信贷,同时还要承诺回购对方的产品或劳务,以使对方用所得货款偿还贷款。这两个条件必须同时具备,缺一不可。

此外,进行补偿贸易,双方须签订补偿贸易协议。

二、补偿贸易的种类

按照补偿标的的不同,补偿贸易大体上可分为以下三类。

1. 直接产品补偿

即双方在协议中约定,由设备供应方向设备进口方承诺购买一定数量或金额的由该设备直接生产出来的产品。

2. 其他产品补偿

当所交易的设备本身并不生产物质产品,或所生产的直接产品非对方所需或在国际市场上不好销时,可由双方根据需要和可能进行协商,用回购其他产品来代替。

3. 劳务补偿

劳务补偿(labor compensation)常见于同来料加工或来件装配相结合的中小型补偿贸易中。具体做法是:双方根据协议,往往由对方代为购进所需的技术、设备,货款由对方垫付。我方按对方要求加工生产后,从应收的费用中分期扣还所欠款项。

上述三种做法还可结合使用,即进行综合补偿。有时,根据实际情况的需要,还可以部分用直接产品、其他产品或劳务补偿,部分用现汇支付等。

三、补偿贸易的形式

补偿贸易的基本形式和种类很多,特别是在我国,补偿贸易的内涵更广,做法更灵活一些。

1. 返销

返销(payback)即直接以产品补偿,指以引进的技术、设备生产出来的直接产品作为进口货款的补偿。这种做法有一定的局限性,它要求生产出来的直接产品及其质量必须是对方所需要的,或者在国际市场上是可销的,否则不易为对方所接受。

2. 回购

回购(counter purchase)也称互购或间接补偿,即进口方以某种双方协定的产品作为引进技术、设备的进口货款的补偿,这些产品是非直接相关的产品。

3. 综合补偿贸易

综合补偿贸易(comprehensive compensation trade)指进口方的补偿产品中,直接产品、间接产品、外汇等兼而有之,抵偿的商品可以直接给供方,也可以给供方事先指定的贸易商。此种补偿贸易方式是前两种方式的派生。

4. 劳务补偿贸易

劳务补偿贸易(labor compensation trade)常见于同来料加工或来件装配相结合的中小型补偿贸易中。按照这种做法,双方根据协议,往往由对方代买所需的技术、设备,货款由对方垫付,引进方按对方要求加工生产后,从应收的费用中分期扣还所欠技术、设备货款。

5. 其他形式

其他形式如双边补偿、多边补偿、卖方信贷补偿、买方信贷补偿、租赁补偿、全部补偿和部分补偿等。

四、补偿贸易的作用

1. 补偿贸易对设备、技术进口方的作用

企业通过补偿贸易引进设备、技术,可解决其缺少资金进行设备更新和技术改造的难题,从而使产品得以升级换代,以增强国际市场和国内市场的市场竞争能力。设备技术进口方将产品返销,在抵偿设备技术价款的同时,也利用了设备出口方在国外的销售渠道,使产品进入国外市场,以进口设备技术来带动产品的出口,这称为以进带出的方法,是当代中小型补偿贸易的一大特点。

以补偿贸易方式引进的设备、技术,往往并不十分先进,甚至是二手设备。但如果产品能够远销且市场前景良好,设备价格合理,则对发展中国家增加产品出口,扩大国内就业机会,提高地区经济发展水平仍是有利的。

2. 补偿贸易对技术出口方的作用

出口方在提供信贷的基础上,扩大设备和技术的出口。出口方出于转移产业的需要,通过补偿贸易方式将产业转移至发展中国家,既获得了转让设备和技术的价款,又从返销商品的销售中获取利润,可谓是一举两得。

五、补偿贸易的业务要点

补偿贸易业务应注意引进设备、技术的先进性、适用性及其保障措施。对引进的设备、技术,必须就其质量保证和技术合作方式作出明确规定,技术上至少应该是领先于国内水平,并在国际上也较为先进的。设备供应方应对涉及工业产权的问题作出保证。

回购是设备出口方的基本义务。我国在补偿贸易中,通常用直接产品补偿。但在具体交易中,有以下几种不同的做法:

(1)全额补偿。全部设备、技术价款由等额的返销产品抵偿。

(2)部分补偿。由设备进口方支付部分现汇,其余大部分价款通过返销产品补偿。

(3)超额补偿。要求设备出口方承诺回购超过补偿金额的返销商品。

(4)以相关劳务补偿。这是一种与来料加工相结合的补偿贸易,即引进设备、技术后,接受对方的来料来件加工业务,以工缴费抵偿设备、技术价款。

(5)偿还期限和结算方式。偿还期限和返销商品的数量和价格直接相关。必须对返销商品的作价原则、定价标准和方法作出规定,并应通过约定返销商品的数量或金额,安排偿

还期限。补偿贸易虽然是以产品抵偿设备,但并非直接的易货贸易,双方仍要通过货币进行计价支付。设备进口方必须掌握先收后付的原则,选择适当的结算方式。通常采用的方式有对开信用证、托收、汇付(结合银行保函)等。

六、国家对补偿贸易的相关规定

按照国家有关规定,除经批准在宽限期内的补偿贸易项目外,自1996年4月1日起取消补偿贸易项目进口加工设备免征关税和进口环节税的规定。上述贸易项目进口的设备按一般贸易规定办理手续,并一律照章征税。

1996年4月1日前(不含当日,下同)外经贸部门在其审批权限内依法批准的补偿贸易项目且在1996年5月15日(含当日)前经主管海关登记备案,其加工设备于1996年12月31日(含当日)前进口的,仍可按原优惠政策办理。对设备进口额在3 000万美元(不包括1995年12月28日以后追加的投资)以上的,可通过对外贸易经济合作部报国务院批准后,宽限期可延长至1997年12月31日。

有关补偿贸易合同在补偿完毕后,对继续出口的产品以及用其出口收汇购进的设备等,海关按一般贸易进出口货物办理有关手续。补偿贸易出口的补偿产品,原则应返销给提供技术设备的外商,但如有特殊情况,可将有关补偿产品返销给双方指定的第三方代销人,进行三角补偿。实行三角补偿的合同,应由我方经营单位与提供技术设备的外商以及代销补偿产品的第三方共同签字确认后,方可享受补偿贸易的优惠。

补偿贸易引进技术设备如属进口许可证或特定产品目录管理的商品,应向经贸部主管部门申领进口货物许可证或报国家有关部门办理审批。海关凭上述进口许可证或机电产品进口证明予以办理有关手续。

补偿贸易项下进口技术设备,自进口之日起至补偿产品出口全部偿还设备价款为止,属海关监管货物。未经经贸主管部门批准和报经主管海关核准许可,任何单位或个人均不得擅自出售、转让或提取移作他用。如因故确需变卖处理的,在征得上述有关部门批准许可后,应按一般贸易办理有关进口手续。

第四节　国际融资租赁业务的谈判

一、国际融资租赁业务概述

(一)国际融资租赁业务的概念

融资租赁业务(international lease financing business)是指出租人根据承租人对供货商、租赁物的选择,向供货商购买租赁物,提供给承租人使用,承租人支付租金的业务。关于国际融资租赁业务,国际上有广义和狭义之分。

狭义的国际融资租赁仅指跨国租赁,是指分别处于不同国家或不同法律体制下的融资租赁交易中的核心当事人,即出租人和承租人之间的一项租赁交易。跨国租赁是符合一般关于国际经济交易定义方法的国际租赁形式。

广义的国际融资租赁不仅包括跨国租赁,还包括离岸租赁或称间接对外租赁,是指一家租赁公司的海外法人企业(合资或独资)在东道国(注册地)经营的租赁业务,对这家母公司而言是离岸租赁;但对母公司的海外法人企业而言,尽管它的承租人有可能不是东道国企业,但在绝大多数情况下是与东道国的承租人达成交易,仅就它们之间的交易而言,属于国内交易。

（二）国际融资租赁业务的特征

一般来说,国际融资租赁业务主要具有以下几方面的特征:

（1）三个基本当事人与两个合同。一项国际融资租赁业务至少有三个基本当事人:出租人、承租人和供货商,而且这三方当事人至少属于两个国家;三者因两个相互关联的合同——买卖合同和租赁合同相互联系。

（2）承租人自行对设备负责。在国际融资租赁业务中,所租设备由承租方根据自己需要自行选定,自行负担设备缺陷、延迟交货等责任和设备维修的义务。出租人只负责提供融资便利,购买设备,承租人按合同向出租人缴纳租金。

（3）全额清偿。承租人在设备基本租期内,所付租金总额应等于该设备的全部投资额及一定的利润额之和,或根据出租人所在国关于融资租赁标准的规定,租金总额等于投资总额的一定比例(如85%),即出租人在该项融资租赁业务中可以收回全部或大部分投资。

（4）不可解约性。在一般情况下,租期内租赁双方无权终止合同。因为就承租人而言,所租设备的一切均由承租人自行负责,承租人不得以退还设备为条件提出提前终止合同;设备的买卖行为均已发生,即使租期内设备的市场价格上涨,出租方也不能因此提高租金,同样承租人也不能因价格下跌而要求降低租金。

（5）在租期内,设备的所有权与使用权分离。出租人在支付价款后,拥有设备的所有权,承租人在按合同支付租金后,拥有设备的使用权。

（6）承租人负担设备的保险、保养、维护等费用及风险。基本租期结束时,承租人拥有设备的留购、续租和退租三种选择权。

二、国际融资租赁业务谈判中应注意的事项

融资租赁业务在中国的应用主要是进口融资租赁,即中方企业作为承租人租进国外出租人的设备用于生产。

在改革开放之初,我国一些企业由于缺乏经营所需资金,又无法从其他渠道获得资金融通,往往选择融资租赁方式弥补资金的不足。随着中国市场经济体制的逐步完善和经济的迅速发展,企业可以通过向银行贷款或引进外资等方式解决资金问题。因此,企业可以在比较不同的融资渠道的利弊后,根据企业的实际情况,决定是否采用融资租赁方式。一般来说,对于回收期短、见效快的技术改造项目,适宜以租赁方式进行融资。

在我国进口融资租赁业务谈判中,要注意以下事项。

（一）进口融资租赁业务谈判的基本步骤

1. 谈判前的准备

企业要进行融资租赁业务,需要做好以下准备工作:

(1) 选择租赁设备和供货商。企业要根据自己的需要选定待租设备及相应的供货商。在此过程中要注意：① 所选设备的规格、型号、数量等要与企业原有生产条件相匹配。② 所选设备要保证在技术上处于国内领先水平、国际高水平，以期提高产品竞争力。③ 选择能用国产原材料的设备，一方面可以节省原材料成本，保证有充足的原材料来源；另一方面可以防止在原材料供应方面受制于人。

(2) 呈报租赁设备项目的建议书。企业在选定设备后，应向有关部门呈报租赁设备项目建议书。项目建议书主要对项目的可行性、外汇来源及其他生产条件作出说明。

(3) 选择租赁公司。项目建议书被批准后，企业可向国内的租赁公司提出租赁业务委托或从其他途径寻找租赁公司。企业在选择租赁公司时要充分调查该租赁公司的经营能力、人员素质、服务效率和水平、信誉程度及综合费用水平等多项指标。综合考察后，选定租赁公司，并向其提出融资租赁业务申请。

(4) 审查与受理。出租人对承租人主要审查企业的资信、人员素质、技术水平、产品的市场竞争力、资产的增值力等；对项目的审查主要是看项目的经济效益、还贷能力、技术的可行性以及该项目是否与国家宏观经济政策和指导方针相一致。

(5) 出租人在审查承租人项目、作出决定受理该项目的决定后，即可接受项目委托。

2. 融资租赁合同的谈判

所谓融资租赁合同，是指出租人根据承租人对供货商、租赁物的选择，向供货商购买租赁物，提供给承租人使用，承租人支付租金的合同。根据《中华人民共和国合同法》第 238 条的规定，融资租赁合同的内容包括租赁物的名称、数量、规格、技术性能、检验方法、租赁期限、租金构成及其支付期限和方式、币种、租赁期限届满租赁物的归属等条款。

融资租赁合同应当采用书面形式。融资租赁合同按承租人的国籍不同可分为对外租赁合同和国内租赁合同。对外租赁合同的双方当事人分属不同的国家，国内租赁合同的双方当事人属同一个国家，因此，两类合同的签约方法和合同条款存在一定的差别。

(1) 对外租赁业务谈判中应注意事项。对外租赁业务谈判中对设备的名称、规格、数量条款、租期、租金的支付方式、保证条款、设备的保养与费用条款、期满时对设备的处理条款等应逐项协商，明确记载于合同中。其中，应特别注意以下事项：① 租赁费的确定。租赁费（租金）是出租人与承租人利益焦点之所在。根据《中华人民共和国合同法》第 243 条的规定，融资租赁的租金，除当事人另有约定之外，应当根据购买租赁物的大部分或者全部成本以及出租人的合理利润确定。作为中方的承租企业在争取合理的租赁费时，要注意加强对国外出租人的经营状态的调查，了解各国的贷款利率水平。因为经营良好的租赁公司可以获得低息贷款，从而降低融资成本，有利于承租企业获得合理的租赁费。② 起租日的确定。起租日是租赁业务开始计算租金的日期。中方承租企业与国外出租人之间的债务是在出租人向供货商付款或承兑付款后才产生的，因此在起租日的谈判中，承租企业应争取规定以出租人付款或承兑之日作为起租日。③ 对外租赁合同格式的采用。各家租赁公司的租赁合同往往是事先按一定格式制定好的，不同格式的租赁合同上所列条款有一定的差别，在签订合同时，要仔细研究各项条款，对己方不能接受的条款，要在谈判中说明并力争取消；己方认为需要增加的条款，要力争加入合同中。

（2）国内租赁业务谈判中应注意事项：① 租赁费的确定。租赁费一般是出租人购买租赁物的价款、利息、利润和其他耗费的总和。在确定租赁费时应考虑筹资成本、租赁时间、租赁风险等因素。经营大量租赁业务的出租人，一般根据综合计算各种渠道筹得的资金的平均筹资成本来确定租赁费。租赁业务手续费的确定与各出租人的实际经营状况和租赁业务项目金额大小有关，一般为设备价款的 $1‰\sim2‰$。而对于转租赁业务，国内出租人所赚取的是租赁费的差价，因而要考虑以不同货币作为计量货币时汇率、利率水平的变化趋势等。另外，租赁业务中还会产生进出口关税、增值税、保险费和内陆运费等项费用。由于承租企业资金短缺，这些本应由国内承租人直接支付的费用若需列入租赁合同的租金中，应在合同中加以特别注明，或另签合同予以规定。② 租期的确定。设备的租期应考虑项目的实际偿还期限，并留有一定的余地，防止因租期定得太短而造成合同期限内承租公司不能按时支付租金而产生纠纷。③ 租金的估价。如果在融资租赁业务中，租赁合同签订在先，购货合同签订在后，则通常承租人先确定租赁设备的价格和对供货厂家的支付条件即租期、租费、支付方法、交货期、交货地点等，然后承租人正式要求出租方提出租金估价。待获得出租人的估价单后，承租人再详细核算租金内容和租金数额、租金支付条件等，最后才与出租人正式签订租赁合同。

3. 购货合同的谈判

国际融资租赁业务中购货合同的谈判就其实质而言，与一般国际货物买卖合同谈判相似，都是货物买卖谈判。但由于融资租赁业务中的购买设备合同是租赁合同的一个附件，与租赁业务息息相关，因此，在商谈其具体条款时要注意与租赁合同条款的一致性。购货合同直接和间接涉及的当事人利益关系复杂，因此有其特殊性。

（1）谈判中技术条款与商务条款应分别由承租企业和出租人与供货商洽谈。购货合同的客体是拟租设备，承租企业将最终使用该设备，因此合同中的技术条款可由承租企业为主进行商谈；商务条款由于涉及出租人与供货商的利益，因而谈判主要由出租人参与，并在征求承租企业意见后最后确定。

（2）价格谈判。价格水平关系到各方当事人的利益，在商务谈判中占据重要位置。价格谈判在坚持平等互利的原则下，要比较多家报价，并运用恰当的谈判策略争取以有利的价格成交。

（3）交货与装运条款。购货合同中对交货的时间规定应以在条件许可下尽快交货为原则，以便尽快投入生产；装运条款的选择，对供货商而言，倾向于以分批可转运条件成交，但对中方承租企业而言，要力争以不可转运并尽量不分批条件成交。

（4）支付方式。购货合同可以选择信用证结算方式、银行保函或托收方式支付货款。通常以分期付款方式引进生产线及成套设备，作为出租人，从自身利益和承租人的利益出发，应在谈判中争取采用远期付款方式，保证设备质量和技术服务的可靠或防止因交货拖延、设备质量等问题使自己和承租人均处于不利地位。然而支付方式的选择往往与成交价格、售后服务、市场供求关系及双方谈判能力相联系。

（5）设备验收、安装调试和质量保证条款。由于国际融资租赁业务中购买合同的标的物往往体积大、涉及金额大，因而在谈判中应坚持在设备到达承租企业工厂后由承租企业复检;由于设备的安装调试技术难度大,谈判中应力争由供货商派技术人员到承租企业工厂进行安装调试,而且合同中要明确对安装调试人员的素质要求及费用负担等事项;设备的质量保证条款要求供货商对设备的质量提供保证,并争取保证期从验收合格之日起计算。

(6)保险。作为国际货物的运输保险由有可保利益方进行投保是必不可少的。中国企业租赁设备一般由承租企业自负费用办理保险事宜。中国人民保险公司已开立了从设备的起运港装船到租期届满为止的"一揽子"保险,该项保险业务承保了被租赁设备的运输险和租赁期内的财产险等租赁业务全部过程的保险。

(7)仲裁与索赔。购买合同的履行过程中出现争议问题如何解决、当事人之间的责任如何划分,可以在仲裁条款中对仲裁地点、仲裁机构、仲裁程序、费用等作出规定。如果设备验收和使用过程中发现质量问题,承租企业应在合同规定的索赔期内向供货商索赔。索赔期一般规定为租赁物抵达承租企业后90天。

(二)谈判中应涉及的其他事项

1. 设备的维修和保养

在租赁业务中,对设备租赁期内的维修和保养应有明确的规定。不同的租赁形式应由不同的合同当事人负责设备的维修和保养,有的由承租企业负责,有的由供货商负责,有的由出租人负责,但在融资租赁形式下,在承租人占有租赁物期间,租赁物的维修与保养应当由承租人承担。

2. 租金条款的变更

设备的租金涉及租赁业务双方的利益,一经确定后通常固定不变,但有的出租人要求在租赁合同中加入租金变更条款。租金变更条款通常规定,如果国家增减有关税收、银行利率或在出现其他情况必须变更租金时,出租人可以根据情况相应地对租金作出调整。

3. 合同期届满后租赁物的归属

合同期满终止后,出租人对租赁物可以采取以下处理方式:① 根据设备的使用情况作价出卖(通常按设备的残值作价),出卖时承租人有优先购买权。② 将设备收回。③ 续定租赁合同,由承租人继续使用租赁物,但租金根据租赁物的现状确定。

 **本章小结**

1. 通过对国际货物买卖业务的概述,了解到在凭样品、规格、等级等交易时,应该具体注意哪些事项。

2. 国际技术贸易谈判是由技术出口和技术引进组成的,在标的性质、双方当事人、交货过程等方面与国际货物贸易有着明显的区别。

3. 国际补偿贸易大体上可分为直接产品补偿、其他产品补偿和劳务补偿三种类型,具有独特的业务要点和法律规定。

4. 国际融资租赁业务作为企业融资的重要渠道,具有全额清偿、不可解约性等的特点,

在谈判过程中要特别注意融资租赁合同和购货合同的签订。

 **思考与练习**

一、单项选择题

1. 货物买卖谈判的难度相对简单,是因为(   )。

    A. 大多数货物均有通行的技术标准

    B. 大多数交易属于重复性交易

    C. 谈判内容大多围绕与实物商品相关的权利和义务

    D. 合同条款较为简单

2. 在知识体系中,与技术知识关系最密切的知识是(   )。

    A. 文学知识   B. 科学知识   C. 理论知识   D. 艺术知识

二、多项选择题

1. 国际技术贸易的国际性反映在(   )。

    A. 当事人处于同一国家   B. 当事人分处于不同国家

    C. 当事人属于不同国籍   D. 技术跨越国境转移

    E. 技术在一国境内转移

2. 专利标记的作用主要有(   )。

    A. 提高产品的信誉   B. 广告宣传

    C. 警告第三者   D. 在侵权诉讼中取得有利地位

    E. 保护消费者

3. 补偿贸易的形式主要有(   )。

    A. 返销回购   B. 劳务补偿贸易

    C. 综合补偿贸易   D. 卖方信贷补偿

    E. 双边补偿

4. 国际融资租赁业务的特征有(   )。

    A. 鲜明的融资业务

    B. 财产所有权与使用权分离

    C. 全额清偿

    D. 承租人自行对设备负责

    E. 不可节约性

三、名词解释

1. 技术贸易   2. 国际补偿贸易   3. 国际租赁业务

四、简答题

1. 试述商品贸易谈判的内容。

2. 商品品质的表示方法有哪几种?

3. 技术贸易谈判应包括哪几个方面的内容?

4. 国际融资租赁业务谈判应注意哪些方面?

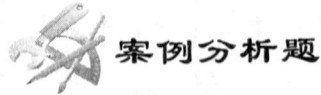 **案例分析题**

茶 叶 心 理 战

　　某年我国南方某省的茶叶丰收了,茶农们踊跃地将茶叶交到了茶叶收购处,这使得本来库存量就不小的某茶叶进出口公司更增加了库存,形成了积压。

　　如此多的茶叶让该进出口公司的业务员很犯愁,如何设法销出去呢? 正在这时,有外商前来询问。该进出口公司感到这是一个极好的机会,一定要利用这个机会,既把茶叶卖出去,同时还要设法卖个好价钱。为此,他们做了周密的布置。

　　在向外商递盘时,该公司将其他各种茶叶的价格按当时国际市场的行情逐一报出,唯独将红茶的价格报高了。外商看了报价,当即提出疑问:"其他茶叶的价格与国际市场行情相符,为什么红茶的价格要那么高?"该公司代表坦然地说道:"红茶报价高是因为今年红茶收购量低,库存量小,加上前来求购的客户很多,所以价格就只得上涨。中国人有句古话叫'僧多粥少',就是这个意思。"外商对该公司所讲的话将信将疑,谈判暂时中止了。随后的几天,又有客户前来询盘。该公司照旧以同样的理由、同样的价格回复他们。

　　虽然外商对红茶报价高心存疑问,但他们只能靠间接的途径去了解。而所谓其他的途径,就只是向其他客户去询查,可询问的结果与自己了解的信息是一致的。于是外商赶快与该公司就购销红茶一事签订了合同,唯恐因来迟而无货可供。这样一来,其他客户纷纷仿效,积压的红茶不仅在很短的时间内被抢购一空,而且还被卖了个好价钱。

　　案例来源:刘园,孙美丹.国际商务谈判[M].北京:对外经济贸易大学出版社,2008.

　　分析:该进出口公司考虑了哪些因素,从而在这场谈判中取得了主动地位?

第四章 影响国际商务谈判的主要因素

学习目标

通过本章的学习,学生应了解商务谈判环境的含义及其对商务谈判的影响。熟悉商务谈判环境分析的主要内容,一定的政治、法律、经济、文化等环境因素对商务谈判的影响。

第一节 国际商务谈判中的环境因素

在商战中,影响国际商务谈判结局走向的主客观因素有许多方面,其中环境因素、法律因素和心理因素尤为显著。如何把握好这几个因素的影响,扬其长,避其短,把外部客观因素为我所用,将主观心理因素调整到位,发挥优势,则为本章所探究的主要内容。

谈判所处的环境条件是影响谈判的重要因素,是谈判思想不可缺少的客观要素,同时也是商务谈判准备工作中必不可少的环节。这是因为国际商务谈判是在一定的政治、经济、社会、文化制度和某一特定的法律环境中进行的。这些社会环境会对谈判产生直接或者间接的影响。因此,充分、全面地了解和分析谈判的环境将有助于谈判者制定出正确的谈判计划。

谈判的环境因素包括谈判双方国家的所有客观因素,如政治法律、社会文化、经济建设、自然资源、基础设施、气候条件与地理位置等。谈判人员必须对上述环境因素进行全面系统的调研与分析评估,才能制定出相应的谈判方针和策略。

英国谈判专家马什(P. D. V. Marsh)在 1971 年出版的《合同谈判手册》中对谈判的环境因素作了系统的归类和分析,这对从事国际商务谈判是很有意义的。马什把与谈判有关的环境因素概括分为政治状况、宗教信仰、法律制度、商业习惯、社会习俗、财政金融状况、基础设施与后勤供应状况、气候状况等,下面分别加以论述。

一、政治状况因素

所谓政治状况,主要是指国际环境和双方所属国的政治状况及外交关系。政治状况的变化往往会对谈判的内容和进程产生重要影响。在国际贸易中,谈判双方都非常重视对政治状况的分析,特别是对有关国际形势的变化、政局的稳定性以及政府之间的双边关系等方面的变化情况的分析。一个国家或地区与谈判有关的政治状况因素主要有以下几个方面。

1. 国家对企业的管理程度

国家对企业的管理程度主要涉及企业自主权的大小问题。如果国家对企业管理的程度较高,则谈判过程中政府就会干预谈判内容及进程,对于关键性问题也是由政府部门的人员作出决策的。因此,谈判的成败不取决于企业本身,而主要在于政府的有关部门。相反,如果国家对企业的管理程度较低,企业有较为充分的自主权,这时,谈判的成败则完全取决于企业自身。

2. 经济的运行机制

在计划经济体制下,企业间的交易往来主要看有没有列入国家计划管理体系。列入国家计划体系的企业就是已争取到了计划指标,与它们的谈判才是可行的。在市场经济条件下,企业有充分的自主权,可以决定谈判对象、谈判内容和交易本身。

3. 政治背景

谈判对手对该谈判项目是否有政治兴趣,如果有,程度如何、哪些领导人对此感兴趣、这些领导人各自的权力如何,这些都是有关谈判项目的政治背景因素。在一般情况下,业务往来谈判是纯经济目的的,但有时候如果有政府或政党的政治目的掺杂其中,那么影响谈判的因素就会变得复杂多样。发达国家对发展中国家的贸易往来常常出现这种情况。在多数情况下,如果谈判中掺杂有政府或政党的政治目的,那么这场谈判的最终结果则主要取决于政治因素的影响,而不是经济或技术方面的因素。在一些较为落后的发展中国家,集权程度较高,在与这些国家进行业务洽谈时,其谈判项目的决定权及洽谈结果,往往取决于领导人的政治地位和权力。

4. 政局稳定性

谈判对方政府的稳定程度如何,在谈判项目履行期间,政府局势是否稳定、总统大选的日子是否定在谈判协议履行期间、总统大选是否与所谈项目有关、谈判对方与邻国的关系如何、是否处于较为紧张的敌对状态、有无战争爆发的可能等,这些政治因素都将影响谈判。

5. 政府间的关系

如果 A 国政府与 B 国政府有政治矛盾,而 B 国与 C 国是很好的贸易伙伴,那么 A 国就有可能不愿与 C 国做生意。如中东的一些阿拉伯国家有时就拒绝同那些与以色列有政治、经济关系的国家及其企业进行商务往来。

此外,是否将一些军事性手段运用到商业竞争中也非常重要,值得关注。在国际、国内商务竞争较为激烈的今天,有些国家往往利用一些军事性手段,如在客人房间里安装窃听器、偷听客人电话、暗录谈话内容等,以达到自己的商业目的。

二、宗教信仰因素

一个国家或地区与商务谈判有关的宗教信仰因素主要包括以下几个方面。

1. 该国占主导地位的宗教信仰

由于宗教信仰对人们的思想行为有着重要而且直接的影响,因此在商务谈判中首先要了解该国有无宗教信仰。如果有,占主导地位的宗教信仰是什么? 有宗教信仰的人和无宗

教信仰的人的思想行为方式有什么不同？同样是信仰宗教的人，信基督教与信伊斯兰教的人的思想行为又有什么不同？宗教信仰对人的行为方式影响的客观存在，使其成为商务谈判背景调查的重要环节。因此，宗教信仰是环境因素分析中的重要环节。

2．宗教信仰的影响与作用

宗教信仰会对下列事务产生重大影响：

（1）政治事务。例如，宗教信仰对该国的党政方针、国内政治形势等的影响。

（2）法律制度。如在某些受宗教影响很大的国家，其法律制度的制定就必须依据宗教教义。在一般情况下，人们的行为如果符合法律原则与规定，就能被认可，而受宗教影响较大的国家，对人们行为的认可还要看是否符合该国宗教的精神。

（3）国别政策。由于宗教信仰的不同，某些国家依据本国的外交政策，在经济贸易制度上制定带有歧视性或差别性的国别政策，以便对某些国家及企业给予方便与优惠，而对于另外一些国家及企业则作出种种限制。

（4）社会交往与个人行为。存在宗教信仰的国家与那些没有宗教信仰的国家之间，在社会交往与个人行为方面存在着差别。

（5）节假日与工作时间。宗教活动往往有固定的活动日，而且不同的国家其工作时间也各有差别，这在制定具体谈判计划及进行日程安排时必须考虑。

三、法律制度因素

在商务谈判中，所面临的法律环境主要由三个层次构成：一是本国的法律环境；二是谈判对方的法律环境；三是国际法与国际惯例。这些法律都会影响到谈判。因此，要求谈判者更好地去认识与了解法律环境，在谈判之前做好法律环境分析。

1．该国的法律制度

不同国家的法律体系不同，有些国家的法律属于英美法系，也有些国家的法律属于大陆法系。在商务谈判中，不仅要注意不同国家的法律制度不同，也要注意同一法律在不同国家的解释也不尽相同。

2．该国法律的执行情况

有的国家是因为本身法律制度不健全，而出现无法可依的情况；有的国家是法律制度较为健全，且执行情况尚可；有的国家是有法可依，但在施法过程中，不完全是依法办事，而是取决于当权者，即与当权者的关系如何将直接影响到法律制度的执行。

3．该国法院与司法部门是否独立

在现实生活中，许多发达国家都实行立法权、行政权和司法权相互独立、互相制衡的三权分立的基本政治制度。在美国，一个庞大的院外活动集团每年有高达几百亿美元的支出。这里所说的院外活动，就是进行交易的公司或企业，可以通过各种关系，对政府的各个部门，主要是指那些影响交易的部门进行游说，以帮助自己达成交易，或作出有利于自己的决定。

4．该国法院受理案件的时间长短

法院受理案件时间的长短直接影响业务洽谈双方的经济利益。当谈判双方在交易过程

中及事后的合同履行过程中，一旦发生争议，经过调解无效，递交法院，就要由法院来审理，如果法院受理案件的速度很快，那么对交易双方的经营运作情况影响可能不大；相反，如果拖很长时间，甚至一拖就是几年，这无疑对双方的经济、精力等方面来讲都是难以承担和忍受的。

5. 该国在执行其他国家的法律进行仲裁时需要的程序

因为对于跨国商务洽谈活动而言，一旦发生纠纷，并诉诸法律，就自然会涉及国家之间的法律适用问题。因此必须弄清，在某一国家裁决的纠纷，拿到对方国家是否具有同等的法律效力。如果不具有同等法律效力，或者干脆无效，那么要弄清需要什么样的条件和程序才能生效且具有同等法律效力。

四、商业习惯因素

商业习惯不同会使商务谈判在语言使用、礼貌和效率，以及报价、谈判重点等方面存在极大差异。商业习惯在国际谈判中显得尤为重要，因为几乎每一个国家乃至地区的做法都有自己的特色，而且差别很大，如果不切实了解其商业习惯就会误入陷阱，或使谈判破裂。商业习惯不同涉及的主要问题有以下几个方面。

1. 企业的决策程序

美国企业的决策是只要高级主管拍板即可，而日本企业的决策必须自上而下沟通，达成一致意见后再由高级主管拍板。因此，必须弄清谈判对手所在国家企业的决策程序，决策程序的差异将导致决策时间与谈判风格的不同。

2. 文本的重要性

在不同国家，文字的重要性如何，是不是做任何事情都必须见诸文字，合同、文字协议的约束力如何等问题都存在差异。有些国家习惯上以个人的信誉与承诺为准，而有些国家则只以合同文字为准，其他形式的承诺一概无效，这也是必须了解的商业习惯之一。

3. 律师的作用

美国人在参与业务洽谈时，总要有律师出场，当洽谈进入签订合同阶段时，要由出场律师来全面审核整个合同的合法性，并在审核完毕后由律师签字，这是美国的习惯做法。

4. 谈判成员的谈话次序

在正式的谈判会见场合，对方领导及陪同人员的说话次序如何也是需要了解的。如果陪同成员只有在问及具体问题时才能讲话，则说明对方的高级领导人已经介入谈判之中；反之，如果陪同成员的职权很大，说明这个正式场合并非专为双方领导所安排。

5. 商业间谍问题

该国企业在进行业务洽谈时，需要了解有没有商业间谍活动。如果有，则应该研究如何保存机密文件，以及其他防范措施。

6. 是否存在贿赂现象

在某些国家的交易中，贿赂和受贿是违法行为，法律对此要严厉追究。但在有的国家，交易中的行贿受贿是正常现象,不行贿就做不成交易,因此,有人称行贿是交易的润滑剂,是必不可少的。商务谈判前一定要搞清楚谈判对手有关这方面的商业做法,以便采取对策。

　　7. 竞争对手的情况

　　了解该国是否允许对一个项目的洽谈同时选择几家公司作为对手进行谈判,以便从中选择最优惠的条件达成协议。如果可以,要确定保证交易成功的关键性因素是什么,是否仅仅是价格问题。在几家公司同时竞争一笔生意时,谈判是最复杂、最艰难的,因而必须紧紧抓住影响交易成功的关键性因素,围绕关键性因素来展开洽谈工作,才有可能取得成功。

　　8. 翻译及语言问题

　　要了解在一国业务洽谈的常用语种是什么。如果作为客场谈判而使用当地语言,有没有安全可靠的翻译,合同文件能否用两国文字表示,如果可以,那么两种语言是否具有同等的法律效力。谈判离不开语言的交流,所以这个问题对谈判双方来讲都是很重要的,因此,必须选择好合适的交流语言。如果为了防止可能产生的争议而使用第三国文字来签订协议,那么对谈判双方来讲都是公平的。如果不是这样,一般都规定双方的文字具有同等效力。

五、社会习俗因素

　　不同的国家或地区有着不同的习俗,这些习俗都在一定程度上影响业务谈判活动。如在某些国家或地区,称呼及衣着方面合乎规范的标准是什么,赠送礼品及方式有什么习俗等。此外,在公共场合人们对当面批评是否能接受、人们如何对待荣誉及名声等问题、妇女在业务活动中的地位如何等,这些社会习俗都会影响双方意见交流的方式及所采取的对策,是谈判前必须了解的环境因素,因此应很好地加以了解和把握。

六、财政金融状况因素

　　国际商务谈判的结果使得洽谈双方的资产形成跨国流动,这种流动是与洽谈双方的财政金融状况密切相关的。从一个国家或地区来看,与业务谈判有关的财政金融状况主要包括以下几个方面。

　　1. 外债状况

　　如果该国的外债过高,虽然双方有可能很快达成协议,但在协议履行过程中,有可能因为对方外债偿还问题而无能力支付本次交易的款项。

　　2. 外汇储备情况

　　如果外汇储备较多,则表明该国有较强的对外支付能力;相反,如果外汇储备较少,则说明该国的对外支付存在困难。另外,还要看该国出口产品的结构如何,因为一个国家的外汇储备与该国出口产品的结构有着密切的关系。通常情况下,如果出口产品以初级产品为主,附加价值低,则换汇能力就比较差。通过分析,可以很好地把握与该国所谈项目的大小,防止由于对方支付能力的局限而造成大项目不能顺利完成的经济损失。

3. 货币的自由兑换

该国货币是否能自由兑换,有何限制条件,汇率变动情况及其趋势如何,这些问题都是交易双方的敏感话题。很明显,如果交易双方国家之间的货币不能自由兑换,那么就要涉及如何完成兑换的问题,同时还要涉及选择什么样的货币来实现支付等。汇率变化对交易双方都存在一定的风险,如何将汇率风险降到最低,需要双方协商决定。

4. 支付信誉

在国际市场上,该国支付方面的信誉如何,是否有延期的情况,原因是什么。此外,要想取得该国的外汇付款,需要经过哪些手续和环节,这些都是必须要弄清楚的问题。

5. 税法方面的情况

该国适用的税法是什么,征税的种类和方式如何,有没有签订过避免双重征税的协议。如果签订过,是与哪些国家签订的。所有这些问题均会直接影响到双方最终获利的大小。此外,该国对外汇汇出是否有限制和其他问题都应分析清楚。

七、基础设施与后勤供应状况因素

一国的基础设施、后勤供应状况和自然资源等因素也会影响国际商务谈判活动。

(1) 基础设施。交通状况、运输能力、通信能力、港口设施、建筑设备等会在一定程度上影响商务谈判活动。例如,在设施落后的港口进行装运,由于没有现代化的装卸设备,如果涉及装卸大型设备,就很难应对,谈判即使成功,也会由于无法成功装卸大型设备或成本太高而无法具体执行。

(2) 后勤供应和自然资源。后勤供应主要指该国的人力、物力、财力等状况。要进行设备生产,要考虑是否有必要的、充足的熟练工人和技术人员,有无建设所需的物质材料、电力能源、水力资源等。

八、气候状况因素

一个国家或地区的气候状况也会间接地对业务活动产生影响。例如,该国的雨季长短及雨量的大小、全年平均气温状况、冬夏季的温差、空气平均湿度状况、地震情况等。

以上八个环境因素,是在谈判方案制定之前必须予以充分调查和分析的。

第二节 国际商务谈判中的法律因素

一般来说,国际商务谈判中的法律因素涉及两个方面:一是影响国际商务谈判的宏观法律环境;二是国际商务谈判中常见的法律问题。国际商务谈判中的宏观法律环境又可以分为国际法和国内法两个方面。国际法方面主要指与国际商务相关的国际商法所营造的国际法律环境,国内法方面主要指一国国内的商务法律环境。国际商务谈判的常见法律问题主要有谈判对象的主体资格问题、合同的效力问题、合同条款问题、争议的解决方式问题。

一、国际商务宏观法律环境

国际商务谈判要在一定的宏观法律环境下进行,包括国际商务法律(international business law)环境和国内商务法律(domestic business law)环境,了解国际商务的宏观法律环境是进行国际商务谈判的重要前提之一。

(一) 国际商务法律环境

国际商务法律环境作为调整国际商事和商事组织各种关系的国际法律规范的总和,为国际商务交往提供了宏观的国际法律环境。国际商务法律环境的调整范围不仅包括有形商品的国际货物贸易,而且包括技术、资金和服务在国际流通中所产生的各种关系。国际商务法律环境的主要表现形式是条约,包括多边条约和双边条约。在国际商务谈判中,谈判人员需要了解对谈判双方都有效的国际经贸条约的基本内容及其营造的国际商务的国际法律环境,国际经贸条约对于促进国际经济的发展起着越来越重要的作用。

(二) 国内商务法律环境

仅仅了解规范国际经贸交往的国际条约是远远不够的,国内商务法律环境对国际商务交往同样起着重要的指导和规范作用,特别是一国的涉外经济法律。谈判人员既需要了解本国国内商务法律的基本内容,也需要了解对方国内相关的法律规定。

一般而言,不同国家的国内商务法律的结构及基本内容是千差万别的。即使是有着相同历史传统的国家,其商务法律也不尽相同;即使属于同一法系的国家,其法律也是各有特色。但属于同一法系的国家在法律制度上还是存在很多相同点的。就历史传统而言,当今世界上主要有两大法系:大陆法系(civil law system)和英美法系(common law system)。

大陆法系形成于西欧,除法国和德国以外,还有许多欧洲国家如瑞士、意大利、奥地利、比利时、卢森堡、荷兰、西班牙、葡萄牙等也都属于大陆法体系。而随着殖民主义的扩张,各国又把自己的法律体系带到了各个殖民地,在殖民地建立了相应的法律秩序,因此,大陆法也随之向世界各地扩展。现在,除西欧外,整个拉丁美洲、非洲的大部分,近东的某些国家都属于大陆法体系。此外,日本和土耳其等国也引入了大陆法。在属于英美法体系的国家中,某些国家的个别地区,如美国的路易斯安那州和加拿大的魁北克,也属于大陆法的范围。

大陆法的一个特点是强调成文法的作用。它在结构上强调系统化、条理化、法典化和逻辑性。它所采取的方法是运用几个大的法律范畴把各种法律分门别类地归纳在一起。这种结构上的特点,在法学和立法中都有所反映。

首先,大陆法各国都把全部法律分为公法与私法两大部分,这种分类法最早由罗马法学家乌尔比安(Ulpianus)提出,按照他的说法,公法是与罗马国家状况有关的法律,私法是与个人利益有关的法律。当时,公法包括调整宗教活动和国家机关活动的法规,私法包括调整所有权、债权、家庭与继承等方面的法规。大陆法继承了罗马法的这种分类方法,并根据现代法律发展的状况,进一步把公法再细分为宪法、行政法、刑法、诉讼法和国际公法,把私法分为民法、商法等。大陆法国家之间,尽管语言不同,但它们的法律词汇可以准确地互译。只要掌握了一个大陆法国家的法律,就很容易了解其他大陆法国家的法律。

其次,大陆法各国都主张编撰法典。法国资产阶级革命胜利后,曾先后颁布了五部法

典：《民法典》、《民事诉讼法典》、《商法典》、《刑法典》和《刑事诉讼法典》，其他大陆法国家也制定了类似的法典，但各国在法典编撰的体例上却不完全相同。

英美法系形成于英国，以后扩展到美国及其他过去曾受英国殖民统治的国家和地区，主要包括加拿大、澳大利亚、新西兰、爱尔兰、印度、巴基斯坦、马来西亚、新加坡和中国香港地区等。南非原属大陆法体系，后被英国侵占，受英美法的影响，是大陆法与普通法的混合物。斯里兰卡也有相似情况。菲律宾原是西班牙殖民地，属大陆法系，后来随着美国势力的渗入，引进了英美普通法的因素，所以菲律宾法也是一种混合体。但是，英国的苏格兰、美国的路易斯安那州和加拿大的魁北克却不是英美法系，而属于大陆法体系。

英美法系各国不区分公法与私法两大部分，也不强调成文法的作用。英美法强调判例的作用，判例法是英美法的主要渊源，成文法居于次要地位。但是，自19世纪末、20世纪初以来，英美法国家为了适应社会关系和国家活动日益复杂化的要求，国家机关的立法活动大大加强，颁布了大量的法律，成文法在社会生活中的作用日渐重要。但是，成文法必须通过判例的解释才能产生效力。

因此，在进行国际商务谈判时必须考虑不同国家商务法律的特点，了解一国商务法律的基本框架，这样，既可以在合法的前提下进行谈判，又可以为将来维护自己的合法权益打下基础。

（三）商务法律环境的可预测性

一个成功的谈判人员必须对自己商务目标中的法律后果的可预测性作出判断，即对自己在多大程度上可以依靠法律、自己行为的法律后果是什么，以及利用法律手段解决纠纷的成本有多高等作出判断。

二、国际商务谈判的常见法律问题

（一）谈判主体的资格问题

所谓谈判主体(negotiations subject)的资格问题，是指法律意义上的资格问题，即对方公司的签约能力和履约能力。法人是指拥有独立的财产，能够以自己的名义享受民事权利和承担民事义务，并且依照法定程序成立的法律实体。法人是由自然人组织起来的，它必须通过自然人才能进行活动。在当代，最常见的法人是公司，国际社会的经济活动主要也是通过各种公司来进行的。因此，研究谈判对手公司的签约能力是非常必要的。

根据各国公司法的规定，公司必须通过它授权的代理人才能订立合同，而且其活动范围不得超出公司章程的规定。

在考察了对方的签约能力之后，考察谈判对手的履约能力也是一项非常重要的任务。就法律意义而言，此即考察对手的负债与实际资产的状况，如果资不抵债或负债率过高，就是一个危险的信号，因为如果一个公司资不抵债，该公司就将进入破产程序。

（二）合同的效力问题

商务谈判成功的最终结果就是双方签订合同。依法订立合同是受法律保护的，无效合同与可撤销合同则会导致谈判双方的合法权益得不到法律保护，并可能导致谈判的目标功败垂成。了解合同的基本概念和各国法律是合同有效成立的要件，对于谈判人员来说非常

必要。

世界各国对合同的定义并不完全相同。按照《中华人民共和国民法通则》第85条的规定：合同是当事人之间设立、变更、终止民事关系的协议。依法成立的合同,受法律保护。由此可见,合同具有以下三个特征：

(1)合同是双方的民事法律行为,不是单方的民事法律行为。合同的签订至少要有双方当事人参加,而且双方当事人的意思表示必须一致,合同才能成立。如果双方当事人意见不一致,就不能达成协议,合同就不能成立。这是合同的基本法律特征。

(2)订立合同的目的是为了产生某种民事法律上的效果。合同的订立包括设立、变更或者终止当事人之间的民事法律关系。例如,买卖双方通过订立买卖合同,便在双方当事人之间产生了买卖关系;如果在买卖合同订立之后,双方当事人同意对原合同进行修改或通过协议终止原来的买卖合同,就变更或终止了它们之间的民事法律关系。

(3)合同是合法行为,不是违法行为。依法订立的合同,受法律保护,而违法订立的合同在法律上是无效的。

世界各国对合同所下的定义也各有特点。在大陆法系国家中,《德国民法典》把合同纳入法律行为的范畴,作为法律行为的一种。《德国民法典》第305条规定:"依法律行为设立债务关系或变更法律关系的内容者,除法律另有规定外,应依当事人之间的合同。"按照大陆法学者的解释,所谓法律行为,是指当事人之间为了发生私法上的效果而进行的一种合法行为。

英美法系国家对合同所下的定义与大陆法国家的定义有所不同。英美法强调合同的实质在于当事人所作的许诺,而不仅是达成协议的事实。例如,美国的《合同法重述》对合同做了如下定义:"合同是一个许诺或一系列的许诺,对于违反这种许诺,法律给予救济,或者法律以某种方式承认履行这种许诺可以成为合同,而且只有法律上认为有约束力的、在法律上能够强制执行的许诺,才能成为合同。"英美法认为,法律上强制执行的是当事人所作的许诺,而大陆法则认为,法律上强制执行的是当事人之间的协议或合议。

尽管各国对合同的有效成立都要求具备一定的要件,即所谓合同有效成立的要件,但各国的要求也不完全相同。综合起来看,各国对合同有效成立的要求主要有以下几项：① 当事人之间必须达成协议,这种协议是通过要约与承诺达成的。② 当事人必须具有订立合同的能力。③ 合同必须有对价或合法约因。④ 合同的标的和内容必须合法。⑤ 合同必须符合法律规定的形式要求。⑥ 当事人的意思表示必须真实。

(三)争端解决方式

在国际经济贸易活动中,发生争议是难免的,那么,采用何种争端解决方式需要国际商务谈判双方事先进行仔细探讨。解决争议的方式有多种,仲裁与诉讼是当今世界各国当事人普遍选择的解决争议的基本方式。

1.仲裁与诉讼的概念

仲裁是指发生争议的各方当事人自愿地达成协议,将它们之间发生的争议提交一定的仲裁机构裁决、解决的一种办法,裁决结果对各方当事人均具有约束力。诉讼是经济纠纷的一方当事人到法院起诉,控告另一方当事人有违约行为,要求法院给予救济或惩处另一方当

事人的法律制度。法院的判决具有国家强制力。

2. 仲裁与诉讼的区别

仲裁与诉讼都是解决双方当事人经济纠纷的手段,都有着保护当事人合法权益和促进国际经济贸易发展的作用,并且,已生效的仲裁裁决和法院判决都具有法律效力,当事人必须全面履行。但仲裁与诉讼又各具特色,存在着明显的区别:

(1) 受理案件的依据不同。法院诉讼是强制管辖,而仲裁则是协议管辖。法院诉讼不需一方当事人事先得到另一方当事人的同意或双方达成诉讼协议,只要一方当事人向有管辖权的法院起诉,法院就可依法受理所争议的案件,另一方则必须应诉;仲裁机构必须依据当事人之间达成的仲裁协议和双方的申请受理案件,仲裁机构的管辖来自双方当事人的自愿和授权。这是仲裁与诉讼的根本区别。

(2) 审理案件的组织人员不同。在法院诉讼的当事人不能选定审判员,应由法院依职权指定法官或组成合议庭审理案件;仲裁的双方当事人有权各自指定一名仲裁员,再共同指定或由仲裁委员会主席指定一名首席仲裁员组成仲裁庭审理案件。

(3) 审理案件的方式不同。法院审理案件一般是公开的;仲裁庭审理案件一般不公开进行,案情不公开,裁决也不公开,开庭时没有旁听,审理中仲裁庭或仲裁机构的秘书处不接受任何人采访。

(4) 处理结果不同。我国法院是两审终审制,一方当事人对法院判决不服的可以上诉;仲裁裁决是终局性的,不能上诉,也不允许再向任何机构提出变更裁决的要求,败诉方如不自动执行裁决,胜诉方可以向法院申请强制执行。

(5) 受理案件机构的性质不同。受理诉讼案件的机构是法院,受理仲裁案件的机构一般是民间性质的社会团体。

(6) 处理结果境外执行不同。法院受理诉讼作出的判决要到境外执行时,需根据作出判决的所在地国与申请执行的所在地国之间签订的司法协助条约或者互惠原则去处理;仲裁机构所作出的仲裁裁决要到境外执行时,如果作出裁决的所在地国与申请执行的所在地国均为1958 年联合国《承认及执行外国仲裁裁决公约》的成员国,当事人可以向执行国的主管法院提出承认及执行的申请,不是该公约成员国的,则需根据司法协助条约或者互惠原则处理。

3. 仲裁协议的概念

仲裁协议是指合同当事人在合同中订立的仲裁条款,或者以其他方式达成的将争议提交仲裁的书面协议。仲裁协议有三种类型:第一种是当事人在争议发生之前订立的,表示愿意将双方之间今后可能发生的争议提交仲裁解决的协议,它是合同的一个不可分割的部分,这种协议通常在合同中写明,称为仲裁条款;第二种是当事人在争议发生之后达成的将争议提交仲裁裁决的协议,这是狭义的仲裁协议;第三种是当事人往来函电及其他有关文件中关于将争议提交仲裁的特别约定。

4. 涉外仲裁协议的内容

涉外仲裁协议一般包括以下内容:

(1) 仲裁意愿。它是当事人一致同意将争议交付仲裁的意见表示。

(2) 仲裁事项。它指提交仲裁的争议范围,一般应写明:凡因执行本合同或与本合同有关的一切争议,均应提交某仲裁机构解决。仲裁庭根据仲裁事项写明的争议范围有权进行审理,超出范围的无权审理。如果对超出部分进行审理,其裁决无法律效力。

(3)仲裁地点。它是仲裁协议中的主要内容,与仲裁所适用的程序法和实体法有密切关系,应写明在哪个国家、哪个城市进行仲裁。一般来讲,当事人对自己所在国家的法律和仲裁程序比较了解,而对外国的做法缺乏了解和信任,因此,当事各方均力争在本国进行仲裁,如果争取不到在本国仲裁时,也可以选择在被告国或第三国仲裁。

(4)仲裁机构。它是指受理案件并作出裁决的机构。国际上有常设仲裁机构和临时仲裁庭两种。如果约定在常设仲裁机构仲裁,应写明该机构的名称。常设仲裁机构除了有详细、具体的仲裁规则便于仲裁时照章行事之外,还可提供仲裁的行政管理、组织工作和各方面的服务,优于临时仲裁庭。临时仲裁庭只是在仲裁地点无常设仲裁机构或没有临时仲裁条款或所签订的是临时仲裁协议的情况下,为进行仲裁而临时组成的仲裁庭。如果约定由临时仲裁庭仲裁,则应订明组成仲裁庭的人数和如何指定仲裁员及采用的仲裁规则等。一般来说,在仲裁中选用常设的仲裁机构比选择临时仲裁庭更为方便。

(5)仲裁程序规则。仲裁申请、指定仲裁员、组成仲裁庭、审理、裁决和收取仲裁费等都在仲裁程序规则中作出具体的规定,供当事人和仲裁员参照执行。各国常设仲裁机构都制定了自己的仲裁程序规则,订立仲裁协议时就应写明按照哪一个国家或地区和哪一个仲裁机构的仲裁程序规则进行仲裁。一般来说,仲裁协议约定在哪个常设仲裁机构仲裁,就应按其仲裁程序规则进行仲裁。但是,有些国家也允许双方当事人自由选用他们认为合适的仲裁规则。

(6)仲裁裁决的效力。它主要是指裁决是否具有终局性,是否对双方具有约束力。我国法律规定,经我国涉外仲裁机构作出的裁决,当事人不得向法院上诉。

第三节　国际商务谈判中的心理因素

国际商务谈判双方为了协调彼此的经济利益,需要对双方的意向进行反复的交流和磋商。而谈判者的意向或建议的提出,都是其心理活动的反映和结果。因此,要使谈判获得成功,就必须研究谈判者的心理。通过对谈判双方心理的研究,一方面有利于摸清谈判对手的心理活动和心理特征,以便针对不同的谈判对手,选择不同的谈判策略;另一方面也有利于谈判者了解己方谈判成员的心理活动和心理弱点,以便采取相应的措施进行调整和控制,保证己方人员能以一个良好的心理状态投入谈判中去。

心理学家认为,人的心理既包括人的各种心理活动,如认识、情感、意志等,也包括人的心理特征,如动机、需要、气质、性格等。在国际商务谈判中,由于受客观条件和时间等因素的制约,在一般情况下,要对谈判双方的心理进行全面的分析是比较困难的。具体可以从个体心理和群体心理两方面进行分析。

一、国际商务谈判中的个体心理

谈判的主体是由谈判者个体组成的,谈判就是通过谈判者个体之间的接触、言行表现进行的。谈判者欲在谈判中掌握谈判的主动性,就必须要了解人的一般心理特征,而人的一般心理特征主要表现为个性、情绪、态度、印象和知觉等方面。

（一）个性

所谓个性,通常是指人的心理特征和品质的总和,具体表现为人的性格、能力和素质等。人的个性在一定程度上影响和制约人的言行。

1. 性格

人的性格是在社会生活中逐渐形成的,它往往决定着人对现实的态度、意志和情绪。因此,在国际商务谈判中的性格表现对谈判结果的影响极大。

心理学家按照一定的标准并从不同的研究角度出发,对人的性格进行过多种分类,但由于性格这种心理现象的复杂性,至今还没有一种公认的性格类型分类。在国际商务谈判中,对谈判者性格的分析,主要是分析其性格是内向还是外向、处事容易感情冲动还是从容不迫、决策是当机立断还是小心谨慎、行为是积极主动还是消极被动等。

作为国际商务谈判人员,在平时就应该对自己的性格有所认识,并且在谈判中要注意克服自己性格中的弱点。同时,国际商务谈判人员还要通过观察、交谈、了解和分析等方法,掌握谈判对手的性格特征,以便针对不同的谈判对手选择不同的谈判策略和技巧,实现己方的谈判意图。

2. 能力

人的能力是人的心理素质和技能的综合反映,具体表现为体能、知识、技能、性格和教养等。能力有个体差异,能力直接影响行为的效率和结果,能力强的人比能力弱的人可实现更高的效率。

在国际商务谈判中,谈判者需要有较强的个体综合能力和群体协调能力,两者缺一不可,而群体协调能力往往又必须以个体综合能力(如应变能力、语言表达能力、分析判断能力、合作协调能力等)作为基础。因此,作为一名国际商务谈判人员,平时应注意培养和训练,使自己具有较强的个体综合能力和群体协调能力。

3. 素质

一个人的素质是一个人体能和教养水平的综合体现,是他从事一切活动的基本条件。一个人的反应能力、思维方式、行为方式、洞察力、语言表达能力等在很大程度上取决于人的素质,人们可以从一个人的外表上判断其身体素质、从言行上判断其心理素质。一个国际商务谈判者不但需要强健的身体素质,而且还需要有良好的包括品德在内的心理素质。因此在配备谈判队伍时,应综合考察成员的身体素质和心理素质。

（二）情绪

从心理学上讲,人有喜、怒、哀、乐的体验,是人对客观事物看法的一种本能反应,称为情绪。情绪具有肯定和否定的性质:凡能符合或满足一个人需求的言行或事物,就会引起他肯定性质的体验——喜与乐;凡违背或不能满足一个人的需求时,就很可能引起他否定性质的体验——怒与哀。这种情绪的两面性又明显地具有两极性,即积极的与消极的性质。凡积极的情绪可以提高人的活动能力和思维能力,而消极的情绪则会降低人的活动能力和思维能力。因此,情绪高昂时其行为效率通常也高,而情绪低落时其行为效率通常也低。

正因为如此,有经验的谈判者在谈判当中,不但能够控制自己的情绪,比如在谈论重要

议题时保持高昂的情绪、在迫使对方让步时又伪装成消极的情绪等，而且还能够有意识地调动和控制对方的情绪。西方有一位谈判学家曾告诫谈判者：在谈判中若能使对手从谈判开始到签约时的心理处于七上八下的状态，始终在忧虑谈判能否成功的话，就证明你掌握了谈判的主动权。要做到此点，就需要谈判者善于驾驭双方的情绪。

（三）态度

所谓态度，是指人心理上对其接触的客观事物所持有的看法，并以各种不同的行为方式表现出来的状态。因此，态度包含了心理成分和行为动作。由于人在对某一事物作出评判时会表现出某种反应的倾向性，即心理学上所说的定势作用，所以，一个人的态度不同，会直接影响和作用于他对所接触事物的评判结果。从这个角度上讲，一个人的态度对他的行为会产生指导和推动作用。

态度通常包括认识、情感和意向三个要素。所谓认识，是指带有评价意义的感知，在国际商务谈判中表现为对谈判条件以及对方言行的理解与感觉。所谓情感，是指一个人对其所接触的对象的情绪与体验，在国际商务谈判中表现为对谈判事项的重视程度和兴趣程度。所谓意向，是指一个人对其所接触的对象的反应倾向，也称行为的准备状态，直接作用于谈判的结果。

人的态度的核心是价值，就是说，人对于所接触对象的态度取决于该对象对其所具有价值的大小。因此，在国际商务谈判中，若想使谈判对手保持积极合作的态度，就必须使对方意识到谈判的成功对其具有重要价值，并经常提醒对方若不持积极合作的态度就很难使谈判继续进行下去。了解人们态度的表现特征，有助于谈判者因势利导地转变对方的态度，引导对方在谈判中保持积极合作的态度。

（四）印象

所谓印象，是指人对其接触的对象所形成的感性认识。其中，最初的印象对人们以后的行为将产生极大的影响。因此，作为一个谈判者应特别注意与新客商接触之初时的言行举止，要设法给对方留下一个良好的第一印象。

（五）知觉

所谓知觉，是指人的大脑对直接作用于感觉器官的人或事物的整体反映。当某人的知觉与其所接触的客观事物一致时，表明此人对其所接触到的客观事物的认识是全面的。但遗憾的是，并非所有的人对客观事物的认识都能全面，即使同一个人也并非对任何客观事物都能认识全面。因此，这就产生了不同的人对同样的客观事物往往会产生不同的知觉这一现象，这一现象也说明了人的知觉的产生要受其知识、技能、需求、客观环境和主观心理素质的制约，而谈判者知觉的好坏则会直接影响谈判的进程和结果。比如，在一宗普通的货物进口谈判中，进口商谈判团里的技术专家主要注重质量和售后服务，经济师则主要注重价格和效益，销售人员则主要注重销路。他们各自对所进口货物的知觉，都可能会因各自所从事的工作及其专业知识的不同而产生一定的差异，这种差异之所以会产生，就是因为他们未能对谈判标的形成全面的认识，也就是说，他们各自的知觉与客观事物的实情未能一致。

那么，在国际商务谈判中，若遇到对方成员出现了上述偏差之后应如何加以纠正呢？一般来说只能对症下药，即首先了解对方各成员的经历、专业、兴趣等，然后针对对方的专长发表内行的意见，并适当纠正对方知觉上的偏差。例如，当你作为出口商需同对方的技术专家

洽谈时,你首先就应着重强调谈判标的在技术(质量)方面的优越性和售后服务的完善性,使对方产生良好的专业知觉,然后适当地介绍谈判标的在价格、销路方面的优势,以此弥补对方专业知觉的不足,这样才有可能使对方的知觉与谈判标的的实情一致,进而才有可能使谈判工作顺利地进行。

以上从五个方面分析了谈判者的个体心理,从中可见谈判者个体心理自始至终都在影响谈判的进程和结果。只有了解和掌握好双方谈判成员的个体心理,才有望掌握谈判的主动权,取得较好的谈判效益。不过,在国际商务谈判中,谈判者若仅仅掌握了个体心理的特征和变化规律尚不足以胜任,还必须了解和掌握群体心理的特征。因为,国际商务谈判活动并不都是一对一地由个体进行,多数情况表现为一个群体的活动,而心理学研究表明,独自的个体与群体中的个体的心理特征是有较大差异的。

二、国际商务谈判中的群体心理

(一)群体的概念及其特征

所谓群体,是指由两个以上的个体组成,为实现共同的目标,遵守共同的规范而相互联系、影响和配合的个体组合体。群体介于组织与个体之间,若是人的组合体即为人群。

根据上述概念可知,人群常具有以下特征:

(1)由两人以上组成。作为群体,必须由两个以上的个体组成,但又并非像一个组织那样庞大,因此是一个介于组织与个人之间的组合体。

(2)有着共同的目标。作为群体,必须有一个共同的目标,并且该目标通常是具体的。群体成员之间为了实现共同的目标必须相互配合、取长补短,既有分工又有合作。

(3)有严明的纪律约束。群体成员之间既有明确的职责分工,又必须统一认识、一致对外,特别是当个人意见与集体意见发生冲突时,就必须做到个人服从群体、少数服从多数、局部利益服从全局利益、眼前利益让位给长远利益。要想做到此点,群体内部必须制定严明的行为规范,约束群体成员。

(二)影响国际商务谈判中群体效能的主要因素

所谓群体效能,主要是指群体的工作效率和工作效益。实践表明:群体并非个体的简单组合,群体效能也并非个体效能的总和。群体效能与个体效能相比,既可以产生放大效应,也可以产生内耗效应。因此,作为一个谈判者必须明确影响群体效能的各种因素,尽量克服内耗效应的出现。一般来说,影响谈判中群体效能的因素主要有群体成员的素质、结构、群体规范、决策方式,以及群体内的人际关系。

其中群体决策与个人决策相比,群体决策的准确性较高,但耗费时间较长、决策速度较慢;个人决策的速度较快,可应付突发性事件,然而决策的准确度也相对较低。群体决策由于是在群体内部成员均参与的情形下作出的,每个成员对决策的内容、意义、目的和实施的方法都清楚明了,因此,实施起来阻力小、行动迅速、效率也高。个人决策由于是在缺乏沟通的状况下作出的,每个成员对决策的意义、目的和实施的方法缺乏深刻的认识和了解,因此,在实施决策时必须进行细致的解释、耐心的说服,循序渐进地推行才能取得满意的结果。群体决策能使群体内部的全体成员有一种参与决策的荣誉感、信任感和集体责任感,因此更能

发挥每个成员的主观能动性和群体命运体的作用。

（三）发挥谈判群体效能最大化的一般途径

谈判实践表明，群体效能不等于个体效能的简单累加，如果能有效地调动群体内部各成员的积极性，使之密切配合，那么群体效能就会大于群体内各个体效能的累加；相反，则会由于内耗而使群体效能小于各个体效能之和。因此，力争群体效能最大化是每一个谈判负责人的应尽职责，为此须做好如下工作。

1. 合理配备群体成员

实践证明，在配备谈判成员时，要根据谈判内容、时间、地点和对方成员的状况以及我方成员的素质等灵活确定，保证谈判成员素质最优化和各成员潜能发挥最大化。具体来说，谈判内容越复杂、对方成员的素质越高、谈判地点在中立地或客场，那么己方配备的成员在知识结构、能力、性格、年龄等方面的差异也应越趋于多元化，因为多元化的群体结构在应付复杂、艰难工作时的效能要比单一化的群体结构所发挥的效能高得多，但前提条件是淡化群体内部的竞争意识，杜绝不必要的内耗，强调群体成员的协调合作。相反，如果对付的仅是简单的工作，则群体结构越是单一化，越可能发挥出最大的效能，但前提条件是，对单一化的群体成员必须特别强调其反应灵敏，能有效地应付各种突发事件。同时，还须视谈判内容和对方情况选择有针对性的成员。比如，如果谈判内容是技术性的，就应组合技术性的谈判群体，如果对方是年轻化的群体，则我方也需组织年轻化的群体。

2. 灵活选择群体的决策程序

在谈判过程中，当磋商的问题复杂且情况允许不必马上作出决策时，就应该采用群体决策的方式进行决策；当情况紧急必须马上作出决策，否则将可能造成重大乃至不可弥补的损失时，决策者就应果断地采用个人决策的方式，切忌优柔寡断贻误商机，当然在事后，决策者应在适当的时候将决策内容及其效果向群体成员通报。

3. 建立严明的纪律和有效的激励机制

严明的纪律是谈判群体得以有效、有序工作的保证，就像没有严明纪律的军队难以打胜仗一样，没有严明纪律的谈判群体也不可能有高的工作效率。严明的纪律和高的工作效率必须以有效的激励机制支持，而有效激励机制的建立在外部环境一定的情况下仅靠物质刺激是远远不够的，它还有赖于群体的领导方式、群体内部人际关系和谐、群体成员素质提高和群体内部纪律与规范的科学性等。

4. 理顺群体内部信息交流的渠道

如能在群体内部建立多形式、多层次的信息交流渠道，扩大信息的共享范围，提高群体内部人与人之间的沟通层面，就可望大大提高群体的工作效率。

总之，一个谈判群体若能认真注意和切实做好以上四点，就可使谈判群体的效能达到最大化。

三、谈判心理的禁忌

（一）必须避免出现的心理状态

（1）信心不足。在激烈的谈判中，谈判参与者如果信心不足，是很难取得成功的，即便

达成了交易,也必将付出巨大的代价。

(2)热情过度。过分热情,会暴露出自己的缺点和真实愿望,会给人以有求于人的感觉,从而削弱了自己的谈判实力,提高了对手的地位,本来比较容易解决的问题却可能要付出更大的代价。另外,当谈判出现分歧或僵局时,冷处理比热处理更有效。

(3)不知所措。当谈判出现某些比较令人棘手的问题时,如果没有心理准备,不知所措,就可能难以签订对自己有利的协议;或者对问题处理不当,就不利于谈判的顺利进行。当己方处于不利情形时,也不能惊慌失措,否则只会乱了自己,帮了对手。谈判人员一定要学会遇险不惊,遇乱不烦。

(4)盲目固执。这是指在谈判遇挫后,不愿面对现实认真思考、判断,而是非常顽固地坚持一种错误的思想或意见,盲目地重复某种毫无意义的动作。

以上是几种较为常见和普遍的必须避免出现的心理状态,此外,不安、冷漠等也是需避免的。这些心理挫折产生的原因主要如下:

(1)谈判者对谈判内容缺乏应有的了解,掌握信息不够,制定出了不合理或者不可行的谈判目标,这种情况对谈判者容易造成心理挫折。

(2)由于惯例、经验、典范对谈判者的影响,谈判者容易形成思维定势,将自己的思维和想法禁锢起来。对于出现的新情况、新问题仍然按照经验、惯例去解决,既影响谈判的结果,也容易受到心理挫折。

(3)由于谈判者自身的某些需要,特别是社会需要和自尊、自我实现需要没有得到很好的满足或受到伤害时,容易造成心理挫折。

(二)区别对待不同类型的谈判对手

根据人们自我追求和行为习惯的不同,可以把谈判对手分为三类,即权力型、进取型和关系型。不同类型的谈判对手会有不同的心理状态,会采取不同的行为,所以我们要研究不同类型谈判对手的心理,避免触犯某些禁忌。

1. 与权力型对手谈判的禁忌

权力型对手以取得成功为满足,对权力与成功的期望都很高,对友好关系的期望则很低。这类人会尽力争取他认为重要的东西,极力想向对方施加影响,以强权办法求得利益。这类人的目标可能定得并不高,主要是为了能轻易达到谈判目标,甚至轻易地超过目标。同这类人谈判,可让其负责谈判程序的准备,以满足他的权力欲,让他第一个陈述,从而使他觉得自己获得了某种特权。但是要注意控制整个谈判的进程。

同这类人进行谈判的禁忌是:不让他插手谈判程序的安排,不听取他的建议,让他轻易得手,屈服于他的压力。

2. 与进取型对手谈判的禁忌

进取型对手以对别人和对谈判局势施加影响为满足。这类人的特点是,对成功和与对方保持良好关系的期望一般,对于权力的期望也一般。这类人能够与对方建立友好关系,能有力控制谈判过程。对成功的期望是只要他带回去的结果能使自己的上司和同事满意就行了,在必要的情况下会作出让步,达成一个勉强满意的交易,而不愿意使谈判破裂。

与这类人谈判的禁忌是:试图去支配他、控制他,压迫他作出过多的让步,提出相当苛刻的条件。

3．与关系型对手谈判的禁忌

关系型对手以与别人保持良好的关系而感到满足。对成功与保持良好的关系的期望很高，对权力的期望很低。这类人更加期望对他的上司及公司的同事尽责，希望他谈成的协议能得到上司和同事的赞赏。同时也较多地注重与对方人员保持友好的关系。由于这类人热衷于搞好关系而不追求权力，其在谈判中更易处于被动地位。

同这类人员进行谈判的禁忌是：不主动进攻，对他让步过多，对他的热情态度掉以轻心。

（三）了解不同性格谈判对手的心理特征

在谈判过程中，必须了解不同性格谈判对手的心理特征，根据不同的心理采取不同的对策，灵活应付，极力避免触犯他们的禁忌，伤害他们的感情，造成不必要的心理隔阂，阻碍谈判的进行。

1．迟疑的谈判对手

这类人的心理特征是：第一，不信任对方。这类人不信任对方，也没有特殊的理由，只是怕受骗上当。怀疑是他们保卫自己的一种手段，如果要令他们相信，就要拿出确凿的证据。第二，不让对方看透自己。他们希望自己有一块领地不被人知晓，对方稍有靠近他们就会敏锐地感觉到，并采取一些行动，误导对方的看法。第三，极端讨厌被说服。你想一下子说服他是不可能的，即便你的话是真的，并没有骗他，你说得越多，他越不相信。第四，不立即作出决定。这类人从来不仓促行事，做事要经过全面考虑才采取行动，不轻易相信别人，完全根据自己的感觉、自己的意志来行事，以至于有时会延误时机。

与这类人谈判的禁忌是：在心理上和空间上过分接近他；强迫他接受你的观点；喋喋不休地说服、催促他作出决定，不给予他充分的考虑时间。

2．唠叨的谈判对手

这类人的心理特征是：第一，具有强烈的自我意识，喋喋不休地谈到最后也说不出个所以然。第二，爱刨根问底，凡事想通过自己来弄个明白。第三，好驳倒对方。他们经常这也不行、那也不是，利用种种手段驳倒对方，看到对方被驳倒时灰溜溜的样子，有一种满足感。第四，心情较为开朗。唠叨是某些人的习惯，不唠叨就难受，把想说的都毫不客气地说出来后，心情就会开朗，这种人并没有多少心机。

与这类人谈判的禁忌是：有问必答，这样会没有尽头；和他辩论，即使在道理上能胜他，但买卖依然不能成交；表现出不耐烦、胆怯和想开溜的状态。

3．沉默的谈判对手

这类人的心理特点是：第一，不自信。由于不善言辞，生怕被别人误解或被小看，这类人常常闷闷不乐，具有自卑感。第二，想逃避。他们对于说话一事感到很麻烦，从来不会因没有说话而感到不自在，自然而然地以听者自居。他们表现欲差，不愿在人多的场合抛头露面，对事物的认识依赖直觉，对好恶反应极为强烈。第三，行为表情不一致。当他面带微笑时，可能内心正处于一种焦虑和不耐烦的心态。第四，给人不热情的感觉。这些人看似态度傲慢，其实，内心深处也有一种愿为人做些事情的想法。

与这类人谈判的禁忌是：不善于察言观色，感到畏惧，以寡言对沉默，强行与之接触。

4．顽固的谈判对手

这类人的心理具有如下特点：第一，非常固执。你越想说服他，他会更加固执地抵抗。这种人很难后退一步，合作起来会不愉快。第二，自信自满。他们自以为无所不能，认识事物带有片面性，只按自己的标准行事，往往听不进别人的意见。第三，控制别人。他们经常对某事拘泥于形式，深信自己的所作所为是绝对正确的，怕自己深信的一切被别人修正。此外，想让别人也按他的意志行事。第四，不愿有所拘束，个性外向者居多。这类人精力充沛，做起事来很有魄力。

与这类人谈判的禁忌是：缺乏耐心，急于达成交易；强制他，企图说服他；对产品不加详细说明；太软弱。

5．情绪型的谈判对手

这类人的性格特征是：第一，容易激动。他们看到新东西有好奇心，如果很合他的意，马上就会表露出来，一般来说，很难掩饰其内心的变化。第二，情绪变化快，兴趣和注意力容易转移。这类人高兴时有种莫名其妙的冲动，沉不住气，对谁都笑容可掬；心情不好时，敏感的情绪会迅速变化，有时甚至失去控制，恶语伤人。第三，任性，见异思迁。什么事情都希望由着他的性子办，情绪不稳定，一般没有知心的朋友，较为孤寂。

与这类人谈判的禁忌是：不善于察言观色，抓不住时机；找不到他的兴趣所在；打持久战。

6．善言灵巧的谈判对手

这类人的性格特征是：第一，爱说话。一般来说，谈判刚刚开始，这种人先客气几句以后就滔滔不绝地发表意见，给谈判中要讨论的问题先定一个框框。第二，善于表达。他们在陈述意见和观点时逻辑性强，言简意赅，几乎无可挑剔，而且思路开阔，他们的话听起来无理也有理。第三，乐于交际。第四，为人处世机灵，但对外界事物反应敏感，对事物的客观评价不够，感情用事易改变立场。

与这类人谈判的禁忌是：被对方的雄辩所吓倒，一直保持沉默，坐等时机发言。

7．深藏不露的谈判对手

这类人是谈判中遇到的最危险的对手，切不可掉以轻心。他们的特点是：善于伪装、闪烁其词、精于揣摩他人的心理。

对待这样的谈判对手一定要保持高度的警惕和清醒的头脑，灵活地运用谈判策略：首先必须认真探测对方的情报和底细，其次会运用谈判中的体态语言，分析对方的心理，最后是始终保持从容不迫、静观其变的态度。

与这类人谈判的禁忌是：过于表现自我，情绪与肢体语言过多，从而被对方察觉过多的信息，令自己处于被动的状态。

8．谨慎稳重的谈判对手

这类人是在谈判中常常遇到的对手，他们的性格特征主要表现为：理智稳妥、谨小慎微、忠于职守。

与谨慎稳重之人谈判时,首先要做好充分准备,知己知彼。因为这种人对市场环境、行情和谈判对手的情况都掌握得比较详细,在谈判中他可能向你提出一些细小的、枝节的问题,如果你没有充分准备就很难应付甚至会引起对方的误会和怀疑。其次是采用纵向谈判法。这类人的个性决定了他们喜欢循序渐进,逐项推进,分而治之,各个击破。在交涉中他们可能过分严谨,缺乏通融性,所以谈判者要循循善诱以配合对方,切忌强迫对方接受自己的建议。再次是这种人决策时优柔寡断,顾虑重重,因而要有信心、耐心和毅力,慢慢磋商,并设法提供有力的谈判证据,如出示权威人士的证明书、官方证明文件、商品品牌等级证书等,以解除他们在产品、价格等方面的疑虑。

与这类人谈判的禁忌是:信息准备不够充分,麻痹大意,武断决策。

 **本章小结**

1. 国际商务谈判中的环境因素包括:政治状况、宗教信仰、法律制度、商业习惯、社会习俗、财政金融状况、基础设施与后勤供应状况、气候状况等因素。

2. 了解国际商务宏观法律环境,以备在出现法律问题时可以及时准确地解决,而不会更多地延迟谈判时间。

3. 国际商务谈判中可能出现各种心理问题。要把握对方谈判人员的心理、态度,针对不同的情况可以采取不同的态度。

 **思考与练习**

一、多项选择题

1. 影响商务谈判的因素有(　　　)。
   A. 政治因素　　　　　　　　　B. 法律因素
   C. 心理因素　　　　　　　　　D. 文化因素
   E. 天气因素

2. 财政金融因素有(　　　)。
   A. 经济的运行机制　　　　　　B. 支付信誉
   C. 外汇储备　　　　　　　　　D. 气候状况
   E. 货币的自由兑换

3. 仲裁与诉讼的区别在于(　　　)。
   A. 受理案件的依据不同　　　　B. 审理案件的组成人员不同
   C. 审理案件的方式不同　　　　D. 审理案件的地点不同
   E. 受理案件的性质不同

4. 下列各项中,属于个体心理因素的有(　　　)。
   A. 情绪　　　　　B. 知觉　　　　　C. 素质　　　　　D. 态度
   E. 能力

5. 按心理特征,谈判对手可以分为(　　　)。

A. 迟疑型   B. 唠叨型   C. 沉默型   D. 顽固型

E. 谨慎稳固型

6. 商务谈判人员的性格种类有(   )。

A. 贪权人   B. 说服者   C. 执行者   D. 接受者

E. 拒绝者

7. 国际经济贸易活动中解决争端的普遍的、基本的方法有(   )。

A. 第三方调解   B. 仲裁   C. 诉讼   D. 贸易报复

E. 放弃谈判

二、名词解释

1. 仲裁协议   2. 群体效能

三、简答题

1. 影响商务谈判的环境因素主要有哪些?

2. 合同的效力问题是不是指一经签订就再也无法改变?

3. 在商务谈判中必须避免出现的心理状态有哪些? 应如何正确处理?

 **案例分析题**

游泳池里做生意

英国某啤酒公司的副总裁在去南美作商务旅行时,接到总部的传真,要他在归途顺便去牙买加和当地一家甜酒出口公司的经理谈生意。但问题是他没有去牙买加作公务旅行的签证,想临时办一个时间又来不及。

于是,他只好以旅游者的身份来到金斯敦的诺曼·曼利机场。在检查护照的关口,移民官从他的皮包的工作日志及来往信函中判断他是在作公务旅行,所以不许他入境。他反复向移民官解释,自己不过是在返回伦敦前来作短暂的休整,这才勉强被允许入境。他在旅店安顿好,便打电话给那位甜酒出口商。刚打完电话,就来了位移民局的官员,说他是怀着商务的目的来到此地,而没有取得应有的签证,并对他说,他将受到有关方面的严密监视,一旦发现从事商务活动,便将立即被驱逐出境并处以高额罚款。足足两天,他身边总有一位警察,像个影子一样,使他不得不像一个旅游者一样打发时光。看来此行只能白费时间和金钱了。但他却在离开之前,在警察的眼皮底下与那位出口商谈成了生意。旅馆设有游泳池,池旁有个酒吧供客人喝喝饮料,稍事休息。监视的警察只见他与一位身着比基尼泳装的妙龄女郎坐在酒吧前喝酒,还有一搭无一搭地与酒吧服务员聊天。哪知那位酒吧服务员竟是出口商乔装打扮的,而那名妙龄女郎则是他的女秘书。

案例来源:http://www.zhyjw.com/Article/HTML/22713.html.

分析:是什么促使这位副总裁谈成了生意?

第五章　国际商务谈判人员

学习目标

　　通过本章的学习,学生应掌握国际商务谈判中人员构成的基本原则,以及谈判人员应具有的知识、道德要求。

第一节　国际商务谈判人员的构成

　　要做好商务谈判,无论是谈判前筹划谈判方案,还是在谈判中坚持原则、精心选择策略、灵活运用谈判技巧,都离不开精明强干的谈判人员。商务谈判往往不是一个人所能完成的,而需要由谈判小组进行。因此,要以一定的组织形式作保证,成立谈判小组,并做好谈判班子的配备、管理等方面的工作。

一、谈判班子的组成原则

1. 需要原则

　　应该根据谈判内容的难易和复杂程度及工作量的大小来确定谈判班子的人员数量。

　　一般性的谈判,一两个人就可以完成;而成套设备的交易和经济合作,还有投资规模大的合资谈判和开发性工程项目,则需要相应的技术、商务、法律等方面人员参加,必要时还可分成若干小组,分别就某一领域的问题进行专题谈判,以提高效率。

2. 结构原则

　　谈判班子的人员配备要考虑人员结构的合理与配套。

　　就国际工程承包项目而言,谈判班子的人员配备要齐全一些,并可根据实际情况进行增减。专业技术人员参加谈判是必要的,有助于解决专业性、技术性问题。但专业技术人员在参加谈判前,需要进行谈判知识的培训,以适应谈判工作的需要。

3. 精干原则

　　谈判班子的建立,对参加人员要精打细算,能少就少,一专多能者多担任些工作。一些知识面广的专业人员有利于减少谈判班子的人数和提高谈判的效率。出于经济效益的考虑,不要安排与谈判无关或多余的人员参加,因为这样做不仅会损害谈判班子的形象,还会

给对方留下管理效率低下的不良印象,甚至可能造成经济损失。

4.对应原则

一般而言,双方参加谈判人员的数量并不要求完全对等。但有时同国外大公司、大企业进行重要谈判,对方人才济济,并聘请了专业顾问参加,为了便于对口谈判,可根据对方人员的专业情况选派相应的人员参加谈判。另外,也要防止对方谈判人员精干,而我方谈判人员过多,造成易被对方各个击破或挑选突破口形成谈判被动的情况。

二、国际商务谈判的人员构成

谈判的当事人是指主持谈判及参与谈判的各方人员。当事人出现的形式有台前和幕后两种情况。台前是指直接上谈判桌;幕后是指不直接与对方谈判,而为台前的谈判人出谋划策或准备谈判资料。

(一)台前当事人

1.主谈人

主谈人是谈判桌上的主要发言人,也是谈判的组织者。其作用是将预先准备好的谈判目标和策略在谈判桌上予以实现。主谈人应思维敏捷、讲话时经过深思熟虑、掌握谈判主动性、善于逻辑推理、具有较高专业水平、有帅才风度等。倘若主谈人能具备这些条件,将会达到最佳的谈判效果。此外,精明的主谈人会像杰出的演员一样,善于扮演好自己的角色,绝不会轻率越过界限干扰别人。

2.谈判组长

谈判组长是谈判一方在台前的领导者,肩负交易一方对谈判目标实施的任务。在谈判桌上,谈判组长虽不是主要发言人,但有权发言,可以补充主谈人的论述,也可以独立回答或驳斥对方。在主谈人出现偏差时,可以作出严肃的否决,以维护谈判效果。当然,有经验的主谈人很少出现重大失误。

作为谈判组长,要深刻理解己方的谈判目标,熟悉标的,实践经验丰富。

3.技术人员

谈判涉及比较复杂的问题时,需要有专门的技术人员参加。熟悉生产技术及产品性能、品种、规格、设计、工艺和技术发展动态的技术员、工程师或总工程师参加谈判,可负责对有关产品性能、技术质量标准、产品验收、技术服务等问题的谈判,也可与商务人员紧密配合,为价格决策作技术参谋。

4.商务人员

商务人员(或经济师)由熟悉市场行情、价格条件、交货和存在的风险并熟悉合同条款、交易惯例、支付方式与资金担保等方面的人员担任。

5.财务人员

财务人员由熟悉成本情况、支付方式及金融知识并具有较强的财务核算能力的财务会计人员担任。

6．法律人员

法律人员由具备经济、法律专业知识的人员，或特聘的律师、企业法律顾问或熟悉有关法律规定的人员担任。法律人员主要负责合同文件、合同条款的法律解释和把关工作，其不但要熟悉国内的有关法律，而且要熟悉国际贸易惯例、国际市场规则和交易对手所在国家的有关法律规定。

7．翻译人员

在国际商务谈判中，对于正式场合或主谈人不便或不能直接用外语与对方商谈的场合，要配备高水平的翻译人员，以便主谈人集中构思和表达实质性问题。翻译人员不仅要有熟练的外语翻译和表达能力，还要懂得专业技术知识，善于与人紧密配合，工作积极，纪律性强。

8．记录人员

记录人员由熟悉计算机操作技术并能高质量地快速录入文字的人员担任。

（二）幕后当事人

谈判当事方的幕后人员，主要是指负责该项谈判业务的主管企业、公司或部门的领导，以及谈判组中不上谈判桌但要为上谈判桌的人员准备资料的人员。

1．领导

领导的职责在于监督并指导谈判组的全体工作进展，直至完成预定的谈判目标。领导者的尽职是一场谈判成功的保证。谈判成败的命运在很大程度上掌握在主谈人和谈判组长的手中。至于谈判是否需要领导的密切关注，当然要看谈判标的的重要性。在需要领导指导谈判时，应掌握下述三个环节：

（1）提出谈判策略或技巧的建议。在谈判组诞生后，作为领导的第一件事，应明确其分工；第二件事，要求其汇报谈判方案；第三件事，根据其汇报及各种条件的要求，确定其谈判目标，同时给予必要的谈判谋略和技巧方面的建议。

（2）听取汇报。谈判展开后，作为领导可以主动提出汇报的要求：随时或者阶段性汇报。一般要求随时汇报，但是由于随时汇报相对比较耗费时间，所以实践中一般将阶段性汇报与急事急报两者结合起来。大中型谈判可以分为四个阶段来汇报：① 技术谈判结束前。② 价格谈判中期，即双方均开始讨价还价后，并各自均有所让步之时。③ 合同条文谈判的最后分歧妥协前。④ 最后结束谈判分歧前，视谈判的具体情况可能有增减。

从实务上看，这四个阶段应抓紧汇报工作。坚持这四个阶段是因为：① 技术条件上的争让，涉及谈判目标中的技术目标的实现，也涉及谈判方在所谈及技术水平上的长远规划，还与接踵而来的价格谈判有直接关系。技术水平下降或上升自然要反映在价格上。② 在讨价还价的几个回合后，双方均有一个判断对方的价格立场、成交诚意、妥协时机的问题，这需要洞察力、经验和决心。谈判组不宜贸然行事，也需要领导拍板。③ 合同条文包括法律与经济以及程序上的规定。最后条件的妥协，必然是谈判中最棘手的问题，领导应该予以指导，以求圆满解决。④ 结束分歧意味着最后的妥协，如妥协在预案之中就好说，如妥协在预案之外就难办了。这个成败的关键时刻，需要汇报研究整个谈判的内容及有关各方面情况，

所以领导必须参加。

（3）适当干预。在谈判陷入僵持之中时，为解决困境，领导主动出面干预是必要的。干预方式可以是会见，也可以是便宴，还可以是某种让步。在谈判过程中，对方谈判负责人有可能要求会见领导，就出现了被动干预的情况。对方为了达到某个目的而安排的会见、宴请，一味回避是不太合适的。因为拜会性与友谊性的谈话与便宴是缓和双方关系、改善谈判气氛的一种举动，若回避不当就会给人以失礼的感觉，不一定对谈判有利。在被动干预中，首先要详细了解谈判态势；其次不要轻易表态，肯定或否定谈判桌上谈到的悬案，更不要碍于面子而中了对方的激将法，信口许诺。即使为了效果和面子需要许诺时，也应该在谈判组商榷之后。这里又涉及被动干预之前的主动准备的问题。在对外贸易谈判中应尽力避免即兴干预，因为即兴干预有时会导致失礼、失体和失时。如接见次数过多，会使自己谈话的分量减轻。接见多了会"宠"坏对方，对自己的威严与对自己部下的地位均产生不利。假若选择时机不当，在对方正处于无理或骄纵之时做殷勤款待，反而会灭自己威风，长他人志气，对谈判结果只会有害无益。

2. 后援人员

大型经济贸易谈判或者复杂的谈判，还需要配备一定的后援人员，以便于搜集、分析资料。必要时，后援人员可直接参加谈判，也可在谈判出现问题时替换台前谈判人员。后援人员的作用很重要，尤其在大型的谈判中，涉及面宽，资料的翻译、查阅、分析需要人力、时间。准备得越充分，掌握的资料越多，谈判的成功率就越大，失误的机会就越小。后援人员犹如后方的军工厂，为前方制造武器和弹药，谈判成败有他们的功劳与责任，用好他们很重要。

（1）让后援人员了解全局，增强其参与感。让后援人员了解谈判总貌而非细节是必要的，他们有了更多的参与感，才会有更多的责任感。了解方式有：让其参加谈判桌上的情况通报会，让其负责人参加谈判等。

（2）搜集资料的要求有针对性。不要随意让后援人员搜集、整理资料，应根据谈判的实际需要，分轻重缓急提出资料单。因为时间紧，在人手有限的情况下，应有重点地使用力量。若完不成甲项，又改为乙项，会使他们对所交任务的严肃性失去认识，随之会产生懈怠。

（3）给予积极的评价和鼓励。在后援人员的资料被应用后，最好通报一下，使他们知道劳动取得了成果，更有干劲与责任心。在言谈之中，应注意重视后援人员的作用，不宜过分地归功于台前人员。

（三）谈判人员的分工配合

谈判小组的成员在进行谈判时并不是各行其是，而是在谈判小组领导的指挥下密切配合，既要根据谈判的内容和个人的专长进行适当的分工，明确个人的职责，又要在谈判中相机而动，采用语言、动作、手势或眼神等方式附和、赞同己方发言人，彼此配合形成一个谈判整体，为共同的谈判目标努力。切忌在主谈人员提出己方观点时，其他谈判员充耳不闻或心不在焉，更有甚者自己做自己的事，这样既会影响己方的谈判信心，也会给对方造成内部不团结、谈判小组没有效率的印象。谈判小组的分工配合如下。

1. 谈判小组的领导或首席代表

谈判小组的领导或首席代表的职责就是明确谈判目标，控制谈判进程，从整体上把握谈

判大局,随时听取专业人员的建议保证谈判的合理性。在谈判小组内部意见不一致时,负责协调内部意见,决定谈判过程中的重要事项,代表单位签约,并总结汇报谈判工作等。

2. 专家或者专业人员

作为专家或专业人员,在谈判过程中主要负责某一方面的谈判工作。例如,技术人员在进行技术条款的谈判时可以作为主谈判员,其他的财务、法律和商务人员作为辅谈人员为技术人员提供有关技术以外的咨询意见,从不同的角度支持技术人员的观点和立场。在谈判商务条款时,则以商务人员为主谈人,技术、法律和财务人员处于辅谈的地位,从技术、法律和财务的角度给予支持。当然,在涉及合同的法律条款时,应以法律人员为主,其他人员为辅,从而使合同中的每项条款都合法有效。

3. 谈判的工作人员

谈判工作人员是指谈判的记录人员和其他工作的辅助人员。首先,他们需做好记录以及谈判的准备工作;其次,在谈判过程中需要的任何材料都需要工作人员能够及时备好,用过的材料及时整理好,在谈判需要额外的资料时,能及时提供。

第二节　国际商务谈判的道德规范

一、谈判人员应具备的基本观念

(一) 忠于职守

谈判人员作为特定组织的代表出现在谈判桌前,不仅代表了组织个体的经济利益,而且还肩负着维护国家利益的义务和责任。因此,遵纪守法、廉洁奉公、忠于国家和组织,是谈判人员必须具备的首要条件。在我国的国际商务中,也存在见利忘义,损公肥私,甚至与外商合伙坑害自己的同胞,牺牲国家利益的现象。可以说,一旦谈判班子中出现了这样的人,泄露己方的谈判目标、战略战术以及许多机密,使对手对己方的底细了如指掌,己方在谈判中便有可能吃败仗。为了防止这种情况的发生,必须要求参加谈判的人员具备忠于职守、廉洁奉公的思想素质。作为谈判人员,必须自觉维护国家、组织的利益,绝不能见钱眼开,收受贿赂,必须严守组织机密,决不能毫无防范心理。

(二) 平等互惠的观念

在商务谈判中,双方地位平等,关系互惠。可是,有些谈判人员常常不能把自己和对方放在平等的地位上以求互利互惠,而存在着以下两种倾向:

(1) 妄自菲薄。遇到身份、级别较高和实力较强的对手,有些谈判人员总觉得比对手要矮三分,尤其是和欧美的客商打交道,欲出口货物或进口仪器设备时,认为自己有求于对方,对方是对自己施恩,结果让谈判的控制权落入对方手中;或是强调谦虚、礼让,总觉得对方的意见应当受到重视,无形中丧失了对自己有利的形势,以致无法充分发挥自己的谈判能力。

(2) 妄自尊大。对待身份低、实力较弱的对手,有的人总是觉着对方的地位低,有求于自己,自己在向对方施恩,从而盛气凌人,一心只想利益独占。

以上两种倾向都不利于国际商务谈判的顺利进行,只有本着平等互惠的原则,才能排除妄自菲薄和妄自尊大两种错误情绪的干扰,对谈判事件、交易条件保持清醒的头脑,作出正确的判断,充分发挥自身的谈判能力,力求收到最理想的效果和获得最大的利益。

(三) 团队精神

商务谈判多为集体谈判,每一方都是由几个人组成的小组或团队,其中一人为总代表或主谈人,主持领导整个团队完成实际的谈判工作。参加谈判的人员,无论是作为团队总代表的主谈人还是其他的团队成员,都必须具有集体主义精神和团队精神,除了各自负责好分内工作以外,还要注意协调配合,以争取己方在谈判交易中获得更多的利益。坚持这种集体主义和团队作战的意识,可收到以下效果。

(1) 减少暴露己方弱点的机会。在谈判过程中,虽然每位谈判人员根据自己的专业、特长对谈判的某些事项有深入的认识,但就谈判事项的各项细节而言,则需要各类高深、广博的专业知识的综合。通常,谈判要求参加谈判的团队整体提供这些必要的知识和见解。在这种情况下,无论是由谈判团体的各个队员表达自己的见解,还是由主持人综合陈述团队整体的主张,抑或其他成员对前一代表发言进行补充、说明,都必须坚持集体主义精神和团队意识,相互呼应,密切配合,力求做到天衣无缝。

(2) 增强己方谈判的整体力量。在商务谈判中,如果团队成员各执己见,就会出现各吹各的号的局面,削弱甚至丧失己方谈判的力量,很容易被对方控制。因此,参加谈判的人员若能发挥集体主义精神和团队意识,取长补短,密切配合,很容易产生倍增的谈判力量。

(3) 一致对外,积极主动。如果参加谈判的团队成员缺乏集体主义精神和团队意识,那么在谈判过程中即使不出现内部摩擦,也很容易出现主谈人孤军作战的局面,其他成员由于害怕与主谈人意见不一致被对方抓住把柄而缄默不语。因此,在谈判前增强集体主义信念和团队意识,在团队内充分发表不同意见和见解,经统一协调,形成己方一致的对外意见,将之化为各成员的自觉行为,才会出现谈判场上一致对外、积极主动的局面。各个成员在谈判场上要做到攻有目标(己方达成一致的最高谈判目标及其所规定的各项细节)、守有底线(己方达成一致的最低谈判目标及其所规定的各项细节),从而积极主动、灵活机动地参与谈判场上的交锋。

二、国际商务谈判道德规范的类型

道德规范是指在特定环境下,人们对行为的正确与错误进行判断时所使用的社会衡量标准。道德规范属于社会性标准,是共同性的道德规则。从谈判实务的角度出发,国际商务谈判的道德规范至少有以下四种类型。

1. 最终结果道德规范

最终结果道德规范是指谈判者基于预期结果或最佳回报方案作出决策,行为的正确与否取决于事情的最终结果的规范。此种状态下的谈判者会采取任何手段迫使对方屈从自己设定的目标。

2. 规则道德规范

规则道德规范是指基于法律和事件的合法性作出决策,行为的正确与否取决于当时的

法律、法规的规范。在这种状态下,谈判者会认为撒谎是不可取的做法。

3. 价值道德规范

价值道德规范是指基于企业的战略和价值取向作出决策,行为的正确与否取决于社会推崇的价值观、社会规范或惯例的规范。在这种状态下,谈判者会最大限度地遵从社会习惯和企业文化。

4. 个人道德规范

个人道德规范是指基于个人信念和良心作出决策,行为的正确与否取决于个人的信念和道德标准的规范。在这种状态下,个人的价值取向难以约束,谈判者会根据自己的想法行事,甚至采用欺骗或不诚实的方式处理问题。

三、谈判中常见的非道德行为

1. 对立场作虚假陈述

对立场作虚假陈述是指在期望成交的上下限上说谎,甚至威胁要退出谈判,而实际上准备深入谈判,且认为对方会让步以达成协议的行为。

2. 夸大其词

夸大其词是指假意威胁或承诺,声明要采取某种行为,但根本就不打算那么做的行为。如在非必要条款上威胁要退出或承诺以后提供私人帮助,但实际上并没有履行的想法。

3. 作弊

作弊是指故意编造一套不真实的数据,引导对方得出错误结论的行为。如描述在同样情况下曾采取的措施,似乎目前仍能提供相同的条件,但却不明确说明本次交易将采取的方法。

4. 有选择地伪造事实

有选择地伪造事实是指部分公开所发生的事,使整个事件或意图表述不准确,以期达成自己向往的协议。这种做法往往被解释为疏忽、信息取舍不当或当事人水平欠缺,而不被认为是故意的欺骗。

第三节　国际商务谈判人员的个体素质

谈判是一种对思维要求较高的活动,是对谈判人员知识、智慧、勇气、耐力等的测验,是谈判人员之间才能的较量。素质所包括的范围较广,它不仅指谈判人员的文化、技术水平和业务能力,也包括谈判人员对国际、国内市场信息,有关商品知识、价格情况,法律知识,各国、各民族的风土人情、风俗习惯等知识的掌握情况,还指谈判人员的气质及性格特征。总的来讲,商务谈判人员的个体素质主要是指谈判人员对与谈判有关的主客观情况的了解程度和解决谈判中遇到问题的能力。

一、谈判人员的基本知识

一名国际商务谈判人员,应当具备"T"形知识结构,也就是说,不仅在横的方面有广博

的知识,而且在纵向方面要有较深的专门学问,两者构成一个"T"形的知识结构。

1. 横向方面的基本知识

从横向方面来说,国际商务谈判人员应当具备的知识有以下几方面:① 我国有关对外经济贸易的方针政策以及我国政府颁布的有关涉外法律和法规。② 某种商品在国际、国内的生产状况和市场供求关系。③ 价格水平及其变化趋势的信息。④ 产品的技术要求和质量标准。⑤ 有关国际贸易和国际惯例的知识。⑥ 国外有关法律知识,包括贸易法、技术转让法、外汇管理法以及有关国家税法方面的知识。⑦ 各国、各民族的风土人情和风俗习惯。⑧ 可能涉及的各种业务知识,包括金融尤其是有关的汇率知识和市场知识等。

2. 纵向方面的基本知识

从纵向方面来说,国际商务谈判人员应当具备的知识包括以下几个方面:① 丰富的商品知识——熟悉商品的性能、特点及用途。② 了解某种(些)商品的生产潜力或发展的可能性。③ 有丰富的谈判经验与应付谈判过程中出现的复杂情况的能力。④ 最好能熟练地掌握外语,直接用外语与对方进行谈判。⑤ 了解国外企业、公司的类型和不同情况。⑥ 懂得谈判心理学和行为科学。⑦ 熟悉不同国家谈判对手的风格和特点。

以上各种知识构成了一个成熟的商务谈判人员所必须具备的条件,也是一名称职的谈判人员应具备的最起码的知识方面的素质要求;否则,不但无法应付复杂的谈判局面,承担谈判任务,而且更谈不上维护本企业和国家的利益。作为谈判人员,应当努力将自己培养成具备上述横向与纵向知识的团队成员,同时又应当特别精通其中的某一方面,如商务和法律方面的知识。如果出现了己方技术人员、商务人员、法律人员各执己见的现象,谈判工作就更难进行下去。因此,一个商务谈判人员必须是全能型专家。所谓全能,即通晓技术、商务、法律和语言,涵盖上述纵横向方面的知识。所谓专家,即指能够专长于某一方面。

二、谈判人员应有的能力和心理素质

谈判人员除了应当具备一定的知识之外,还要注重培养能力及心理素质。知识是与能力密切联系的,但两者又有区别。一个人具有某方面的知识并不够,还得将其灵活有效地加以运用,这样才能化为能力。

另外,谈判中还体现着谈判人员的性格和气质。所谓气质,一般指人的生理、心理等素质。巴甫洛夫根据动物和人的行为表现提出四种基本的高级神经活动类型:兴奋型、活泼型、安静型、懦弱型,分别对应胆汁质、多血质、黏液质、抑郁质,并且指出,一般人的气质属于混合类型。所谓性格,一般指的是表现人的态度和行为方面的较稳定的心理特征,如果断、刚强、懦弱等,它是个性的重要组成部分。性格是在一个人的心理素质的基础上,在社会实践活动中逐渐形成、发展和变化的。由于每个人的生活经历、所处社会环境不同,每个人的性格就会有不同特征。个性则表现为个人稳定的心理特征,如性格、兴趣和爱好等的总和。

一个高效率的、称职的国际商务谈判人员应具备一定的能力和良好的心理素质,主要包括以下四个方面。

1. 敏捷清晰的思维推理能力和较强的自控能力

谈判双方利益的抗衡和相互依存,使谈判人员在心理上承受的压力很大,需要随时就某

个谈判事项的具体典型特征和实质进行分析与判断。这就要求谈判人员在承受压力的情况下,依据自身的知识经验,细心地观察与思考,根据已知的前提进行分析判断与推理,在种种可能与假设的分析过程中识破对方的计谋,并使自己的提议与要求得以实现。即使在谈判局势发生急剧变化,甚至在激烈的辩论争执中也能克服自身的心理障碍,控制自身的行为,以恰当的语言和举止来说服和影响对方。

2. 信息表达与传递的能力

谈判者信息表达与传递能力的大小直接决定了其谈判能力的大小与水平的高低。表达传递的方法包括有声语言和无声语言,应当具备表现力、吸引力、感染力和说服力。综合语言的表达与传递,则要根据谈判情况的变化,灵活地、巧妙地加以设计和表现,其效果取决于谈判人员的创造性思维与行为,使信息表达与传递准确、适度。

3. 坚强的毅力、百折不挠的精神及不达目的绝不罢休的信心和决心

商务谈判往往很困难、很艰苦,有时甚至要知其不可为而为之。但是,一旦接受了谈判任务,就要依照己方既定的目标与原则,以勇往直前的姿态全力以赴。在谈判桌上,双方的利益是你进我退的,一方若有半点委曲求全的意思,对方定会得寸进尺。因此,在谈判中,不管有什么样的困难和压力,都要显示出奋战到底的决心和勇气。即使是妥协求和,也要在经过斗争后以强者的大度予以提出。

谈判如同作战,先要精心设计合理的目标和周全的计划,然后依靠毅力和耐力去与对手周旋,以期最终实现自己的目标。谈判顺利时,必须乘势前进,步步深入,扩大战果,一气呵成;遇到双方僵持不下的情况,也不能放弃原则,而要据理力争,维护己方的最大可获得利益。

4. 敏锐的洞察力、高度的预见和应变能力

在商务谈判中,需要与各种各样的人打交道,而且谈判环境复杂多变,谈判进行中很多意想不到的事情都是有可能发生的。因此,谈判人员要善于察言观色,及时掌握对方动向,摸清对方底牌,随机应变。尼尔伦伯格认为:老练的谈判家能把坐在谈判桌对面的人一眼看穿,断定他将采取什么行动和为什么行动。

合格的谈判人员要随时根据谈判中的情况变化及有关信息,透过复杂多变的现象,抓住问题的实质,迅速分析并作出判断,采取必要的措施,果断地提出解决问题的具体方案。

另外,主持谈判的代表必须是能统率全局的人,要有长远的眼光,能运筹帷幄,善于针对谈判内容的轻重、对象的层次,事先决定兵力部署和方案设计,并随时作出必要的改变,以适应谈判场上形势的变化。

第四节　国际商务谈判人员的组织和管理

对商务谈判人员的组织和管理,包括人事管理(personnel management)和组织管理(organization management)。就人事管理而言,其主要环节是选拔谈判人员、培训谈判人员,以及尽量调动谈判人员的积极性。就组织管理而言,其内容包括健全谈判班子,调整好领导与谈判人员的关系以及谈判人员之间的关系,从而协调工作。

一、人事管理

(一) 谈判人员的挑选

商务谈判胜负的决定性因素在于商务谈判人员的素质,因此,选拔优秀的谈判人员是进行商务谈判的重要环节。

如何挑选一名合格的商务谈判人员,其主要内容已在前面做过介绍。根据发达国家一些专家的意见,结合我国的具体情况,商务谈判人员的标准大致可分为以下几个方面:

(1) 政治素质。在我国,谈判人员要坚持四项基本原则,热爱本职工作,忠于职守,作风正派。

(2) 专业知识。谈判人员应具有相关商业、技术、市场、金融、财务、法律等方面的专业知识,熟悉商务谈判的基本理论与技巧。

(3) 个人性格。作为一名有效率的商务谈判人员,应当具有鲜明的个性,具体包括:追求高的目标,勇于开拓,风度优雅,表达能力强,善于听取别人的意见,具有较强的综合概括能力、决断能力,思维的条理性强,能经受挫折的考验,不易受感情的支配,自信等。

(4) 主观能动性。商务谈判人员常会脱离集体和上级领导而单枪匹马地作战,这需要具有一定的主观能动性以及较强的自信心,对成功具有一定的期望,在错综复杂、扑朔迷离的谈判过程中能独当一面,得心应手,掌握主动权。

(5) 年龄。年龄界限也是一个重要的挑选标准,但这并不是绝对的,只是说谈判人员有一个最佳年龄区。一般来说,选择谈判人员可以考虑在 35～55 岁这个年龄跨度内,因为这是一个人思维敏捷、精力旺盛的阶段。这个阶段的谈判人员,已积累了一定的经验,事业心、责任心和进取心也比较强,选择这个年龄段的谈判人员较为理想。当然,由于谈判内容不同、要求不同,年龄结构也可灵活掌握,有时让雄风犹在的老谈判家和思维敏捷的年轻人参加,会收到意想不到的效果。

(二) 谈判人员的培训

谈判人员应具有较高的素质,而素质并不完全是先天造就的,多半还需后天来培养。

1. 社会培养

社会的培养主要是指对基本素质的培养,包括基础文化知识、经济理论知识、谈判理论的教育,还有比较重要的如人际交往能力、决断能力、毅力、健康心态的培养等内容。社会培养营造的环境很宽广,它给谈判人员奠定一个最基本的素质。社会培养的目标是不确定的,培养目标不太精确,严格地说,它只是提供了一个谈判人才的毛坯。

2. 企业培养

企业应对谈判人员进行有意识的、系统的培养,一般包括四个阶段,即打好基础、亲身示范、先交小担、再交重担。企业着重帮助谈判人员处理好两个转折:谈判受挫时,防其气馁并善于引导;谈判成功时,防其骄横并严格要求。

(1) 打好基础。新的谈判人员加入谈判队伍中,无论其年龄大小,作为组织领导者,第一件事就是向他们讲授和交代本行业的基本知识和要求,并检查其是否掌握了这些基本知识和要求。采取的形式可以有两种:集中授课和单兵教练。前者指接受任务之前集中时

间,系统授课,考试合格再上阵,这种方式便于检查效果,并适合人员较多的情况;后者指以师傅带徒弟的形式,明确专人负责,这种方式便于安排,常用于增加零星谈判新手的情况。

(2)亲身示范。谈判是一门实践的科学,书本中的理论须放到实践中去检验,因此,新手在掌握了谈判的基本知识以后,应当体验并逐步适应千变万化的谈判环境。亲身示范应包括从谈判的组织准备、实质性谈判到签约的全过程,一边示范给新手看,一边向新手讲评。

(3)先交小担。经历过以上两个阶段,便可让新手参加真正的谈判,亲自体验商务谈判中的种种情形。一般来讲,可以先给新手一些金额不大、谈判内容不太复杂的小项目,让新手独立去挑,这对谈判人员的成长具有重要意义,有人称其为起飞前的助跑,这一阶段不可缺少。此外,委以小担,要力求选择可以代表谈判基本知识、基本技巧的某一方面的小担。几次小担责任的圆满完成也就等于掌握了系统的谈判技能,从而具备参加并主持大型、复杂、艰难谈判的能力。

(4)再交重担。对在若干小担的负载中取得成功实绩的谈判人员,适当赋予重担,可以促进其成才,是其实现起飞的重要条件。这样的重担通常是具有交易金额大、谈判目标高、交易标的技术复杂、涉及的交易多、己方的竞争对手多、政策性强等特点的谈判项目。

领导人员在此阶段中,肩负着指导—检查—再指导—再检查的工作,随时或定期检查其进展情况和实际效果,针对谈判的实际进展及时予以指导,让谈判人员能继续挑好重担。在谈判遇到重大挫折或难以继续前进时,领导应接过担子打破僵局,然后再把担子交给谈判人员,直到最终完成谈判任务。

3. 自我培养

社会与企业为谈判人员创造了成长的外部条件,要想真正发挥作用还得依靠谈判人员的内因,即自我培养。

作为谈判人员,首先,应当有所追求,以谈判事业为毕生的目标。其次,应当执著地为国家、民族、企业的利益而谈判,坚持不懈地提高自己的谈判能力和自身素质,只有这样才能具有强大的思想动力。再次,还要通过博览、勤思、实践、总结等方法提高自己的善辩能力、业务能力、组织能力和交际能力。

(三)调动谈判人员的积极性

谈判需要付出巨大的劳动,谈判成果又与企业单位的经济利益有直接联系,因此,对谈判人员应给予适当奖励,使他们充分发挥自己的聪明才智,在谈判工作中创造优异的成绩。

对谈判人员的奖励可分为物质奖励和精神奖励两类,或者说外在奖励和内在奖励两个方面。

按照心理学理论,人的动机来自需要,而人的需要是多种多样的。高的物质报酬,满足的只是人的第一层次的需要,它虽然能调动人们的积极性,但却不一定能长期稳定地维持,因为人的劳动并不仅仅是为了取得物质上的报酬,有时社会的承认、受到人们的尊重等精神因素更能激发人们的积极性。

物质奖励的满足是根据谈判人员自己定出的标准来衡量的,这个标准受到他本人心目中社会平均标准的影响,同时,也受到周围相关人员所受奖赏多少的影响。

精神奖励则来源于谈判本身。对谈判人员的精神奖励可以采取如下多种措施:① 委以

重任,把困难的谈判任务交给他们,使谈判人员因某种被信任感而得到满足。② 对谈判人员的工作成绩予以充分肯定,使他们得到一种事业上的满足。③ 在适当条件下举办一些培训班,让谈判人员发挥特长,培养人才,使个人的才能有用武之地,使事业上的抱负能够实现,这也是人的较高层次的需要。④ 给谈判人员以较大的自主权,有权处理谈判过程中出现的新问题。⑤ 给谈判人员与其他同行交流的时间和机会,以探讨总结取得成功的经验和失败的教训等。

通过以上措施,从物质、心理上激励谈判人员自觉提高自身素质,使他们在谈判中更好地发挥作用。

二、组织管理

对于谈判人员的组织管理,主要包括如下方面:

(1) 健全谈判班子。健全谈判班子是指挑选各类专业人员,配备好主谈人,并给予足够的自主权。

(2) 调整好领导干部与谈判人员的关系。领导干部与谈判人员之间最重要的关系是明确各自的职责范围,各自权力的划分,建立共同的奋斗目标。在实际谈判中,单位领导更多地是在必要与充分的授权下,给谈判人员以高度的支持、理解、谅解和协调。

(3) 调整好谈判人员之间的关系。调整好谈判人员之间的关系主要是指谈判人员之间应强调相互默契、信任、尊重,达到有效合作的目的,以保持工作效率。其措施有以下几种:① 明确共同的责任和职权。② 明确谈判人员的分工。③ 整个谈判小组共同制定谈判方案,集思广益。④ 明确相互的利益。⑤ 共同检查谈判进展状况,相互支持工作。⑥ 谈判小组的负责人要尊重小组成员的意见,发扬民主作风,以身作则,廉洁奉公,处处关心同志,使小组成为一个团结、友爱、共同奋斗的集体。

本章小结

1. 在国际商务谈判人员构成中,要根据需要、结构、精干、对应等原则来确定谈判班子的组成。谈判班子又具体分为台前当事人和幕后当事人。

2. 在国际商务谈判中,谈判人员应具备忠于职守、平等互惠的观念、团队精神等的基本道德观念,避免常见的非道德行为如对立场作虚假陈述、夸大其词、作弊、有选择地伪造事实等。

3. 谈判人员不仅需要具有横向方面和纵向方面的基本知识,也应具备应有的能力和心理素质。

4. 在国际商务谈判中,应注意谈判人员的挑选、培训等工作的组织和管理,充分调动谈判人员的积极性。

思考与练习

一、单项选择题

1. 谈判小组中商务人员主要负责组织(　　)。

A. 技术条款谈判　　　　　　　　　　B. 价格条款谈判

C. 法律条款谈判　　　　　　　　　　D. 金融条款谈判

2. 当谈判人员远离集体和上级领导而独自与对方谈判时,特别需要的素质是(　　)。

A. 专业知识　　　　B. 个人性格　　　　C. 年轻化　　　　D. 主观能动性

3. 商务方面的谈判人员主要负责的谈判条款有价格、数量和(　　)。

A. 交货　　　　　　B. 法律　　　　　　C. 信用保证　　　D. 技术服务

4. 价格条款谈判应由(　　)承担。

A. 法律人员　　　　B. 商务人员　　　　C. 财务人员　　　D. 技术人员

5. 应赋予谈判人员的资格是(　　)。

A. 自然人　　　　　B. 个体　　　　　　C. 法人或法人代表　D. 集体象征

6. 谈判人员的精力和注意力的变化是(　　)。

A. 不可控的　　　　B. 无规律性的　　　C. 有次序性的　　D. 有规律性的

7. 谈判首席代表是(　　)。

A. 谈判负责人　　　B. 陪谈人　　　　　C. 主谈人　　　　D. 企业经理

8. 谈判小组主谈人最重要的职责是(　　)。

A. 掌握谈判进程　　　　　　　　　　B. 弄清对方的意图、条件

C. 找出与对方的分歧或差距　　　　　D. 掌握该谈判项目总的财务状况

9. 谈判人员应具备(　　)。

A. 横向型知识结构　　　　　　　　　B. 纵向型知识结构

C. "T"形知识结构　　　　　　　　　D. "H"形知识结构

二、多项选择题

1. 下列选项中,(　　)属于谈判者的心理素质范畴。

A. 沟通能力　　　　　　　　　　　　B. 职业道德

C. 自制力　　　　　　　　　　　　　D. 责任心

E. 专业知识

2. 技术人员在谈判中主要负责谈判的内容有(　　)。

A. 产品性能　　　　　　　　　　　　B. 技术质量标准

C. 产品验收　　　　　　　　　　　　D. 支付

E. 签约

3. 对谈判人员素质的培养主要包括(　　)。

A. 家庭的培养　　　B. 社会的培养　　　C. 企业的培养　　D. 自我培养

E. 国外培养

三、简答题

1. 简述国际商务谈判班子的组成原则。

2. 怎样进行谈判人员的配备?

3. 国际商务谈判人员的一般素质要求有哪些?

4. 信息情报搜集包括哪几个方面的内容?

5. 为什么要搜集谈判对手的情报?

案例分析题

　　某县一家饮料厂购买意大利产品固体果汁饮料的生产技术与生产设备。派往意大利的谈判小组包括以下四名核心人员：饮料厂厂长，县主管工业副县长，县经委主任和县财办主任。

　　案例来源：刘宏.国际商务谈判.大连：东北财经大学出版社,2010.

　　分析：

　　(1)你认为如此安排谈判人员说明中国人的谈判带有何种色彩？会导致什么样的后果？

　　(2)如何调整谈判人员？作出调整的主要理论依据是什么？

第六章　国际商务谈判的准备

学习目标

通过本章的学习,学生应掌握国际商务谈判的概念、特点,熟悉国际商务谈判的特征和程序。通过对国际商务谈判基本要素和各种不同类型、形式的了解,能根据其不同特征和要求采取有效的谈判策略。

第一节　国际商务谈判前的准备

一场谈判的成功,不仅要看谈判桌上的策略、战术和技巧的灵活运用,还有赖于谈判前的准备工作。谈判前的准备工作是谈判策略、战术和技术灵活运用的基础。俗话说:不打无准备之仗;知己知彼,百战不殆。准备工作做得好,可以使己方增强自信,从容应对谈判过程中出现的各种问题,掌握主动权。尤其在缺少经验的情况下,充足的准备能弥补经验和技术上的不足。谈判的实践也证明,大部分重要谈判的成功都是与做好充分的准备工作分不开的。

一、物质条件的准备

（一）准备谈判所需要的必要文件、文具和工具书

现代组织的业务谈判经常会涉及经济、政治、法律、技术、历史等多方面的专业知识,组织应将谈判可能用到的各类文件、工具书等准备好。

（二）谈判会场的布置

重要谈判的会场必须布置得庄重、朴实、大方,以显示对谈判的重视。谈判场景的总体色调一般采用暗红色、褐色、暗黑色或褚石色。如果谈判场景的总体色调过于暗淡,那么,可以引入一些亮色进行调整,如鲜花。

（三）谈判座次安排

一般而言,商务谈判中座次安排有三种方式:正式会谈式、自由会谈式和介于两者之间的半正式会谈式。正式会谈式的谈判座次安排通常选用长方形谈判桌,谈判双方各占一边,双方对等;自由会谈式的谈判通常不采用谈判桌,双方谈判人员围成一个圆圈坐定,谈判双方不必分开就座,而可以交叉就座,双方职务相近或担负职能相同的人员可以相邻就座;半

正式会谈式的谈判通常也不采用谈判桌,但其座次安排方式与自由会谈式不同,而接近于正式会谈式,这种方式通常只适用于谈判人数较少(通常每方人员在 4 人以下)、谈判双方较为熟悉的谈判。

(四)会务后勤工作

在历时较长的谈判中,后勤服务显得尤为重要。为了在谈判中创造出一种轻松愉快的氛围,组织上要安排好谈判代表的食宿、旅游和娱乐活动。在物质条件准备中,与外地、国外的对手谈判,还涉及食宿安排问题。这方面由于各国、各地经济发展水平的不同,文化习俗的差异,企业经济实力的差异,以及地位、资历等的差异,很难一概而论,但必须尊重对方的风俗习惯与要求,在安排对方谈判人员食宿时一定要有针对性,尊重每位客人的生活习惯,为其提供周到满意的服务,只有这样,才能确保国际商务谈判的成功,为自身塑造良好的形象,为与对方建立长期友好合作关系打下基础。

二、资料、技术的准备

谈判不是空中楼阁里的闲谈,谈判的胜利不仅取决于谈判双方的心理较量,更取决于双方的信息准备。信息是谈判者说话的依据,是讨价还价的资本,是使对方服从的砝码,而信息资源只能来自事先充分的资料准备。

(一)资料准备

1. 对与外贸业务有关的资料的搜集

(1)商品品质。例如,同一商品在各地的通称及别称,交易商品在品质表示方法上的通用做法、特殊做法,世界各地对交易商品品质标准的最新规定等。

(2)商品数量。例如,世界各地有关度量衡制度方面的资料,以便按照洽谈对方的习惯采用有关度量,世界各地对交易商品在计量方法上的习惯做法,世界各地对某些数字的忌讳等。

(3)商品包装。例如,国际市场上同类商品在包装的种类、性质、材料、规格、费用以及运输标志等方面的一些共同习惯或通用做法,各国对有关包装装潢的图案和色彩的特殊要求,世界各地同类商品的包装种类、性质、材料、规格上的变化或趋势等。

(4)商品装运。包括:① 世界各主要运输线路营运情况和有关规定,以便选择合理的运输方式和避免违反法规。② 世界各种运输方式的最新运费率、附加费用及运费支付方式,以便确定己方的报价及划清双方费用的界限。③ 世界各地关于商品装运时间和交货时间的规定及有关因素,以便在不影响成交的前提下,定出切实可行的装运时间和交货时间,避免纠纷和影响信誉。

(5)商品价格和支付的方式。包括:① 世界各主要市场同类商品的成交价和影响因素及价格变动情况,以便制定己方的价格策略。② 国际上对与价格术语有关问题的规定和不同解释,以避免日后发生误解和纠纷。③ 世界各地商人在报价、还价上的习惯和技巧,特别是交易对方在报价中的水分,以便己方有针对性地采取有效的讨价还价技巧。④ 商品交易的主要方式和信用等情况,以便在谈判中确定货款支付方式及支付货币等事项,避免造成损失。

（6）商品保险。包括：① 国际上同类商品在保险的险别、投保方式、投保金额等方面的通用做法。② 世界各地对交易商品在保险方面的特殊规定及世界各主要保险公司的有关规定。③ 世界各地对保险业务用语在叫法上的差异和不同的解释，以便在谈判中争取有利条件，避免损失。

（7）商品检验。包括：① 世界各国主要检验机构的权限、信誉、检验设施等情况，只有事先了解清楚检验机构的有关情况，才能在谈判中选择较有利的交易商品的检验机构。② 同类商品在检验内容、检验标准、检验方法、检验时间和地点等方面的做法和规定，世界各国及国际组织对上述内容的有关规定和特殊要求等。

2．正确评估自己

在谈判前的准备工作中，不仅要调查分析客观环境和谈判对手的情况，还要正确了解和评估谈判者自身的状况。古人云："欲胜人者，必先自胜；欲论人者，必先自论；欲知人者，必先自知。"没有对自身的客观评估，就不会客观地认定对方的实力。孟子说："知人者智，自知者明。"谈判者一定要有自知之明。但是，自我评估很容易出现两种偏向：一是过高估计自身的实力，看不到自身的弱点；二是过低评估自身实力，看不到自身的优势。自我评估首先要看到自身所具备的实力和优势，同时要客观地分析自己的需要和实现需要缺欠的优势条件。

（1）谈判信心的确立。谈判信心来自对自己实力和优势的了解，也来自谈判准备工作是否做得充分。谈判者应该了解自己是否准备好支持自己说服对方的足够的依据，是否对可能遇到的困难有充分的思想准备，一旦谈判破裂是否能找到新的途径实现自己的目标。如果对谈判成功缺乏足够的信心，是否需要寻找确立足够的信心的条件，还是需要修正原有的谈判目标和方案。

（2）自我需要的认定。满足需要是谈判的目的，清楚自我需要的各方面情况，才能制定出切实可行的谈判目标和谈判策略。

3．谈判者应该认定的问题

（1）希望借助谈判满足己方哪些需要。比如，作为谈判中的买方，应该仔细分析自己到底需要什么样的产品和服务，需要多少，要求达到怎样的质量标准，价格可以出多少，必须在什么时间内购买，供方必须满足买方哪些条件等；作为谈判中的卖方，应该仔细分析自己愿意向对方出售哪些产品，是配套产品还是拆零产品，卖出价格最底限是多少，买方的支付方式和时间等。

（2）各种需要的满足程度。己方的需要是多种多样的，各种需要重要程度并不一样。要搞清楚哪些需要必须得到全部满足，哪些需要可以降低要求，哪些需要在必要情况下可以不考虑，这样才能抓住谈判中的主要矛盾，保护己方的根本利益。

（3）需要满足的可替代性。需要满足的可替代性大，在谈判中己方回旋余地就大；如果需要满足的可替代性很小，那么在谈判中己方讨价还价的余地就很小，当然很难得到预期结果。

（4）满足对方需要的能力鉴定。谈判者不仅要了解自己要从对方得到哪些满足，还必须了解自己能满足对方哪些需要，满足对方需要的能力有多大。在众多的提供同样需要满足的竞争对手中，自己具有哪些优势，占据什么样的竞争地位。

满足自身的需要是参加谈判的目的,满足他人需要的能力是谈判者参与谈判、与对方合作交易的资本。谈判者应该分析自己的实力,认清自己到底能满足对方哪些需要,如出售商品的数量、期限、技术服务等。如果谈判者具有其他企业所没有的满足需要的能力,或是谈判者能够比其他企业更好地满足对方某种需要,那么谈判者就拥有更多的与对方讨价还价的优势。

4. 剖析对手

对谈判对手的调查是谈判准备工作最关键的一环,如果同一个事先毫无了解的对手谈判,会有极大的困难,甚至会冒很大的风险。谈判对手的情况是复杂多样的,主要调查分析对方的客商身份,对方的资信情况,对方的资本、信用及履约能力,参加谈判人员的权限和谈判目的,对方所在国(地区)的政策、法规、商务习俗、风土人情,以及谈判对手的谈判人员状况等情况。

目前,中外合资项目中出现了许多合作误区与投资漏洞,乃至少数外商的欺诈行为,很大程度上是中方人员对谈判对手了解不够所导致的。

(1)谈判代表的个人情况调查。首先应该对谈判对手的年龄、家庭、背景、职业、爱好、个人品质和性格进行了解。

对待在世界上享有一定声望和信誉的公司,其往往要求己方提供准确、完整的各种数据,令人信服的信誉证明,在谈判前要做好充分准备。谈判中己方应具备较高超的谈判技巧,有充足的自信心,不能一味为迎合对方条件而损害己方的根本利益。

对待享有一定知名度的客商,要看到对方比较讲信誉,占领中国市场比较迫切,技术服务和培训工作比较好,对己方在技术方面和合作生产的条件方面比较易于接受,是较好的贸易伙伴。

对待没有任何知名度的客商,只要确认其身份地位,深入了解其资产、技术、产品、服务等方面的情况,也是己方很好的合作伙伴。因为其知名度不高,谈条件不会太苛刻,对方也希望多与中国合作打出其知名度。

对待专门从事交易中介的客商,要认清他们所介绍的客商的资信地位,防止他们打着中介的旗号行欺骗之实。

对待借树乘凉的客商,不要被其母公司的光环所迷惑,对其应持慎重态度。如果是子公司,要求其出示其母公司准予以母公司的名义洽谈业务,并承担子公司一切风险的授权书。母公司拥有的资产、商誉并不意味着子公司也如此,要警惕子公司打着母公司招牌虚报资产的现象。如果是分公司,它不具备独立的法人资格,公司资产属于母公司,它无权独自签约。

对待各种骗子型的客商,己方一定要调查清楚其真实面目,谨防上当,尤其不要被对方虚假的招牌、优惠的条件、给个人的好处所迷惑,使自己误入圈套。

(2)谈判对方资信调查。对谈判对手进行资信状况的调查研究是谈判前准备工作极其重要的一步。缺少必要的资信状况分析,谈判对手主体资格不合格或不具备与合同要求基本相当的履约能力,那么所签订的协议就是无效协议或者是没有履行保障的协议,谈判者就会前功尽弃,蒙受巨大损失。

对谈判对方资信情况的调查包括两方面内容:一是对方主体的合法资格;二是对方的

资本、信用及履约能力。

A. 对客商合法资格的审查。商务谈判的结果是有一定的经济法律关系的,发生一定的经济法律关系而享受权利和承担义务的组织或个人,叫做经济法律关系主体。作为参加商务谈判的企业组织必须具有法人资格。

法人应具备三个条件:一是法人必须有自己的场所,组织机构是决定和执行法人各项事务的主体。二是法人必须有自己的财产,这是法人参加经济活动的物质基础与保证。三是法人必须具有权利能力和行为能力。所谓权利能力,是指法人可以享受权利和承担义务,而行为能力则是法人可以通过自己的行为享有权利和承担义务。满足了这三方面的条件后,在某个国家进行注册登记,即成为该国的法人。

对法人资格的审查,可以要求对方提供有关证明,如法人成立的注册登记证明、法人所属资格证明,验看营业执照,详细掌握对方企业名称、法定地址、成立时间、注册资本、经营范围等。要弄清对方法人的组织性质,是有限公司,还是有限责任公司;是母公司,还是子公司或分公司。因为公司组织性质不同,其承担的责任是不一样的。还要确定其法人的国籍,即其应受哪一国家法律管辖。对于对方提供的证明文件首先要通过一定的手段和途径进行验证。

对客商合法资格的审查还应包括对前来谈判的客商的代表资格或签约资格进行审查;在对方当事人找到保证人时,还应对保证人进行调查,了解其是否具有担保资格和能力;在对方委托第三人谈判或签约时,应对代理人的情况加以了解,了解其是否有足够权力和资格代表委托人参加谈判。

B. 对谈判对方资本、信用及履约能力的审查。对谈判对方资本审查主要是审查对方的注册资本、资产负债表、收支状况、销售状况、资金状况等有关情况。对方具备了法律意义上的主体资格,并不一定具备很强的行为能力。因此,应该通过公共会计组织审计的年度报告,银行、资信征询机构出具的证明来核实。

对谈判对方商业信誉及履约能力调查,主要调查该公司的经营历史、经营作风、产品的市场声誉,以及在以往的商务活动中是否具有良好的商业信誉。例如,作为一家信息咨询公司,邓白氏公司在与若干中国公司的长期业务合作中,发现不少中国公司存在某些对国际商务活动中风险和信用(资信)认识上的误区,如"外商是我们的老客户,信用应该没问题","客户是朋友的朋友,怎么能不信任","对方商号是大公司,跟他们做生意,放心"等。针对这些误区,邓白氏公司提出了若干忠告,如"对老客户的资信状况也要定期调查,特别是当其突然下大订单或有异常举措时,千万不要掉以轻心";"防人之心不可无,无论是何方来的大老板,打交道前先摸摸底细,资信好的大公司不能保证其属下的公司也有良好的资信"等。

(3)了解对方谈判人员的权限。谈判的一个重要法则是不与没有决策权的人谈判。要弄清对方谈判人员的权限有多大,对谈判获得多少实质性的结果有重要影响。不了解谈判对手的权力范围,将没有足够决策权的人作为谈判对象,不仅浪费时间,甚至可能会错过更好的交易机会。一般来说,对方参加谈判人员的规格越高,权限也就越大;如果对方参加谈判的人员规格较低,就应该了解对方参加谈判人员是否得到授权,对方参加谈判人员在多大程度上能独立作出决定,有没有决定是否让步的权力等。调查、了解谈判对方的权限,在国际商务谈判中应格外重视。

(4)了解对方的谈判时限。谈判时限与谈判任务量、谈判策略、谈判结果都有重要关

系。谈判者需要在一定的时间内完成特定的谈判任务,可供谈判的时间长短与谈判者的技能发挥状况成正比。时间越短,对谈判者而言,用于完成谈判任务的选择机会就越少,哪一方可供谈判的时间越长,该方就拥有较大的主动权。了解对方的谈判时限,就可以了解对方在谈判中会采取何种态度、何种策略,己方就可制定相应的策略。因此,要注意搜集对手的谈判时限信息,辨别表面现象和真实意图,做到心中有数,针对对方谈判时限制定谈判策略。

(5)了解对方谈判人员的其他情况要从多方面搜集对方信息。比如,谈判对手谈判班子的组成情况,即主谈人背景、谈判班子内部的相互关系、谈判班子成员的个人情况,包括谈判成员的资历、能力、信念、性格、心理类型、个人作风、爱好与禁忌等;谈判对手的谈判目标,所追求的中心利益、特殊利益;谈判对手对己方的信任程度,包括对己方经营与财务状况、付款能力、谈判能力等多种因素的评价和信任程度等。

当然,准备阶段中最重要的是了解或者推测谈判对方在谈判中会提出什么样的利益要求,这些要求在什么程度是合理的,哪些是可以与之交涉的,哪些是应据理驳回的,只有在大量搜集、研究有关资料后,才能做到心中有数,目的明确。

(二)技术准备

谈判的技术准备包括明确双方价值区域,并在此基础上制定谈判纲领。价值区域就是谈判者的利益在谈判过程中的具体体现,它是谈判者讨价还价的依据,包括起点、界点、争取点、协议区、协议点五个方面。

1. 起点

起点(starting point)是谈判者制定价格政策的出发点,也是全部谈判的价值基础。如一个木材厂生产一种椅子,成本为20元,这是厂方为椅子定价的基础。市场上椅子的零售价是40元,这是商店的谈判基础。

2. 界点

界点(boundary point)是谈判各方的基本利益防线。起点是成本价,如果以此成交,那么没有任何利润可赚,生产无利可图。因此,在实际的谈判中,双方都是把界点作为最后的防线。如木材厂的椅子,除去了税收、管理费用等一切支出,必须卖到25元才能产生利润。而商店除去了税收和管理费用等,进货价不能高于35元。

3. 争取点

争取点(fighting for point)是谈判各方期望获得的最大利益。谈判者都想为本方争取最大限度的利益,但最大利益不能没谱,必须建立在充分的市场调查的基础上。一般而言,一方的争取点不能超过对方的界点,否则就会破坏谈判,或者被对方视为缺乏经验。

4. 协议区

协议区(convention area)是谈判双方真正争夺的利益范围,它不是一个点,而是一个区间。谈判的目的就是通过协商不断缩小彼此界点和争取点的距离。例如,木材厂和商店的协议区就是25元和35元之间。

5. 协议点

协议点(convention point)是经过双方的协商,最后确定的成交点。如木材厂和家具商店经过讨价还价,最后以每把椅子 30 元成交,这便是协议点。在实际的谈判中,协议点不一定就在协议区的正中,绝对的公平合理也是不存在的,协议点的偏离往往取决于谈判双方的实力和谈判者技术的高低。

三、心理准备

人的心理影响人的行为。商务谈判心理对商务谈判行为有着重要的影响。心理是人脑对客观现实的主观的能动反映。人的心理活动一般有感觉、知觉、记忆、想象、思维、情绪、情感、意志、个性等。人的心理是复杂多样的,人们在不同的专业活动中,会产生各种与不同活动相联系的心理。中国的古话说:狭路相逢勇者胜。谈判的情况与打仗有相似之处,谈判人员除了进行实力的比较外,还要进行一场心理素质的较量。充分的心理准备是一切谈判的必要前提,特别是在对对手的部分情况已有了解和掌握的情况下,就更不必盲目乐观或轻易失去信心,相反,选择"持久战"还是"速决战",做好谈判破裂的准备还是尽力避免谈判破裂,就需要此时解决,以奠定良好心理状态的基础。

(1) 要有谈判取胜的信心。谈判者要对自己所从事的工作,己方的经济、技术实力有充分的信心。为了争取最好的谈判前途,谈判者应大胆追求,积极进取,敢于冒险,这也是一个人力量和勇气的象征。有了坚定的信心,不仅可以振奋自己的精神面貌,而且会给对方造成巨大的压力。

(2) 要有在谈判中克服困难的恒心。在谈判工作中,有时己方做了充分的准备,抱着必胜的信心,但对方却可能采取十分强硬的态度,并不按己方希望的方式或时间安排进行谈判,使谈判陷入僵局。这时就需要谈判的参加者具有恒心和耐心,与对方进行艰苦的较量。凡是事关重大利益的谈判,都不可能出现轻易取胜的局面,谈判人员要有打持久战的精神准备。有时谈判会因时间拖长而使人感到枯燥乏味,精神疲倦,但谈判者之间的交锋正是一场意志、耐心和毅力的全面较量,有利的转机往往出现在最后 5 分钟。谈判者不要轻易宣布停止谈判,而要努力寻找柳暗花明的机会。因为重开谈判不仅费时费力,而且会造成对己方不利的局势。

(3) 要保持心平气和。在谈判开始之前,谈判人员要排除一切心理因素的干扰,集中精力,全力以赴地参加谈判工作。人在社会生活中,必然会受到各种社会问题的困扰,使自己心绪不宁,精神紧张,易于发怒。如果把这种情绪带入谈判会场,必然会影响到谈判的结果。

第二节　国际商务谈判的信息准备

信息的准备工作既需要在商务谈判前开展,也贯穿于整个商务谈判过程中。在国际商务谈判中,全面、准确、及时的信息是谈判的可靠助手,是选择和确定谈判对象的基础和前提,是谈判双方沟通的纽带,是制定谈判战略的依据,是控制谈判过程、掌握主动权和确定报价水准的保证。

一、谈判信息的概念和作用

国际商务谈判信息是指反映与国际商务谈判相联系的各种情况及其特征的有关资料。

尽管信息的内容繁多,但所有的信息都具有一些共同的特性,即可传递性、知识性、时效性、创新性、共享性、多源性、反馈性和继承性。

随着市场竞争的日益激烈,信息技术的不断发展,商务谈判策划越来越依赖于信息。在信息社会里,信息是战略资源,掌握信息越迅速、越及时、越准确,己方的决定、规划就越科学、越合理,而谈判就越主动、越有效。

1. 信息是一种财富

很多信息,如重要的知识、情报、资料等,其本身就是人类智慧的结晶,是宝贵的精神财富。它们对于指导人们从事生产经营活动、社会活动和科学实验,起着重要的作用。一个企业要办好,一个商品要创新,都要有知识、情报、资料作支持。因此,信息往往就是财富的组成部分。不仅如此,信息还可以转化为更多的财富。在当今激烈的市场竞争中,有些小厂商,由于及时获得重要的市场信息,因而经营成功,很快变成大厂商,但也有些大厂商由于不能及时获得某些重要的信息,或者对信息的判断失误,因而经营失败,甚至破产。

2. 信息是商务活动的先导

现代绝大多数商务活动的发生,都必须首先取得市场信息。市场信息起着先导或导向的作用。在买方市场条件下,企业生产什么、如何生产、经营多少,都必须经由市场的需求来确定。

一个企业首先必须及时地了解和掌握市场需求的信息,甚至完全根据顾客的订单来组织生产、经营活动,也只有准确地获得市场信息,甚至拿到订单,才能组织生产或组织货源,才可能取得贸易的成功。同样,作为买方,为了满足自身的需求,需要考虑向谁买、买多少、如何买的问题,以获取质量有保证、价格合理的商品。

3. 信息是谈判双方相互沟通的纽带

在商务谈判中,尽管各种谈判的内容和方式各不相同,但有一点是共同的,即都有一个相互沟通和磋商的过程。没有谈判信息作为双方之间沟通的中介,谈判就无法排除许多不确定因素和疑虑,也就无法进一步协商、调整和平衡双方的利益。掌握了一定的谈判资料和信息,就能够从中发现机会和风险,捕捉住达成协议的契机,使谈判活动从无序到有序,消除不利于双方的因素,促使双方达成协议。

4. 信息是商务谈判策划的依据

商务谈判是一项人与人之间的共同的群体活动。既然是人的共同活动,就必须对其进行计划、组织、协调和控制,以保证人们的集体活动有序地、有效地进行。有序、有效的商务谈判有赖于谈判前的策划工作,即在获取信息的基础上,对商务谈判活动进行全面的规划,包括对谈判整体形势的判断、人员组织、地点选择,以及解决问题的多种可选择方案等。一个好的谈判方案应当是战略目标正确可行、适应性强、灵敏度高,这就必须有可靠的大量资料和信息作为依据。在商务谈判中,谁在谈判资料和信息上拥有优势,掌握对方的真正需要和他们的谈判利益界限,谁就有可能制定正确的谈判战略,在谈判中掌握谈判的主动权。

5. 信息是商务谈判成败的决定性因素

会打桥牌的人都知道,成败并不属于有一手好牌的人。成功者能够在叫牌、打牌的整个过程中,通过判断得知对方、己方所拥有的牌,并能控制整个牌局的发展。推而广之,无论是

从事政治活动,还是进行商务谈判,都像玩桥牌一样,必须实际地分析双方的情况,以把握对自己有利的形势。

对于每一场商务谈判,其主体、标的、议题都可能不一样,受影响和制约的因素也不一样,但都包含着三个影响判断的决定性因素即权力、时间、信息。权力是一种把事情做好的才干或能力,控制人、事、情况及自己的力量。权力的本质在于鼓舞人的心智,鼓励人们去完成每一件事情。从认识论角度看,所有的权力都是以认识为基础的。同时,一项商务谈判,不仅仅是价格的高低和结算方式问题,还可能涉及利益的变化、汇率的变动、资金的供求情况等,对这些信息的了解和掌握与否直接影响到谈判的成败。信息是掌控谈判的巨大筹码,是影响商务谈判成败的因素。

二、谈判信息的搜集

知己知彼,百战不殆。商场如战场,谈判者要在商务谈判中稳操胜券,必须知彼知己,才能达到目的。

经验证明,谈判者要知己知彼,就必须进行市场调查,摸清情况,深思熟虑,能科学地预见谈判形势,并恰当地运用谈判技巧,才能达到预期的成功;反之,凭主观意志想当然办事,违反客观规律,必然会受到惩罚。

国际商务谈判调查是一项专题性的市场调查,目的是了解商务谈判中相关的信息,了解谈判对手。然而,任何事物都不是独立的。谈判对手作为社会系统中的一员,受制于各个环节,相互影响、相互制约。国际商务谈判调查的内容应包括宏观和微观两个方面。

1. 宏观方面

从宏观方面看,需要调查的内容主要有政治、法律、法规、政策、人口、经济、科技、文化、自然等方面的信息。谈判者从事国际商务谈判时,所处的是一个全新和陌生的环境。一个合格的谈判者必须很好地了解他的谈判对手所在国家的情况,如该国总的政治经济形势。他还需要学习对方国家的文化,了解其社会的稳定性和现有社会的结构和语言。此外,谈判者还必须懂得当地相关法律以免违法。

2. 微观方面

从微观方面看,需要调查的内容主要有谈判对手、竞争者、市场行情和企业自身等方面的信息。

(1) 对谈判对手的调查主要指对其财务信用状况的调查。财务信用状况可概括为三个"C",即对方的资信(credit)、偿债能力(capacity of debt paying)和财务状况(conditions of financial)。合作伙伴的资信情况是由其以前的偿还贷款情况和其在金融机构与信用记录组织的名声所决定的。金融信用体制健全的国家都保留有企业和个人的信用记录,调查者可到有关机构特别是银行获得此类信息。谈判对手的财政金融状况可以通过对方提供的财务报表来确定,主要有资产负债表和利润表等。谈判合作方返还到期款项的能力取决于借款的目的,如果支付借款的资金来源是卖掉进口货物的销售款,这被称为自我清算。如果借贷的目的是扩充产能,即被用来进行资本扩张,还贷的资金来源应是扩大销售后的收入。

(2) 竞争者,包括竞争者的类型、数量、目标、产品性能、服务措施、营销手段等方面的信

息。所谓竞争者,就卖方而言,一般是指那些与本企业提供的产品或服务项目类似,并且有相似目标客户和相似价格的企业。企业现实的和潜在的竞争者范围是很广的。

因此,对商务谈判人员来说,既要了解当前主要竞争者的情况,更要了解市场上竞争主导力量的情况。竞争对手资料是谈判双方力量对比中一个重要的砝码,会影响谈判天平的倾斜度。竞争对手资料主要包括:① 现有竞争对手的产品因素,如数量、品种、质量、性能、包装等方面的优缺点。② 现有竞争对手的定价因素,如价格策略、让价策略、分期付款等方面。③ 现有竞争对手的销售渠道因素,如有关分销、储运的实力对比等方面。④ 现有竞争对手的信用状况,如企业的成长史、履约情况、企业素质等方面。⑤ 现有竞争对手的促销因素,如推销、广告宣传、营业推广、服务项目等方面。

了解竞争者是较困难的,如果是卖方,至少应该知道一个销售价格高于自己,而质量比自己差的竞争对手的详细情况。作为买方,则应掌握有关供货者的类似情报。通过对以上情况的了解分析,找出主要竞争对手及其对本企业商品交易的影响,认清本企业在竞争中所处的地位,并制定相应的竞争策略,掌握谈判的主动权。

(3)市场行情,包括客户购买的动机、购买的习惯、市场需求状况(品种、规格、数量、质量等)、市场需求潜力等方面的信息。

市场调研就是确定市场的需求和愿望,并根据调查结果提供能够满足这些需求和愿望的产品。市场的需求与愿望指的是消费者的消费动机、他们的当前需求和潜在需求、他们对产品的消费偏好以及对品牌的认知度等。

(4)企业自身,包括企业各职能管理部门、业务部门、基层作业部门提供的有关生产销售计划、资金使用状况、库存状况、新产品开发进展情况,以及产品的质量、品种、产量、价格、销售量、用户及信誉、售后服务等方面的数据、资料。

但是,缺乏对于不同文化、消费者偏好、市场需求的敏感度,对国外有差异的环境了解不充分,不熟悉国内、国外的数据来源,不具备运用所获国外数据的能力等因素,常常会阻碍人们获得信息。

三、谈判信息搜集的原则

在信息社会里,信息数量巨大,品种繁多,而且来源广,更新快。企业如何从这些纷繁复杂的信息中寻找到满足国际商务谈判活动所需的信息呢?显然,选择适宜的搜集信息的渠道,遵循一定的搜集信息原则,是及时、真实地获得所需信息的根本保证。

1. 时效性原则

信息与一般物质不同,它不会磨损,但具有时效性,易过时。因为客观事物是不断发展变化的,每次变化都会产生新的信息,原来的某些信息的价值、效用的大小要受到时间的制约。所以,信息只有被迅速、及时地搜集起来,并传递给需要者,才能有效地发挥作用。

2. 准确性原则

准确性是搜集信息的一个最基本的要求,失之毫厘,谬以千里。所以,只有真实、准确的市场信息,才是可靠、有效的市场信息。坚持准确性原则意味着在搜集信息时,必须本着实事求是的态度,不能凭主观臆断,而且在搜集的过程中就应对获取的数据资料尽可能地及时

进行鉴别、分析,力求把误差降到最低限度。

3. 目的性原则

搜集信息是为解决谈判桌上的某种问题服务的,而与该类问题相关的信息分布于各种信息源中。如果没有一定的目的性,便会无的放矢,淹没在信息的海洋中,而且搜集信息是有一定的时间限制的,不可能面面俱到。因此,在搜集信息时,必须确定一定的搜集目标和范围,有针对性地进行搜集。"胡子眉毛一把抓"、"捡了芝麻,丢了西瓜"是搜集信息工作的大忌。

4. 系统性原则

系统性要求全面地、连续地进行市场信息搜集工作。首先,搜集的信息越全面,越有利于形成对问题的完整认识与把握。因此,在搜集信息时,要对现实的及潜在的信息来源进行全方位的扫描、甄别。其次,搜集市场信息不是一时一事的工作,而是一个连续不断的过程。因此,就要求有坚持不懈的精神,注意积累,随时随地搜集,只有这样才能获取较完整、系统的信息。

5. 经济性原则

搜集信息要耗费一定的人力、物力、财力,因此要讲求搜集信息的投入产出比,即应在保证搜集工作质量的前提下,力求以尽可能低的耗费取得尽可能多的产出,也就是搜集到足以满足需要的信息。此外,应指出的是,在搜集信息工作时要有预见性,充分认识到信息的无形价值,不要舍不得投资。因缺乏投入而使信息缺乏利用价值,同样是非经济性的表现。

6. 现场性原则

真正有价值的信息源,存在于交换或流通现场,即消费现场。在企业的流通或销售系统中,最重要的内容是流通中的情报体系,在顾客层、商业层和营销队伍之间,建立情报网络,把信息搜集、处理和传递,尽可能地置于流通或交换现场。

7. 全员性原则

信息搜集、处理、储存和传递,不只是高层管理者或信息专家的工作,更重要的是,赋予全体员工,尤其在流通或营销领域的员工一种责任,使其积极开展信息活动。信息作为一种力量,其最深厚的源泉是全体员工。全体员工通过工作本身产生信息、搜集信息、处理信息、使用信息和传递信息,员工既是信息源,又是信息流。

四、谈判信息搜集的手段

国际商务谈判的调查工作应该坚持长期一贯性,企业应该不间断地搜集各种信息,为制定战略目标提供可靠依据;同时,面对某一具体谈判,又要有针对性地调查具体情况。调查要寻求多种信息渠道和调查方法,使调查的结果全面、真实、准确地反映现实情况。

(一) 信息搜集的渠道

1. 印刷媒体

印刷媒体渠道主要是指通过报纸、杂志、内部刊物和专业书籍中登载的消息、图表、数字、照片来获取信息。这个渠道可提供比较丰富的各种环境信息、竞争对手信息和市场行情信息,以及比较详细而准确的综合信息。

2. 电脑网络

电脑网络是 21 世纪非常重要的获取资料的渠道。在电脑网络上可以方便快捷地查阅国内外许多公司信息、产品信息、市场信息以及其他多种信息。

3. 电波媒介

电波媒介渠道指通过广播、电视播发的有关新闻资料,如政治新闻、经济动态、市场行情、广告等获取有价值的信息。其优点是迅速、准确、现场感强,缺点是信息转瞬即逝,不易保存。

4. 统计资料

统计资料主要包括各国政府或国际组织的各类统计年鉴,也包括各银行组织、国际信息咨询公司、各大企业的统计数据和各类报表,特点是材料详尽,可提供大量原始数据。

5. 各种会议

这一渠道是指通过参加各种商品交易会、展览会、订货会、企业界联谊会、各种经济组织专题研讨会来获取资料,特点是信息非常及时,要善于从中捕捉有价值的东西。

6. 各种专门机构

各种专门机构包括商务部及政府各贸易相关机构,各类银行、进出口公司、本公司在国外的办事处、分公司,以及我国驻各国的使领馆等。

7. 知情人士

知情人士包括各类记者、公司的商务代理人,以及当地的华人、华侨、驻外使领馆人员、留学生等。

.(二) 信息搜集的方法

1. 访谈法

调查者直接面对访问对象进行问答,包括个别对象采访,也包括召集多人举行座谈。在访谈之前,应准备好一份调查提纲,有针对性地设计一些问题。访谈对象回答问题可录音或记录,以便事后整理分析。这种方法的特点是可以有针对性地抽样选择访谈对象,可以直接感受到对方的态度、心情。

2. 问卷法

调查者事先印刷好问卷,发放给相关人士,填写好以后搜集上来进行分析。问卷的设计要讲究科学性和针对性,既有封闭式问题,又要有开放式问题。这种方法的优点是可以广泛地搜集相关信息,有利于实现调查者的主导意向,易于整理分析,难点在于如何调动被调查者填写问卷的积极性以及保证填写内容的真实性。

3. 文献法

文献法又称检索调查法,是一种简洁的市场调查法,是谈判人员对现有的各种信息资料进行搜索、分析和研究,调查了解谈判对手的方法。这种调查方法的信息资料来源较多,主要有以下几种:

(1)统计资料,主要包括中国、对方国家及国际组织的各类统计月刊或统计年鉴,以及各国有关地方政策的各类月刊或年鉴。

（2）可以从公开出版的报纸、杂志、书籍中搜集，如中国的《国际商务研究》《国际经贸消息》《外贸调研》等杂志都刊登有与贸易谈判活动有关的资料。

（3）各专门机构的资料，如政府机关、金融机构、市场信息咨询中心、对外贸易机构等提供的资料。

（4）可以从未公开的各种资料、文件、报告中搜集，如企业内部存储的信息资料、谈判对手提供或发行的资料（谈判对手的商品目录、报价单、企业简介），以及介绍谈判对手情况的报刊书籍等文献。经验证明，有时只是一句话、一张照片或一条信息，都可以成为谈判的重要线索或信息。这种调查方法投资少，见效快，简便易行，所以是进行国际商务谈判调查工作首选的方法。文献法的特点是可以搜集到比较权威、比较准确的信息，但是要注意信息是否陈旧、过时。

4．电子媒体搜集法

电子媒体指电话、电脑、电视、广播等媒体。电子媒体搜集信息的作用越来越重要了，通过电子媒体搜集信息有许多优点：传播速度快，可以及时获取最新信息；传播范围广，可以毫不费力地搜集到各个国家的重要信息；表现力生动，电脑、电视媒体可以提供声音、图像、文件，提供真实的现场情景，尤其是电脑，储存的信息相当丰富。

5．实地调查法

实地调查法又称直接调查法，是指调查者亲临调查现场搜集动态信息。实地调查法有许多种形式，谈判人员可以向自己企业内部那些曾和对手有过交往的人员进行了解，也可以通过函电方式同谈判对手进行联系，而对于较重要的商务谈判，则可安排非正式的初步洽谈。安排这种预备性接洽不仅可以使我们有机会正面观察对方的意图以及原则、态度、风格，而且可以使对方对己方的诚意及观点有所了解，以此促进双方在平等、互利、互谅、互让的基础上进行通力合作。

实地调查法可以补充以上几种方法的不足，但是这种方法也有局限性。例如，受交通条件限制，有些现场不能亲自去观察；受观察者自身条件限制，观察难免不全面，也难免受主观意识的影响而带有偏见。

6．实验法

实验法即对调研内容进行现场实验的方法，如通过商务活动的方式运转，商品试销、试购，谈判模拟等方法来搜集事物动态信息。这种方法比观察法又进一步，可以发现一些在静态时不易发觉的新信息。

五、谈判信息的处理

（一）信息资料的整理与分类

信息资料的整理与分类一般分为五个步骤。

1．对资料的评价

对资料的评价是资料整理的第一步。现实中，搜集的各种资料的重要程度各不相同，有些可以马上使用，有的到后来才派上用场，而有些资料可能自始至终都不会被采用。如果把

搜集的资料不加区别地积存起来,便会使资料的使用十分困难,因此,必须首先对搜集到的资料进行鉴别和分析,剔除不真实的信息、不能有足够证据证明的信息以及带有较多主观臆断色彩的信息,保存那些可靠的、有可比性的信息,避免造成错误的判断和决策。只有这样,才能为资料的筛选打好基础。

2. 对资料的筛选

对于好不容易搜集到的资料,人们往往不愿意将其舍弃,这是可以理解的。但是,如果把不需要的或用处微小的资料全部保留,既不便于查找有用的信息资料,又因其占用空间而耗费大量的费用。因此,应对搜集起来的资料不断地进行清理。资料的筛选大体上采用以下几种方法:

(1)查重点。查重点是筛选信息资料最简单的方法,目的是剔除重复资料,筛选出有用的信息资料。当然,不完全排除重复,只要不是完全相同的,重要资料可以保存一部分。

(2)时序法。时序法即逐一分析按时间顺序排列的信息资料,在同一时期内,较新的保留,较旧的舍弃,这样才能使信息资料在时效上更有价值。

(3)类比法。类比法是将信息资料按市场营销业务或按空间、地区、产品层次分类对比,接近实质的保留,其余的舍弃。

(4)评估法。评估法需要信息资料搜集人员有比较扎实的市场学专业知识,即对自己所熟悉的业务范围,仅凭市场信息资料的题目就可以决定取舍。

3. 对资料的分类

要在已经证明资料可靠性的基础上将资料进行归纳和分类。将原始资料按时间顺序、问题性质、反映问题角度等要求分门别类地排列成序,以便于更明确地反映问题的各个侧面和整体面貌。分类的方法大致有以下两种:

(1)项目分类法。项目分类法可以和工作相联系,按不同的使用目的来分类,如可以分为商务开发资料、销售计划资料、市场预测资料等,或按谈判的必备资料分为市场信息资料、技术信息资料、金融信息资料、交易对象的情况资料、有关政策法规等。还可以根据资料的内容,按不同性质来分,如可以根据不同产业或经营项目进行分类,产业又可以细分为粮油产品、五金产品、纺织产品、机械设备产品等。

(2)从大到小分类法。从大到小分类法即从设定大的分类项目开始,大项目数最好不要超过10项,经过一段时间的使用后,若觉得有必要再细分时,可以把大项目再进行细分,但不要分得太细,以免出现重复。以上两种分类法,可以根据工作的需要结合起来使用,一般是以前者作为基本分类法,再将后者渗透进去。

4. 写出背景调查报告

对提出的问题作出正确的判断和结论,写出调查报告。调查报告是调查工作的最终成果,对谈判有直接的指导作用。调查报告要有充足的事实、准确的数据,还要有对谈判工作起指导作用的初步结论。调查报告中可用图形、表格形式,资料较多的话可采用附录形式列出。

5. 对资料的保存

把分好类的资料妥善地保存起来,即使是经常使用的资料也不要随便放置,要与分类相

适应,放到专门的资料架或卡片箱中,以便随时查找该类资料或加放同类资料。

（二）信息资料的交流与传递

商务谈判信息搜集、分析、加工整理的根本目的是在谈判时使用准确的信息,以达到最终的谈判目的。信息的利用过程涉及信息的传递和信息的管理问题,而商务谈判信息的传递时机、传递场合和传递方式对如何把需要的谈判信息在己方谈判者之间有效地传递,如何把需要告诉对方的信息准确地传达给对方等都会有一定的制约和影响作用,同时,信息的传递时机、场合和方式,本身就是相互制约和相互影响的。因此,只有根据谈判活动的条件和需要,使三者实现最佳的结合,才能使谈判信息的传递产生最佳效果。

1. 商务谈判信息传递的时机

谈判信息的传递时机是指谈判者在充分考虑谈判各方的相互关系、谈判环境条件、谈判信息传递方式的情况下,确定并能把握积极调动相关人员接受和理解谈判信息的最佳时间。谈判信息的传递时机把握得是否恰当,极大地影响着谈判信息的传递效果。因此,谈判者可以通过以下的设问来判断谈判信息传递的时机是否恰当:

（1）此信息是否非此时传递不可? 可否换个时间?

（2）信息传出后,对方的反应可能如何? 后果如何?

（3）你希望的效果是什么? 能否达到?

（4）你对预期后果是否有准备或者有应对策略?

2. 商务谈判信息传递的场合

谈判信息的传递场合是指谈判信息进行传递的现场或氛围。在不同的环境氛围中,相同的信息会因现场的环境条件、在场人员及其心情等的不同而传递效果不一样,从而影响信息交流。谈判者在传递信息时,应对自己提出如下问题,以明确谈判信息传递场合是否合理:

（1）选择谈判场上传递信息,还是在其他场合传递? 在公开场合传递好,还是在私下场合传递好? 如果对方与己方私交较深,较为灵活,可选择私下传递信息方式。

（2）如果己方对相互关系、环境条件、各种意外因素都考虑得比较周全,而与对方无私交时,可选择公开传递信息的方式。

（3）是谈判者亲自出面传递信息,还是依靠其他人传递信息? 一般来说,自己亲自出面传递信息的可靠程度较高。

（4）如果依靠其他人传递信息,你考虑使用谁?

（5）传递信息之前,你打算营造一个怎样的氛围?

3. 商务谈判信息传递的方式

谈判信息的传递渠道可以用书面(包括电子邮件),也可以用口头方式。传递渠道不同,信息的失真程度不同。除此之外,在书面谈判时,信息失真程度的大小也和谈判人的写作水平、写作风格和写作方式有关;在面对面的谈判过程中,信息失真程度的大小也和谈判者采用的讲话方式有关。

无论是写作方式还是谈话方式,从表达己方条件、要求、立场、观点、态度、打算等信息的

明确程度来说,又可以把谈判信息的传递方式分为明示、暗示和意会三种方式。

(1) 明示。明示是指谈判者在适当的时机和恰当的场合,明确地说出谈判的条件、要求,阐明谈判的立场、观点,表明自己的态度、打算。明示具有直截了当、较少发生歧义的特点,但有时过分明了的说法可能会给对方以强硬、傲慢的感觉,还可能由此引发矛盾,但明示是不可缺少的。

(2) 暗示。暗示是指谈判者在适当的时机和恰当的场合,用含蓄的、间接的方法向对方表示自己的意图、要求、条件、立场等。暗示是明示的一种补充,尤其是在谈判各方态度不明朗的情况下,暗示是一种极好的信息传递方式,具有一定的试探性,它可以避免不必要的直接对抗,传递出在明示条件下无法传递的谈判信息。一般来说,采用暗示方式比采用明示方式给谈判信息发出者留出的灵活余地要大些。从心理学角度看,谈判者采用暗示方式传递谈判信息还能有效地影响对方的心理活动,达到较好的效果。

(3) 意会。意会是既不同于明示又不同于暗示的一种特殊的谈判信息传递方式。它是谈判信息的发出者与谈判者早已有了信息交流的准备,早已就信息传递的渠道达成了某种默契,为了避免直接明示或暗示给各自带来的不利影响,同时也为了避免信息泄露而采取的一种较为谨慎的谈判信息的传递方式。

意会在传递谈判信息方面有着特殊的作用。意会不像明示那样直截了当,因此,当谈判各方传出或接收的信息彼此矛盾或尖锐对立时,不会在面子上引起相互关系的紧张;意会也不像暗示那样含蓄,采用意会方式传递给对方的信息都是明白无误的,它不会引起像暗示那样因为含蓄而产生的理解障碍甚至肢解含义。但需注意的是,意会也极有可能成为无效的信息传递方式。这主要取决于人们对信息传递效果的理解、体会、推断及社会生活经验,取决于人们对意会的积极或消极态度。例如,当谈判信息交流的双方即使能够意会出彼此传递信息的全部含义,而双方或某一方若根据自身的社会生活经验,预感到后果对自身不利时,就可能采取消极的态度,不予意会。

(三) 商务谈判信息的传递和保密

1. 资料的传递

商务谈判信息资料的传递是指谈判者同己方企业的联系。在外地谈判的情况下,为了保持联系,进行有效的控制调节,上下级之间应有信息资料的传递。例如,在国外的谈判小组因为需要听取有关专家意见或请示总部决策,就有必要同国内取得联系,而国内的管理部门因为需要及时了解国外谈判进程,必须同在国外的谈判小组联系。为此,应事先规定好联络方式和制度,并明确联络程序、责任人,以便迅速顺利地汇报谈判情况,请示下一步行动,避免推诿以致丧失商机。

2. 资料的保密

商务信息传递的保密直接关系到国家安全及公司的谈判成功与否,而谈判信息保密的程度又与传递的范围大小、传递的环节多少有直接关系,因此在不同的谈判场合要采取不同的保密措施。

(1) 在客场谈判的情况下,谈判小组必须与管理层进行联系时,应该采取必要的保密措施。一是凡电报、电传一律自己去发,不要轻信旅馆的服务员、电话总机员。让他们去帮你发电报或电传,往往会造成出卖商业情报的机会,同时容易泄露机密。二是运用暗语进行通信联络。电话、电报、电传有时会被对方或其他竞争对手窃取而失密。因此,对那些在政治上属于敏感性的问题,或者是商业上的机密内容,应该运用暗语来传递,这样安全性较高。需要强调的是,不论使用何种密码语言,都应该使用自己的人来翻译,而不要弄巧成拙,造成误解。因此,应事先将密码暗语的代号及翻译方法对联络的双方交代清楚。

(2)谈判小组内部信息传递的保密。在谈判桌上,如确有必要进行内部信息传递和交流,应该尽可能采用暗语的形式,或者通过事先约定的某些动作或姿态来进行,或者到谈判现场以外的地方进行商量,以求保密。

(3)谈判人员应该养成的保密习惯。① 不要在公共场所,如车厢里、出租汽车内及旅馆过道等处谈论业务问题。这种地方谈话很容易被人偷听。② 在谈判休息时,不要将谈判文件资料留在谈判室里,要养成资料随身携带的习惯。如果实在无法带走,就要保证自己第一个再次进入谈判室。③ 如果自己能解决的话,尽量不要叫对方复印文件、打字等。如果迫不得已,也要在自己一方人员的监督下完成,而不要让对方单独去做。④ 不要将自己的谈判方案暴露于谈判桌上,特别是印有数字的文件。因为对方可能是一个训练有素的倒读能手。⑤ 在谈判中用过而又废弃的文件、资料、纸片不要随便乱丢。对方一旦得到,即可以跟踪你的谈判思想。⑥ 不要向对方透露己方准备何时回国,预订机票等工作应回避对方。因为一旦掌握了这个信息,对方就可以有针对性地调整和安排谈判的日程与谈判的战术策略,从而给己方谈判带来不便。⑦ 不要向对方说明己方的谈判日程安排,防止对方利用己方的有限时间来向己方施加压力。

第三节　国际商务谈判的准备

准备阶段是谈判过程的初始阶段,包括在对交易内容进行可行性调查研究的基础上,确定谈判主题,明确谈判要点,挑选谈判者,草拟谈判方案和制定谈判措施等。

一、谈判计划的特点

谈判计划是谈判前预先对谈判目标、谈判方略和相关事项所做的设想及其书面安排,它既是谈判前各项主要准备工作的提纲挈领,又是正式谈判阶段的行动指南。

1. 合理性

商务谈判计划要有一定的合理性,必须建立在周密细致的调查和准确科学分析的基础之上,真正体现出企业的根本利益和发展战略,并能对谈判者起到纲领性的指导作用。谈判计划的合理性要考虑以下几方面问题:

(1)合理只能是相对合理,而不能做到绝对合理。在现实中,任何一个可行方案都难以达到绝对合理的要求。这是由于制订计划前所掌握的资料和各类信息不可能绝对准确和全面,对社会环境、经济环境、谈判对手的评价和预测不可能绝对正确,没有失误,谈判过程中会受偶然因素的影响,会出现意外的变化,谈判人员思想水平、认识能力也有一定的局限性,所以很难制订出一个绝对合理的谈判计划,所谓谈判计划的合理性只能是一个相对概念。

（2）合理是一个应从理性角度把握的概念。任何谈判都不可能追求十全十美，也不容易达到最满意的目标。幻想没有任何妥协和让步就获得全盘胜利是不现实的。谈判不能以最理想的方案作为目标，而只能以比较令人满意的目标作为评估标准。如果符合国家大政方针，符合企业根本利益，有利于企业长远合作和发展，满足谈判实践的要求，能够在确实可接受的最低限度的基础上，实现预期目标值，这就是一个合理的计划。

（3）合理是谈判双方都能接受的合理。谈判计划虽然是己方人员制订给自己人看的，但是这个计划应该是和对方进行过多次接触和交流之后，双方在一些关键性问题上达成共识之后制订的，因此它的合理性已经渗入对方的意愿。而且计划目标能否实现，谈判策略能否奏效，让步幅度是否合适等，这些必然受到对方态度的影响。只顾己方利益和条件，不考虑对方各种因素，这个计划的合理性是没有可靠保证的。

2．实用性

商务谈判计划内容力求简明扼要、具体清楚，要尽量使谈判人员很容易记住谈判的主要内容和基本原则。涉及的概念、原则、方法、数字、目标一定要明确，不能因为概念含糊不清而导致理解上的混乱。计划内容还要做到具体，不能过于空泛和抽象，不要有过多的夸张、描绘、情感语言，内容具体才便于在谈判中操作运用。

3．灵活性

谈判过程中各种情况都可能发生突然变化，要使谈判人员在复杂多变的形势中取得比较理想的结果，就必须使谈判计划具有一定的灵活性。谈判人员在不违背根本原则的情况下，根据情况的变化，在权限允许的范围内灵活处理有关问题，才能取得较为有利的谈判结果。谈判计划的灵活性表现在有几个可供选择的目标，可以根据实际情况选择某一种方案，指标有上下浮动的余地，还要把可能发生的情况考虑在计划中，如果情况变动较大，原计划不适合，可以实施第二套备用计划。

二、谈判计划的制订过程

（一）确定谈判主题

主题是谈判的基本目的，也是谈判的核心。整个谈判活动都要围绕主题进行，都要表现出为主题服务。

主题必须简单明了，最好能用一句话就可以具体体现出来，如商品交易谈判主题可确定为"与德国××公司洽谈 DF－6 型号机床引进项目"。如果是选择贸易方式的谈判，主题可为"以优惠条件确定××公司中国产品在日本市场上的代理商"。在外事争端中，它可以是"以友好的方式解决己方出口大米索赔一案"。谈判的主题要简洁、明确、具体。它不仅要包括谈判的主要内容，而且还要有利于己方谈判人员掌握、阐述。当然，主题不是一成不变的。随着准备工作的进展，讨论分析的深化，谈判的主题也需要不断提炼使其精确，以便更好地起到提纲挈领的作用。

（二）确定谈判目标

谈判目标是谈判的方向和要达到的目的，简而言之，是指期望值和期望水平。任何一种谈判都应以目标的实现为导向。因此,谈判的准备工作之一就在于确定目标。

1. 谈判目标的内容

(1)确定为获得所要的东西而应付出的目标,或者说目标价格。这一价格应当是为获得所要的东西能合理付给的那个价格。注意,这里的价格一词用的是它的通义,即用以换回一物的物。

(2)确定可接受的谈判极限。首先应当确定哪个是可以接受的、己方利益最小的报盘。若是超过了它,就可以甩手走了。与此同时,还应当对可能获得的最佳报盘做到心中有数。

(3)确定为达成协议可以作出哪些让步,并尽量按先后顺序把它们排列起来。如有可能,确定为获得对方的让步,可以放弃些什么。放弃些什么并不真的是让步,那只是可以置于己方的报盘中,并当作让步来对待的那些内容。

(4)指示达成协议应有怎样的时间限制。这包括考虑对方可能有怎样的时间限制。

(5)找出有哪些足以决定谈判成败的来自外界影响的因素。

(6)估计对方可能提出哪些虚假话题,并且考虑如何来克服这些障碍。

(7)考虑当谈判陷入僵局时,可以提出哪些有创造性的建议。

(8)决定应当有哪些人参与谈判。这不仅仅指谈判小组代表团成员,也包括那些顾问,如会计师、律师,因为如果涉及一些专业性很强的内容时,可以即时向他们提出咨询。

(9)确定初谈不成时,可以提出哪些不同方案。

显然,不是每次谈判都要制订这样一个详细的谈判计划,但事前做些准备,会防止你在遇到意外情况时出错。谈判者还应特别注意,在谈判正式开始后,随着谈判的进展,谈判者还需不断地评估和调整目标。

2. 设定谈判目标层次

谈判目标是指谈判要达到的具体目标,它指明谈判的方向和要求达到的目的、企业对本次谈判的期望水平。商务谈判的目标主要是以满意的条件达成一笔交易,确定正确的谈判目标是保证谈判成功的基础。谈判目标一般分为三个层次:

(1)第一层次是上限目标,也称理想目标,即在谈判过程中力求实现的最高目标。在实际的谈判活动中,谈判一方的上限目标一般是单方面的可望而不可即的理想点,很少有实现的可能。谈判人员应充分发挥个人的才智,在最低目标和最高目标之间争取尽可能多的利益,但在理想目标难以实现时是可以放弃的。

(2)第二层次是中限目标,即在谈判中争取得到的次佳结果,也称可接受目标,体现利益的一般期望水平。可以接受的目标是谈判人员根据各种主客观因素,经过对谈判对手的全面评价,对企业利益的全面考虑、科学论证后所确定的目标。这个目标是一个可接受的范围,即己方可努力争取或作出让步的范围。谈判中的讨价还价就是在争取实现可接受目标,所以可接受目标的实现,往往意味着谈判取得成功。

(3)第三层次是下限目标,也称最低目标,是在谈判中必保的目标,即谈判结果低于这个界限时,自己的基本利益就无法得到满足。下限目标是谈判者根据自身主观和客观的多种因素,合理制定的最低利益标准。下限目标的确定,不仅可以为谈判者创造良好的应变心理和思想准备,还为谈判双方提供了可供选择的突破方案和成功契机。

假如在公司的某次谈判中以出售价格为谈判目标,则以上三种目标可用下例加以表述:① 最高目标是每台售价 1 400 元。② 最低目标是每台售价 800 元。③ 可以接受并争取的价格是 800～1 400 元。

3. 确定谈判目标的注意事项

谈判目标的确定是一个非常关键的工作,确定谈判目标时应注意以下几个问题:

(1) 应当遵循实用性、合理性的要求,来确定谈判的各个目标层次。所谓实用性,就是指谈判双方要根据自身的实力与条件来制定切实可行的谈判目标,不能盲目乐观地将全部精力放在争取最高期望目标上,而很少考虑谈判过程中会出现的种种困难,离开了这一点,任何谈判的协议结果都不能付诸实施。所谓合理性,包括谈判目标的时限合理性和空间合理性。

(2) 谈判目标还应符合协调性的要求。各项具体目标之间应该是协调一致的,而不是相互矛盾、相互抵触的。谈判目标要有一点弹性,定出上、中、下限目标,根据谈判实际情况随机应变、调整目标。所谓最高期望目标不仅有一个,可能同时有几个目标,在这种情况下,就要将各个目标进行排队,抓住最重要的目标努力实现,而其他次要目标则可让步,或降低要求。

(3) 谈判目标尽可能地量化。这样的目标才容易把握和核查,当然,并非所有目标都能量化,一些目标只能定性描述。

(4) 谈判目标要严格保密,尤其是下限目标要格外注意保密,这是商业机密。一旦疏忽大意透露出己方最低限度目标,就会使对方主动出击,使己方陷于被动。

(三) 拟定谈判要点

谈判的要点包括以下几方面:谈判内容、谈判议程、总结评价。

1. 谈判内容

谈判内容因交易项目而有所区别。因此,在谈判开始之前,应根据交易项目确定出谈判内容的主要方面,也就是合同的谈判条款。例如,石油公司谈判,双方必须磋商商品品质、数量、交货期限、价格、付款、运输、保险、索赔等条款。如果是工程项目谈判,磋商的条款就要集中讨论规格、检验、价格、交货、付款、置留权、承包服务等内容。

在确定谈判应磋商的具体条款的同时,还应考虑每一条款应按什么样的标准达成协议及对方可能提出的要求和作出的让步,而己方能在哪些问题上让步,哪些不能让步。把所要确定条款的要求标准同己方战略决策及制定的标准联系起来,列出比较详细的提纲。

谈判内容的确定,不仅要在企业决策层进行认真的协商讨论,而且还要有谈判小组的主要成员参与。有些条款的目标应让每一个谈判小组成员都清楚,以使大家同心协力,达到既定目标。

2. 谈判议程

谈判议程主要是指谈判的议事日程。谈判的议程是决定谈判效率高低的重要因素,因此谈判者必须对谈判的全过程给予认真考虑,做到统筹兼顾。

(1) 确定谈判议题。所谓谈判议题,就是谈判双方提出和讨论的各种问题。确定谈判

议题首先须明确己方要提出哪些问题,要讨论哪些问题。要把所有问题全盘进行比较和分析:哪些问题是主要议题,要列入重点讨论范围;哪些问题是非重点问题;哪些问题可以忽略。这些问题之间是什么关系,在逻辑上又有什么联系。还要预测对方会提出什么问题,哪些问题是己方必须认真对待、全力以赴去解决的。哪些问题可以根据情况作出让步,哪些问题可以不予讨论。

(2)谈判议程的阶段。谈判议程包括探测阶段、报价阶段、还价阶段和合同签订阶段。其中探测阶段是谈判双方在正式开始商讨合同条款之前,互相推测对方意图,了解对方特点和风俗的阶段。这一阶段,双方费时不多,有经验的老练谈判人员会很快进入实质性的谈判阶段。这里的报价仅局限于一方或双方向对方提出自己的价格,它的含义是广泛的,泛指谈判一方提出的所有要求。还价不是指狭义上的就价论价、讨价还价,它泛指双方为己方利益而争执的各种手段的使用。这一阶段费时较长。经过讨价还价后,双方就主要问题取得了大体上一致的意见,同意签约。合同是交易双方为明确双方的权利和义务,以书面形式将其确定下来的协议。合同一经签订,就具有法律效力,因此,谈判双方在签约时要十分仔细慎重。

议事日程的安排确定,要同谈判这几个发展阶段相结合,还价阶段和合同签订阶段十分重要,必须留有充分的时间,以供双方讨论协商。同时,还要确定在谈判每一阶段告一段落时休会的时间、娱乐的时间等。

在拟定议事日程时,还要注意两个问题:一是它的互利性,不仅要符合己方的需要,也要兼顾对方的实际利益和习惯做法;二是它的伸缩性,日程安排不能太死板,不能一点调整的余地都没有。否则,一旦出现问题,将手忙脚乱,陷于被动。最后一点是,许多谈判人员对制订议程很重视,但在执行时却流于形式,使议程仅限于印好的表格或文字,这是不应该的。

(3)谈判议程的安排。在谈判中,谈判的进程、谈判内容的商榷要围绕着事先拟定的谈判日程进展。要把谈判的议程与谈判主题、谈判要点紧密结合起来。谈判的议程有以下几种安排:先易后难的安排,即将谈判中双方可能不易达成协议的议题放置后面,而先从双方已经有一定共识的问题开始谈起。先由小到大讨论问题,容易创造友好的谈判气氛。先难后易的安排,与上一种安排恰恰相反,这种安排有助于集中时间和精力解决重点问题。要避免对方在枝节问题上纠缠不休。混合型的安排,即难易议题交错,这种安排有利于调节谈判气氛,增进谈判者解决问题的信心。

一般来说,在国际商务谈判中,有争议的问题不宜放在最开始,因为这样做很可能破坏整个谈判过程的气氛,也不宜放在最后,因为这又可能由于谈判时间不充裕而影响问题的解决,甚至妨碍今后的合作或谈判。常见的安排是将有争议的问题放在谈成几个问题之后,而最后再安排一到两个较易达成的问题。结束前应对双方都满意的问题给予简单热情的总结性陈述。

当然,议程的安排与讨论方式并不就是绝对如此。在实践中,也有一些谈判人员不分重要问题与次要问题,先把彼此可能达成协议的条件提出来,然后再在分歧的问题上争取彼此的让步,寻求妥协。

3. 总结评价

这里的总结是指每当谈判告一阶段时,谈判人员应抽出时间,对所谈的内容进行回顾、

总结、评论。明确我方在哪些问题上取得了进展，所采取的策略、方法是否对头，效果如何，外界有什么新变化，原先的方案是否需要修改，是否需要调整人员等。这样，就可以及时总结经验教训，提出新对策，掌握谈判的主动权。

三、组建谈判小组

一般谈判是通过谈判小组进行的（特别是大型谈判或内容重要的谈判），所以，正确选配小组成员是十分重要的。

谈判小组人员的选配，主要应根据谈判的具体内容，所需要的知识、信息，以及谈判人员的相互配合来考虑、确定。

谈判小组的人选应从以下几个方面考虑：谈判小组领导人、主要成员、专业人员、临时人员和后援人员。

谈判小组领导人是小组的核心，他对谈判中的决策、重要策略的实施负有主要责任，同时负责协调谈判小组成员的关系。

主要成员一般担任谈判中主要发言人的任务，他也要了解把握洽谈的全部情况，能够很好地领会和贯彻己方决策人的意图，他是谈判小组的核心成员，一般由项目负责人或部门负责人担任。

专业人员是指专业技术人员。谈判是内容复杂、涉及多方面知识和专业技术的活动，需要配备专门的技术人员。例如，引进技术、设备谈判，需要有关的专家或技术人员出席；借贷资金谈判，需要金融专家、会计师出席等。在国际商务谈判中还要配备专门的翻译。翻译作为联结各方的桥梁常常成为谈判的中心人物，发挥着重要的纽带作用。

谈判在某一环节出现问题时，需要某些临时人员参与谈判。如处理谈判纠纷时，需要律师澄清法律上的问题；涉及技术问题时，需要资料员提供某方面的资料等。后援人员是企业的后备力量。大型、较复杂的谈判活动，后援人员是十分必要的，后援人员既可在必要时参加谈判小组，也可在谈判出现问题时，替换谈判小组成员。

第四节　模　拟　谈　判

模拟谈判是正式谈判前的彩排。为了更直观地预见谈判前景，对重要的谈判、难度较大的谈判，可以采取模拟谈判的方法来改进与完善谈判的策划工作。模拟谈判是通过特定的情景设计、角色扮演，进行谈判临场的模拟。它是将谈判班子的全体成员分为两部分：一部分人员扮演对方角色，模拟对方的立场、观点和风格，另一部分与己方人员对阵，预演谈判过程。

举行模拟谈判，是进行整个商务谈判准备工作的一种有效方法，通过特定的情景设计和谈判预演，不仅可以使己方谈判人员注意到那些原本被忽略或被轻视的重要问题，而且通过站在对方角度进行思考，可以使己方在谈判策略设计方面显得更加灵活而有针对性。同时，也将丰富己方在消除双方分歧方面的建设性思路，进一步完善谈判方案，提高己方谈判人员的心理素质。谈判者事先扮演角色，不只是一两次，而是多次。利用不同的人扮演对手这个角色，提出各种他所能想象得出的问题，让这些问题来难为自己，在为难之中，做好一切准备工作。

一、模拟谈判的作用

(一) 模拟谈判的必要性

1. 发挥团队精神

模拟谈判能使谈判者获得一次临场的操练与实践,经过操练达到磨合队伍、锻炼和提高己方协同作战能力的目的。

2. 客观地分析自己

在模拟谈判中,通过相互扮演角色会暴露己方的弱点和一些可能被忽略的问题,以便及时找到出现失误的环节及原因,使谈判的准备工作更具有针对性。模拟谈判的对手是自己的人员,对自己的情况十分了解,这时站在对手的立场上提问题,有利于发现谈判方案中的错误,并且能预测对方可能从哪些方面提出问题,以便事先拟定出相应的对策。对于谈判者来说,能有机会站在对方的立场上进行换位思考,是大有好处的。正如美国著名企业家维克多金姆说的那样:任何成功的谈判,从一开始就必须站在对方的立场来看问题。这样,角色的扮演不但能使谈判者了解对方,也能使谈判者了解自己,因为它给谈判者提供了客观分析自我的机会,注意到一些容易忽视的失误。例如,在与外国人谈判时使用过多的本国俚语、面部表情缺乏涵养、争辩的观点含糊不清等。

3. 增强谈判方案的有效性

谈判方案是在谈判小组负责人的主持下,由谈判小组成员具体制订的。它是对未来将要发生的正式谈判的预计,这本身就不可能完全反映出正式谈判中出现的一些意外事情。同时,谈判者受到知识、经验、思维方式以及考虑问题的立场、角度等因素的局限,谈判方案的制订就难免会有不足之处和漏洞。事实上,谈判方案是否完善,只有在正式谈判中方能得到真正检验,但这毕竟是一种事后检验,往往发现问题时已为时已晚。

4. 检验谈判方案的可行性

模拟谈判是对实际正式谈判的模拟,与正式谈判比较接近,因此,它能够较为全面严格地检验谈判方案是否切实可行,发现谈判方案存在的问题和不足,及时修正和调整谈判方案,使其更具实用性和有效性。

5. 训练和提高谈判能力

通过模拟谈判,使谈判者在相互扮演中找到自己所充当角色的比较真实的感觉,可以训练和提高谈判者的应变能力,为临场发挥做好心理准备。模拟谈判可以使谈判者获得实际性的经验,提高应对各种困难的能力。很多成功谈判的案例和心理学研究成果都表明,正确的想象练习不仅能够提高谈判者的独立分析能力,而且在心理准备、心理承受、临场发挥等方面都是很有益处的。在模拟谈判中,谈判者可以一次又一次地扮演自己,甚至扮演对手,从而熟悉实际谈判中的各个环节。

(二) 模拟谈判的任务

模拟商务谈判的目的是为了检验本方谈判的各项准备工作是否到位,谈判各项安排是

否妥当,谈判的计划方案是否合理等问题。寻找本方被忽略的环节,发现本方的优势和劣势,从而提出如何加强和发挥优势、弥补或掩盖劣势的策略,并准备各种应变对策。在模拟谈判中,须对各种可能发生的变化进行预测,并在此基础上制定各种相应的对策。

具体的任务有:

(1) 对模拟项目的策划规划。

(2) 对所谈项目的深入调研。

(3) 对所谈项目专业知识的学习。

(4) 小组之间的分工和协作。

(5) 谈判流程、策略及相关知识。

(6) 沟通技巧的应用。

(7) 商务谈判礼仪。

在以上工作的基础上,制定出谈判小组合作的最佳组合及其策略等。

二、模拟谈判的方法

(一) 沙龙式模拟

沙龙式模拟(salon-type simulation)是把谈判者聚集在一起,充分讨论,自由发表意见,共同想象谈判全过程。沙龙式模拟分为两步:

第一步,企业组织参加谈判的人员和一些其他相关人员召开讨论会,请他们根据自己的经验,对企业在本次谈判中谋求的利益、对方的基本目标、对方可能采取的策略、己方的对策等问题畅所欲言。不管这些观点、见解如何标新立异,都不会有人指责,有关人员只是忠实地记录,再把会议情况上报领导,作为决策的参考。

第二步,请人针对谈判中种种可能发生的情况、对方可能提出的问题等提出疑问,由谈判组成员一一加以解答。

这种模拟的优点是利用人们的竞争心理,使谈判者充分发表意见,互相启发,共同提高谈判水平。谈判者的才干有了表现的机会,人人会开动脑筋,积极进行创造性思维,在集体思考的强制性刺激及压迫下,能产生出高水平的策略方法及谈判技巧。

(二) 实际排演

1. 列表模拟法

这是最简单的模拟方法,一般适用于小型的、常规性的谈判,具体操作过程是这样的:通过对应表格的形式,在表格的一方列出己方经济、科技、人员、策略等方面的优缺点和对方的目标及策略,另一方则相应罗列出己方针对这些问题在谈判中所应采取的措施。

2. 全景模拟法

这是指在想象谈判全过程的前提下,企业有关人员扮成不同的角色所进行的实战性模拟的谈判方法。这种方法一般适用于大型的、复杂的、关系到企业重大利益的谈判。

在采用全景模拟法时,应注意以下两点:

(1) 合理地想象谈判全过程。

（2）尽可能地扮演谈判中所有会出现的人物。这有两层含义：一是指对谈判中可能会出现的人物都有所考虑，要指派合适的人员对这些人的行为加以模仿；二是指主谈人员或其他在谈判中准备起重要作用的人员应扮演一下谈判中的每一个角色，包括自己、己方的顾问、对手和他们的顾问。

3.戏剧式模拟

戏剧式模拟是指在谈判前进行模拟谈判，它和想象谈判不同。想象谈判主要是谈判者个人或集体的思维活动。戏剧式模拟谈判是真实地进行演出，每个谈判者都在模拟谈判中扮演特定的角色，随着剧情发展，谈判全过程会一一展现在每个谈判者面前。根据拟定的不同假设，安排各种谈判场面，从而增强每个谈判者的实际谈判经验。通过戏剧式模拟，能够使谈判的准备更充分、更准确，能使每个谈判者找到自己在谈判中的最佳位置，能够为分析对方谈判动机、思考问题方法等提供机会，最终将有助于商务谈判的成功。

三、模拟谈判的方式

（一）组成谈判的实验小组

谈判的主体是人，模拟谈判小组的规模以 4 人左右为宜，并在小组中确定主谈人和辅谈人。所谓主谈人是谈判中的主要发言人，在谈判的某一阶段，或针对某一个议题，以他为主进行发言，阐述本方的立场和观点。相应的，处于辅助配合位置的谈判者，称为辅谈人。

主谈人应具有思维敏捷、深思熟虑、掌握谈判主动权、善于逻辑推理、帅才风度等特点。主谈人和辅谈人的地位并不是一成不变的，可根据谈判的进程轮流扮演。

谈判小组除了具有主谈人和辅谈人的分工，还要注意一定的专业知识结构，在此基础上分工协作，才能有效地完成谈判任务。商务谈判所需的专业知识大体包括以下几个方面：有关技术方面的知识；有关价格、支付条件、交货条件、风险、运输、海关等商务方面的知识；有关法律方面的知识；在国际商务谈判中，还需具备语言翻译方面的知识。在谈判进行的过程中所涉及的问题，由小组成员根据分工进行协商解决。

（二）实验小组制定各自的谈判计划表

各实验小组组成以后，在谈判之前应帮助他们制定各自的谈判计划表，作为小组成员的共同文件，以提供奋斗目标和工作指导，并供大家讨论。任何一份计划表都应包括以下所示各项内容：

（1）谈判内容。

（2）按各条重要性自上而下排列出我方希望谈判的议事项目和预估对方会提出的问题类型。

（3）有关谈判双方的情况信息掌握：过去的关系；谈判双方的倾向：倾向于共同解决问题的方式，还是讨价还价方式；有无第三方的影响。

（4）所需的其他重要信息能否在谈判之前获得，又是否仅能在谈判中取得。

（5）谈判策略，分别在优势下、劣势下和均势下的不同选择。

四、模拟谈判时应注意的问题

模拟谈判的效果如何，直接关系到企业在谈判中的实际表现，而要想使模拟谈判真正发

挥作用,就必须注意以下问题。

(一) 科学地作出假设

对客观环境的假设,所包含的内容最多,范围最大,它涉及人们日常生活中的环境、空间和时间。

对自身的假设,包括对自身心理素质准备状况的评估,对自身谈判能力的预测,对企业经济实力的考评和对谈判策略的评价等多项内容。

对对手的假设,主要是预计对方的谈判水平,对手可能会采用的策略,以及面对己方的策略对手如何反应等关键性问题。

为了确保假设的科学性,首先,应该让具有丰富谈判经验的人提出假设,相对而言,这些人的假设准确度较高,在实际谈判中发生的概率大;其次,假设的情况必须以事实为基础,所依据的事实越多、越全面,假设的精度也越高,假设切忌纯粹凭想象主观臆造;最后,己方应该认识到,再高明的谈判手提出的假设在谈判中也不会全部出现,而且这种假设归根结底只是一种推测,带有或然性,若是把或然奉为必然去指导行动,那就是冒险。

(二) 对参加模拟谈判的人员应有所选择

参加模拟谈判的人员应该是具有专门知识、经验和看法的人,而不是只有职务、地位或只会随声附和、举手赞成的老好人。一般而言,模拟谈判需要下列三种人员:知识型人员、预见型人员、求实型人员。

(三) 参加模拟谈判的人员应有较强的角色扮演能力

模拟谈判要求我方人员根据不同的情况扮演场上不同的人物,并从所扮演的人物心理出发,尽可能地模仿出他在某一特定场合下的所思所想、所作所为。

(四) 模拟谈判结束后要及时进行总结

模拟谈判的目的是总结经验,发现问题,弥补不足,完善方案。可以按照最初的计划表回答下列问题(仅是列举),如:

(1) 计划中有哪些预期的目标完成了? 哪些没有?

(2) 总战略中哪些是正确的? 哪些是错误的?

(3) 你的谈判策略是如何执行的?

(4) 你在这次模拟谈判中学到了哪些有用的东西?

在模拟谈判告一段落后,应及时、认真地回顾在谈判中己方人员的表现,如对对手策略的反应机敏程度、自身班子协调配合程度等一系列问题,以便为真正的谈判奠定良好的基础。

第五节　谈判时间、地点的选择

一、选择谈判的时间

谈判应重视对时间的选择,因为谈判时间的适当与否,对谈判的结果将产生直接的影响。

（一）时间的影响

在实质磋商阶段,时间因素的作用是非常大的,主要表现为两个方面:第一,从战略上看,具体规定谈判的时间将可能迫使谈判在有限的时间内及时地作出决策。一种情况是在谈判开始时已经规定了谈判时间,而且双方都对此了解;另一种情况是开始时未提出任何时间限制,但在谈判进行时,由一方单独提出时间限制。第二,从战术上说,由于有了时间限制,谈判必须在一个规定的期限内作出一些不可能撤销的决定,这将给谈判人员自身带来一定压力。同时,对方也会对己方谈判人员施加一定压力,这种压力本身也是一种战术。压力程度与所做决定的重要性、可供谈判的时间、故意拖延时间等因素联系在一起。

1. 所做决定的重要性

一般来说,谈判过程中作出的决定很重要,目标选择有可能出现失误,失误的后果会很严重。所以,谈判人员要千方百计地去论证决定。

2. 可供谈判的时间

这一点很明显,作出一项决策的时间越短,谈判者所受到的压力就越大。这种时间压力往往会产生种种不利的影响,比如,谈判者被迫在没有进行很好的总结回顾时就匆匆作出决定,这将面临忽略要点的风险。在这种情况下,要减轻压力带来的不利影响,减少失误风险,就必须让谈判者事先采取行动,即在时间压力起作用之前就采取措施。

3. 故意拖延时间

时间压力也可能来自对方故意延长谈判时间,这时往往摸不清对方的真实意图。这种情况通常在一个买方与两个或两个以上的卖方进行谈判时出现。卖方总想抓紧进行磋商,而买方则迟迟不愿作出任何肯定的答复,总是想办法拖延,一会儿推迟谈判,一会儿又要求重新报价。特别是卖主在国外进行谈判时,更会感到沮丧。此时,卖方由于不适应异国衣食住行,以及对国内事务的牵挂,容易焦急不安,使得谈判者有一种强烈愿望,尽快达成协议。此时,只要能达成协议,往往可以作出较大让步。

（二）选择谈判时间应注意的事项

在赴较远的地点谈判时,如外地、外国,应避免经过长途跋涉以后立即开始谈判。原则上应在较充分的休息后再进行谈判。

尽量避免安排在用餐时间谈判。因为,用餐地点如在公共场合,谈判是不适宜的。如果实在避免不了在用餐时谈判,如吃工作餐,边吃边谈,则应注意:一是进食要有节制,不宜吃得太饱;二是饮酒要适量,一般不能超过自身酒量的三分之一。

当自己身体不适时,不宜安排谈判。注意生理时钟,避免安排在身心处于低潮时进行谈判。如有午饭后休息习惯的,要在午休后进行谈判。非工作日也不宜选为谈判时间,因为在心理上可能未进入工作状态。

二、选择谈判的地点

和谈判时间的选择一样,谈判地点的选择也是一个重要的技术性问题,它是影响最终谈

国际商务谈判

判结果不可忽视的因素。

（一）选择对己方有利的谈判地点

常言道：天时不如地利。选择一个对己方有利的谈判空间,诸如本公司的办公室、公司的所在地或者自己国家。这样的选择能使己方巧妙地利用以逸待劳法的谈判技巧,必然使自己在谈判中处于主动地位。这如同体育竞赛一样,在自己熟悉的场地进行,能促进比赛的获胜。因为,其一,无须去分心熟悉环境或适应环境,使自己专注于谈判。其二,在自己熟悉的场地谈判,一般人都比较审慎。因为如在自己的场地举行谈判失败,有损于自尊心。其三,由于气候、习俗、文化等环境的差异,对方在短时间内不能适应。在这种情况下谈判,对己方相对有利。

（二）选择环境优美、交通便利的谈判地点

巧妙地布置会谈场所,让谈判者有一种安全舒适、温暖可亲的心理感受,不仅能显示出己方热情、友好的诚恳态度,也能使对方对己方的诚恳"用心"深表谢意,这就为谈判营造出和谐的气氛,可促使谈判获得成功。

（三）选择谈判地点应注意的问题

若争取不到自己熟悉的场地谈判,应选择双方都不熟悉的地方来谈判,而不应选择在对手的根据地进行谈判。

谈判桌形一般有圆形和方形两种。圆桌适于双边和多边谈判,给人一种平等共处、交谈便捷的感觉。方桌适于双边谈判,双方面对面而坐无疑会增加谈判的严肃、正式的气氛。座次的排列要便于谈判各方信息的沟通和协调,还要突出各方的主谈人。

 本章小结

1. 在国际商务谈判前期,应备足基本物质条件并确保会务后勤工作的准备,以及谈判人员、资料、技术、心理的必要准备。

2. 根据一定的原则,在国际商务谈判前应搜集并整理相应的信息。

3. 设计国际商务谈判方案时,在确保合理性、实用性、灵活性的条件下,分别确定谈判主题、目标、要点和组建谈判小组。

4. 进行模拟谈判,可以实际排演,提前为谈判做好充分的准备。在模拟谈判时应注意科学假设、人员选择和及时进行总结。

5. 应注意谈判时间、地点的选择。

 思考与练习

一、单项选择题

1. 谈判准备过程中必须进行的情况分析是(　　)。

 A. 自身分析,市场分析   B. 自身分析,对手分析

 C. 市场分析,环境分析   D. 环境分析,对手分析

2. 商务信息最集中的机构是(　　)。

    A. 专业外贸公司　　B. 同行业企业　　　C. 使领馆　　　　　D. 银行

3. 谈判双方相互沟通的中介是(　　)。

    A. 谈判策略　　　　B. 谈判计划　　　　C. 谈判手段　　　　D. 谈判信息

4. 有关生产或经营同类产品的其他企业状况的信息属于(　　)。

    A. 社会环境信息　　B. 竞争对手信息　　C. 产品信息　　　　D. 本企业信息

二、多项选择题

1. 谈判对手的资料搜集主要有(　　)。

    A. 对手资信情况　　　　　　　　　B. 谈判双方实力

    C. 对手的谈判期限　　　　　　　　D. 贸易客商类型

    E. 对方谈判人数

2. 谈判方案的主要内容有(　　)。

    A. 确定谈判目标　　　　　　　　　B. 拟定谈判议程

    C. 安排谈判人员　　　　　　　　　D. 选择谈判地点

    E. 确定谈判时间

3. 对一个国家政治状况进行调查,主要包括(　　)等方面的调查。

    A. 对企业的管理程度　　　　　　　B. 经济的运行机制

    C. 国民生产总值　　　　　　　　　D. 政治背景

    E. 政府间的关系

4. 谈判议程的内容包括(　　)。

    A. 模拟谈判　　　　　　　　　　　B. 时间安排

    C. 确定谈判议题　　　　　　　　　D. 确定谈判人员

    E. 地点选择

5. 根据谈判中对知识的需求相应配备的谈判人员有(　　)。

    A. 技术人员　　　B. 商务人员　　　C. 法律人员　　　D. 翻译人员

    E. 记录人员

6. 谈判信息传递的基本方式有(　　)。

    A. 明示方式　　　B. 暗示方式　　　C. 广告方式　　　D. 意会方式

    E. 短信方式

7. 制定谈判方案的基本要求有(　　)。

    A. 简明扼要　　　B. 具体　　　　　C. 富有弹性　　　D. 明确

    E. 可操作性

三、名词解释

1. 沙龙式模拟　　　　　　　　　　　2. 戏剧模拟

四、简答题

1. 说明谈判物质条件准备的重要意义。

2. 商务谈判信息如何进行传递和保密?

3. 如何制定谈判的目标?

4. 如何进行模拟谈判?

5. 根据你对本章的理解,谈谈如何制定一个周密细致的谈判计划。

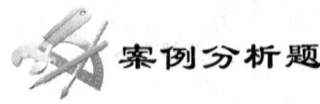案例分析题

控制谈判的节奏

美国一家公司的商务代表迈克到法国进行一场贸易谈判,受到法国人的热烈欢迎。法国人开着小车到机场迎接,然后,又把他安排在一家豪华宾馆。迈克有一种宾至如归的感觉,觉得法国人的服务够棒。安排好之后,法国人似乎无意地问:"您是不是要准时搭飞机回国呢? 到时我们仍然安排这辆轿车送您去飞机场。"迈克点了点头,并告诉了对方自己回程的日期,以便对方尽早安排。

法国人掌握了迈克谈判的最后期限,只有 10 天的时间。接下来,法方先安排迈克游览法国的风景区,丝毫不提谈判的事。直到第七天,才安排谈判,但也只是泛泛地谈了一些无关紧要的问题。第八天重新开始谈判,也是草草收场。第九天仍没有实质性进展。第十天,双方正谈到关键问题上,来接迈克上机场的小车来了,主人建议剩下的问题在车上谈。迈克进退维谷,如果不尽快作出决定,那就要白跑这一趟,如果不讨价还价,似乎又不甘心。权衡利弊,为了不至于一无所获,只好答应法方一切条件。

案例来源:高铁军.卡耐基口才学[M].北京:北京燕山出版社,2008.

分析:

(1) 法国人获悉迈克的返程日期时,运用什么谈判技巧?

(2) 法国人是如何迫使迈克接受一切谈判条件的?

(3) 如果你是迈克,遇到这种情况你会怎么办?

第七章 国际商务谈判各阶段策略划分

学习目标

通过本章的学习,学生应分析和掌握谈判各阶段策略、技巧的应用规律,运用正确的谈判策略,促使谈判向有利于己方的方面转化,并在复杂多变的谈判过程中,审时度势,灵活调整,来保证谈判的顺利进行和获得成功。

第一节 国际商务谈判策略概述

谈判是一门操作性极强的科学,在谈判桌上,谈判策略无穷,谈判形式风云变幻。谈判人员只有了解对方在谈判中经常使用的策略,善于抓住对方主观和客观上的弱点,发挥己方主观和客观上的某些优势,有针对性地确定和运用自己的谈判策略,做到反应灵活、多谋善断,方能得心应手。同时,策略和技巧的应用是有条件的,任何策略和技巧,只有用到该用的地方,用在该用的时候,用得恰到好处,才能发挥它的作用。

一、商务谈判策略的含义

商务谈判策略(business negotiation strategies)指谈判人员为取得预期的谈判目标而采取的措施和手段的总和,它对谈判成败有直接影响,关系到双方当事人的利益和企业的经济效益。恰当地运用谈判策略是商务谈判成功的重要前提。它是一种面向未来的整体概念,是实现某些目标的意愿,是经过充分论证后恰当的选择。它依据谈判双方的实力,综观谈判全局的各个方面、各个阶段之间的关系,规划整个谈判力量的准备和运用,指导谈判的全过程。

商务谈判策略是一个集合和混合概念。一方面,商务谈判策略中所运用的某一个单一方式、方法、措施手段和经验技巧等解决方案都只是商务谈判策略的一部分;另一方面,商务谈判中所运用的方式、战术、手段、措施、技巧等是交叉联系的,难以再分割与分类,多数商务谈判策略是事前决策的结果,是科学制定策略本身指导思想的反映,也是谈判实践的经验概括。

商务谈判策略是客观存在的、具体的、单方面采取的行为或方法,具有主观能动性。策略的行为是为实现目标而采取的措施,具有实践的性质。策略是一种行动方针和斗争方法,

是智慧的较量,是审时度势、权衡利弊、随机应变的运用。策略的运用,教会人们在复杂多变的对抗环境中,如何辩证地去思考问题,寻求取胜的途径。

具体而言,对于国际商务谈判中的每一方来说,国际商务谈判策略来源于以下八个方面。

1. 需求

对于国际商务谈判双方来说,谁的需求(need)更强些谁就拥有较弱的谈判能力。

2. 选择

在国际商务谈判中,双方谁拥有的选择(option)机会多,谁就拥有较强的谈判能力。如果本方选择的机会多,对方认为本方的产品或服务是唯一的或者没有太多选择余地,本方就拥有较强的国际谈判资本。

3. 时间

国际商务谈判中可能出现有时间(time)限制的紧急事件,如果进口商有时间的压力,自然会增强出口商的谈判力。

4. 关系

如能与客户之间建立强有力的关系(relationship),在同潜在客户谈判时就会拥有关系力。

5. 投资

投资(investment)是指在国际商务谈判过程中投入了多少时间和精力。在大多数情况下,谈判力的强弱往往与谈判中投入的时间和精力成正比。

6. 可信性

潜在客户对交易标的可信性(credibility)也是谈判力的一种。如果出口商知道客户曾经使用过某种产品,而他的产品具有价格和质量等方面的优势时,无疑会增强出口商的可信性,但这一点并不能决定最后是否能成交。

7. 知识

如果谈判者充分了解客户的问题和需求,并预测到销售的产品能如何满足客户的需求,那么谈判者的知识(knowledge)无疑增强了对客户的谈判力;反之,如果客户对产品拥有更多的知识和经验,客户就有更强的谈判力。

8. 技能

技能(skill)是增强国际商务谈判力的至关重要的内容,国际商务谈判策略是综合的学问,需要广博的经济学、社会学、商品学等多学科知识。

二、国际商务谈判策略的作用

谈判策略在整个商务谈判中起着非常重要的作用。现代社会竞争不仅是力量的竞争,更是智慧的较量,谈判正是这种智慧较量的集中体现。任何一个谈判高手,都是策略运用的高手,策略是实现谈判目标的跳板,只要谈判者能在谈判中正确有效地运用策略就等于为实现谈判的目标奠定了坚实的基础。

谈判策略的这种跳板作用体现在以下几个方面。

1. 有利于搞好谈判开局

谈判开局是谈判双方直接接触、正式举行谈判的第一阶段。这一阶段的谈判较少涉及实质性问题,似乎与整个谈判的主题无关或关系不大,但开局的顺利与否在很大程度上决定整个谈判的前途,具有举足轻重的影响。因此,谈判伊始,就应掌握和运用得当的谈判策略,做到"开局有道",形成有利于己方的局面,从而为进入实质性谈判铺平道路。否则,开局差之毫厘,在以后阶段可能谬以千里。

2. 有利于把握谈判的方向和进程

商务谈判是个过程,无论是全过程,还是某单项谈判的分过程,均有掌握好方向的问题,没有全局的眼光和策略,方向就会偏离,谈判就会走弯路,因此在变化莫测的谈判过程中,运用巧妙的策略,就能够巩固自己的主动地位或者变被动为主动,牢牢掌握谈判的主动权。

3. 有利于实现双方的友好合作

尼尔伦伯格认为:谈判不是一场比赛,不要求决出胜负;也不是一场战争,要将对方消灭。谈判是一项互惠的合作事业。在谈判中,为了协调不同利益,以合作为前提,避免冲突,就需要正确灵活的谈判策略。在商务谈判中,谈判人员既要坚持各自的利益目标,又能作适当的妥协或让步,才能真正促进和加强双方的友好合作关系,真正达到互惠互利。

4. 有利于取得最佳谈判成果

理想的谈判结果是达到互利、共利,谈判结束时双方都能满意,皆大欢喜。所以围绕着谈判目标,实施有效的策略,是最重要的环节。有效的策略才能使双方的利益都得到保证,同时都称心如意。

三、国际商务谈判策略的分类

商务谈判策略作为实现谈判目标的有力工具,是制约谈判成败得失的一个重要筹码。但是,谈判桌上策略种种,丰富多彩,众说纷纭,令人眼花缭乱,全世界不同国家和民族所运用的谈判策略有上千种,根据经验丰富的谈判专家的概括和总结,可将谈判的策略分为以下几种。

(一) 战略策略与战术策略

战略策略(stratagem strategy)又称宏观策略,一般是指涉及全局利益的指导性的决策,是实现谈判总目标的原则性方案与途径。它旨在获得全局的利益和实现长远利益,战略策略具有完整性、层次性和稳定性的特点。

战术策略(tactic strategy)又称微观策略,与战略策略对应而存在,一般指完成战略策略的具体方案和手段。战术策略旨在赢得局部的战术上的胜利。有时实施这种策略不仅没有所得,还会失掉局部上的利益,但却为实施总战略完成了战术上的准备。战术策略具有派生性、单一性和应变性的特点。

战术策略技术性强,是实施宏观策略、完成谈判目标的重要组成部分。战术策略运用得是否妥当、巧妙,直接影响战略上的成败得失。从技术的角度上看,战术策略有时比战略策略更重要。

战略策略与战术策略是相对的。前者是宏观意义上的策略,后者是微观意义上的策略。

宏观上的战略策略是微观上战术策略的组合,微观上的战术性策略是宏观上战略性策略的组成部分。但宏观上的某些策略相对于更高层次的总原则、总方针,就成为微观上的策略了;而微观上的某些策略相对于更具体、更局部的战术策略,则又成为宏观上的策略了。

(二) 姿态策略与情景策略

姿态策略(attitude strategy)指在谈判过程中,谈判各方采取的旨在应对对方姿态的一种主观策略。其作用在于创造有利于己方的谈判气氛,借助于主观姿态来影响谈判的进程或结果。姿态策略具有针对性和传递性两个特点。针对性是针对对方在谈判中某种姿态采取一定的策略;传递性即是借助于这一策略向对方传递己方的主观姿态信息,如情绪爆发。

姿态策略又可以分为积极姿态策略(positive attitude strategy)与消极姿态策略(negative attitude strategy)两种。积极姿态策略旨在影响对方作出有利于己方的表示或向对方强调如其行为能与己方合作定会获利的策略。消极姿态策略则是为了防止对方作出不利于己方的表示而采取的策略。积极姿态策略的特点在于正面鼓励或引诱,而消极姿态策略则恰恰相反,通常是以否定姿态和报复行为为特征。两种策略所包含的内容是完全对立的,但在谈判实践中,这两种策略往往被结合起来运用。正所谓"宽严相济"、"软硬兼施"。

情景策略(situation strategy)是指在某种特定的情况下为取得某些利益所使用的特定手法,具有相对固定性和明确性两大特点。相对固定性是指在特定情况下应对对方或处理问题的特定手法形成的一种带有规律性的套路。明确性指情景策略的固有性。正因为其固有性,所以谈判各方心照不宣,应付一方已有准备。

情景策略又可分为攻势策略和防御策略两种。攻势策略旨在强化己方优势,保持己方的主动;防御策略旨在维护己方既存地位和利益、应付对手的进攻。攻势策略与防御策略是对立但又相互包含的。纯粹的防御性策略是不可取的。因为防御性策略会拱手让对方不断地将攻势从一点转移到另一点,以寻找己方防御的弱点,而任何防御都不是完美无缺的,最后总会有一个弱点被发现,使对方可以集中力量进行攻击。在谈判中,一方的提问往往带有试探性,旨在刺探对方的防御状态,以便从对方的回答中发现突破口。

(三) 进攻性策略和防守性策略

进攻性策略(offensive strategy)是指谈判人员在谈判中采取的具有较强的进攻性,以取得谈判优势和主导地位的策略,其特点是主动进攻、态度强硬、难以让步。防守性策略(defensive strategy)是指谈判人员在谈判中不主动进攻,采取防守或以守为攻的策略,其特点是以逸待劳、态度软弱或软中带硬。

进攻性策略和防守性策略这种划分是比较绝对的,但在具体的谈判过程中,谈判策略会呈现出亦攻亦守或亦守亦攻的特征。多数情况下,谈判策略都有攻守的成分,到底发问人是攻还是守,或攻守兼有,只能根据具体的谈判情景来判断。

(四) 时机策略、方位策略、方法策略

1. 时机策略

时机策略(opportunity strategy)是指谈判者在谈判中巧妙地运用时机,借助于时间因素来创造谈判中的奇迹,此种策略最长见于化解谈判中的僵局。一般说来,谈判是一个动态

过程,随时会发生新情况,产生新因素。时机策略就在于把握和利用这些新情况、新因素,使谈判获得成功。使用时机策略的特点在于洞察形势,利用时间。

2. 方位策略

方位策略(azimuth strategy)是指利用方位因素来实施谈判技巧的策略。谈判桌上的散射,就是这样一种策略。所谓散射,是借助尽可能扩大进攻的方法,来提高成功率的策略。

另外,谈判桌上还有一种较为典型的方位策略,叫做夹叉射击,就是借助于在谈判目标的前后方位进击,不断逼近,缩小标距,最终达到击中目标的目的。在谈判实践中,精明的谈判者不注重把精力耗费于正中目标的决策上,而是把握主次方向基本正确的前提下,通过逐渐缩小标距误差的手法,来实现自己的目标。

3. 方法策略

方法策略(method strategy)是在谈判中运用手法获得利益的策略,是谈判中最普遍也是最有效的策略之一,这种策略具有较高的技巧性。在谈判中正确地运用这种策略,会获得立竿见影的效果。

在商务谈判中,谈判人员运用方法策略,通过一并推出许多难题,不分主次,忽东忽西,扰乱谈判程序和内容,使对方在畏难或焦躁的情绪中,犯下错误。但是,运用这种策略具有一定的技术难度,运用不好会惹恼对方,导致谈判的破裂。谈判的方法策略的最显著特点就在于它的运用技巧,即运用手法的巧妙。

(五) 单一策略和综合策略

单一策略(sole strategy)是指谈判人员在谈判过程中使用一个策略或者一类策略,此策略在推销数量很少的日用消费品时运用得比较多。综合策略(comprehensive strategy)指谈判人员在谈判过程中使用多种或多类策略,此策略在时间比较长、谈判议题比较复杂的谈判中运用得比较多。

在谈判实践中,综合策略运用得比较多。但是,综合策略是由单一策略构成的,在学习和实践中,谈判者也应该高度重视单一策略的原理、方法、关键点等。

四、国际商务谈判策略的运用

(一) 运用的基本原则

1. 通晓性

不通晓谈判策略与技巧,就谈不上应用,通晓就是胜利,这是实践经验的总结。

2. 周密性

谈判桌上,虽不见“刀光剑影”,但是舌战犹如枪战。有勇而无谋,也无济于事,必须全局在胸,周密谋划。

3. 灵活性

谈判桌上的攻防策略、招数、套路很多,策略无穷,常用常新,同时形势也可能风云变幻。谈判人员在谈判中只能敏于应变,反应灵活,急中生智,足智多谋,多谋善断,才能达到己方

要求的结果。

4. 合情合理性

商务谈判是买卖双方不断磋商,相互让步,解决争端,最后达成协议或签订合同的过程。对于达成或签订的合同而言,一般总是双方可以接受而且彼此均能获益的。一个最佳的谈判应该是个双赢的过程,即每一方都认为取得了对自己有利的合同条款,这就体现了造诣很深的谈判艺术。

(二)谈判策略应用

1. 隐藏

谈判策略的应用必须建立在对方的判断失误、心理错觉、认识偏差的基础之上,而且这种失误、错觉和偏差对于客体自身来说是其固有的或难以克服的弊端。在某种特定情况下,施策主体的主动出击,也可以造成对方的错觉或失误。谈判的隐藏性目的在于伪装骗局,对其设计的战略目标进行保密。

谈判策略的应用必须建立在适宜的氛围环境之中,或是心理相容,或是虚实相生,或是以静制动,或是以动制静。总之,实施策略时,不留痕迹,不动声色,不发生空隙,不出现破绽。同样,谈判策略的应用也必须以正常的认识活动作为先导,以主客观相统一的原则作为准绳。

2. 顺应

"两利相权取其重,两害相权取其轻",这是人们普遍的心理规律。这种谈判的目的在于谋求对话,谋求缓和,争取协商一致,谋求发展,加深了解,增进信任,发展友谊。法新社在评论1988年年底印度甘地总理访华一事时说:"甘地的北京之行,友好言辞多,具体成果少,但同时更广泛的国际舆论却认为,此举意味着中印正在寻求友谊,世界上这两个人口最多的国家的领导人表示要忘记过去不愉快的事情。"这恰好说明采取这种形式的谈判只是一种策略。

3. 灵活应变

灵活应变原则是由谈判活动的特性决定的。因为在谈判过程中,各种情况错综复杂,它不会像武术中的对打套路那样按规定的程式变化。因此这就需要谈判者根据谈判的变化,灵活应对,根据不同的情况运用不同的策略。在谈判中,谈判者会遇到很多预想不到、防不胜防的突发事件。有创意的灵感往往能避开突发事件受到的伤害,使己方的利益得到最大的保护。

第二节　开局阶段的策略

一、概述

谈判的开局阶段是指谈判准备阶段之后,谈判双方进入面对面的开始阶段。在这一阶段,一般不进行实质性谈判,而只是进行见面、介绍、寒暄,以及一些不是很关键的问题。虽然这些非实质性的谈判只是占整个谈判程序中很小的一个部分,从内容上看也似乎与整个谈判主题无关或者关系不大,但它却为整个谈判定下了一个基调,是整个谈判的基础。

在商务谈判开局阶段,谈判者要注重营造谈判的气氛。因为气氛是弥漫在空间中的能够影响行为过程的心理因素和心理感受的综合。谈判气氛就是弥漫在谈判空间中的能够影响谈判进程和结果的心理因素和心理感受的综合。气氛是看不见摸不着的,但却是客观存在的,影响着整个谈判过程,是谈判成功与否的重要影响因素。

同时,在国际商务谈判中开局阶段的策略应用应满足商务社交的需要,满足尊重谈判对手的需要。国际商务社交需要是指寻求和改善社会交往中国际商务谈判人际关系的需要。任何人都不是在社会上孤立生活的,人们相互之间需要交往,这也是国际商务谈判开局中人们行为活动的主要目标和动力。尊重谈判对手的需要是指国际商务谈判双方自尊和受人尊重的一种社会承认。受人尊重指人希望有地位、有威望,渴望得到别人的认可、赏识、尊敬和信赖;自尊指人希望在各种不同的情境中,有人生自身角色的能力,有自信心。如果尊重的需要得到满足,在国际商务谈判开局阶段策略运用时,人们会增强自信心,觉得自己在社会上有地位、有价值、有实力、有发展前途。

二、开局应注意的事项

1. 准确的传递

谈判不是聊家常,不允许戏言与随意后悔,谈判中说的每一句话、叙述的每一件事、列举的每一个数字以至每一个承诺,都代表己方的立场,都需要负责的,因此开场白所传递的信息要准确,要恰如其分,要完整鲜明。无论在语言、语法上,还是逻辑上都要经得起推敲,要让对方真正、完全懂得己方所要表达的真实意思,任何一个谈判对手都不会接受他们不了解、不明白的事情的。

2. 简洁鲜明

在商务谈判开局中,要紧扣谈判的主题,不拐弯抹角,不让与主题无关的话题冲淡主题。否则,对方容易误认为你是在有意拖延时间,或是企图浑水摸鱼使谈判气氛、谈判进程受到影响与破坏。

3. 讲究策略

谈判的竞技性很强,因此要取得更好的谈判效果就要重视语言策略的运用。例如,要舍弃那些绝对的语言,说话留有余地,避免因失实而弄出笑话,失去对方的信任。在发言中,不要把自己放在绝对正确、以我为主的位置上,以免让对方感到己方以势压人,从而导致谈判气氛紧张。

三、开局阶段的策略

谈判开局策略是谈判者谋求谈判开局中有利地位和实现对谈判开局的控制而采取的行动方式或手段,主要包括协商式、坦诚式、慎重式和进攻式等开局策略。

(一) 协商式开局策略

协商式开局策略(negotiation opening strategy)又称一致式开局策略,是指以协商、肯定的语言进行陈述,使对方对己方产生好感,创造双方对谈判的理解充满一致性的感觉,从而使谈判双方在友好、愉快的气氛中展开谈判工作,其目的是为了创造取得谈判胜利的条件。协商式开局策略一般适用于谈判实力比较接近,双方过去没有商务往来经历的谈判。对于这些谈判者,因为是第一次接触,双方都希望有一个好的开端。

恒温 17.8 摄氏度

20 世纪 70 年代,日本首相田中角荣为恢复中日邦交正常化来到北京,他怀着等待中日之间最高首脑会谈的紧张心情,在迎宾馆休息。迎宾馆内气温舒适,田中角荣的心情也十分舒畅,与随从的陪同人员谈笑风生。他的秘书早饭茂三仔细看了一下房间的温度计,是 17.8 摄氏度。这一田中角荣习惯的 17.8 摄氏度使得他心情舒畅,也为谈判的顺利进行创造了条件。

本案例中,中方谈判者设置的常温 17.8 摄氏度,使田中角荣原本紧张的心情变得十分舒畅,不再紧张。这正是一致式谈判策略的运用,为谈判的顺利进行创造了更加有利的条件。

案例来源:商务谈判案例策略.http://bbs.wtojob.com/tid-5609.html.

在运用协商式开局策略时,谈判双方要多用外交礼节性语言、中性话题,使双方在平等、合作的气氛中开局。比如,在谈判开始,谈判一方可以用协商的口吻来征求谈判对手的意见,然后对其意见表示赞同或认可,以致最终达成认可。同时,还应注意,在应用协商式开局策略时,谈判一方的态度要诚恳,充分尊重对方的意见;语言要友好礼貌,但又不刻意奉承;姿态要不卑不亢,沉稳中不失热情,自信但不骄傲,把握适当的分寸,顺利打开局面。

(二) 坦诚式开局策略

坦诚式开局策略(sincerity opening strategy)是指以开诚布公的方式向谈判对手陈述自己的观点或意见,尽快打开谈判局面。

"洋"先生和"土"朋友

北京某区一位党委书记在同外商谈判时,发现对方对自己的身份持有强烈的戒备心理。这种状态妨碍了谈判的进行。于是,这位党委书记当机立断,站起来对对方说道:"我是党委书记,但也懂经济、搞经济,并且拥有决策权。我们摊子小,并且实力不大,但人实在,愿意真诚与贵方合作。咱们谈得成也好,谈不成也好,至少你这个外来的'洋'先生可以交一个我这样的'土'朋友。"寥寥几句肺腑之言,打消了对方的疑惑,使谈判顺利地向纵深发展。

本案例中党委书记巧妙地用"洋"朋友和"土"朋友的玩笑,缓和了因身份问题引起的紧张气氛,真诚的话语打消了对方的疑惑。同时,我们要注意,采用这种开局策略时,要综合考虑各种因素,例如自己的身份、与对方的关系以及当时的谈判形势等。

案例来源:汤秀莲.国际商务谈判[M].天津:天津南开大学出版社,2003.

坦诚式开局策略比较适合双方过去有商务往来,而且关系很好,相互了解较深的谈判对手,能够很自然地将这种友好关系作为谈判的基础。在陈述中可以真诚、热情地畅谈双方过去的友好的合作关系,适当地称赞对方在商务往来中的良好信誉。同时因双方的密切关系,也可以省略一些外交辞令,坦率地提出己方的观点以及对谈判的期望,使对方产生信任感。

坦诚式开局策略有时也可用于谈判实力弱于对方的谈判者。己方实力弱于对方是双方都了解的事实,没必要进行掩盖。此时,坦率地表明己方存在的弱点,让对方加以考虑,更表明己方对谈判的真诚和信心,使对方理智地考虑谈判目标。

(三) 慎重式开局策略

慎重式开局策略(cautiously opening strategy)又称保留式开局策略,是指以严谨、慎重的语言进行陈述,表达出对谈判的高度重视和鲜明的态度,对谈判对手提出的关键性问题不作彻底、确切的回答,而是以一种沉稳慎重的态度,有所保留,从而给对手造成神秘感,以吸引对手步入谈判。

案例

"欲 擒 故 纵"

江西省某工艺雕刻厂原是一家濒临倒闭的小厂,经过几年的努力,发展为产值200多万元的规模,产品打入日本市场,战胜了其他国家在日本经营多年的厂家,被誉为"天下第一雕刻"。有一年,日本三家株式会社的老板同一天接踵而至,到该厂订货。其中一家资本雄厚的大商社,要求原价包销该厂的佛坛产品。这应该说是好消息。但该厂想到,这几家原来都是经销韩国、中国台湾地区产品的商社,为什么争先恐后、不约而同到本厂来订货?他们查阅了日本市场的资料,得出的结论是本厂的木材质量上乘,雕刻技艺高超,这是吸引外商订货的主要原因。于是该厂采用了待价而沽、欲擒故纵的谈判策略。先不理那家大商社,而是积极抓住两家小商社求货心切的心理,把佛坛的梁、榴、柱,分别与其他国家的产品做比较。在此基础上,该厂将产品当金条一样争价钱、论成色,使其价格达到理想的高度。该厂先与小商社拍板成交,造成那家大客商产生失落货源的危机感。那家大客商不但更急于订货,而且想垄断货源,于是大批订货,以致订货数量超过该厂现有生产能力的好几倍。

本案例中,该厂谋略成功的关键在于其策略不是盲目的、消极的。首先,该厂产品确实好,而几家客商求货心切,在货比货后让客商折服。其次,是巧于审势布阵。该厂先与小客商谈,并非疏远大客商,而是牵制大客商,促其产生失去货源的危机感。这样订货数量和价格才有大幅增加。

案例来源:汤秀莲.国际商务谈判[M].天津:南开大学出版社,2003.

慎重式开局策略适用于谈判双方过去有商务往来,但对方曾有过不太令人满意的表现,

己方要通过严谨、慎重的态度,引起对方对某些问题的重视的谈判双方。当然慎重并不等于没有谈判诚意,也不等于冷漠和猜疑,而是为了寻求更有效的谈判成果而使用。

（四）进攻式开局策略

进攻式开局策略(offensive opening strategy)是指通过言行来表达己方强硬的姿态,从而获得谈判对手必要的尊重,并借以制造心理优势,使得谈判顺利地进行下去。这种开局策略通常只有在特殊情况下使用,有时谈判对手是在刻意制造低调气氛,这种气氛对己方的讨价还价十分不利,如果不把这种气氛扭转过来,将损害己方的切实利益。当然,在运用进攻式策略时,必须要注意有理、有利、有节,不能使谈判一开始就陷入僵局。要切中问题要害,对事不对人,既表现出己方的自尊、自信和认真的态度,又不能过于咄咄逼人,使谈判气氛过于紧张。一旦问题表达清楚,对方态度有所改观,就应及时调节氛围,重新建立起一种友好、轻松的谈判气氛。

 案例

进 攻 式 开 局

日本一家著名的汽车公司在美国刚刚"登陆"时,急需找一家美国代理商来为其销售产品,以弥补他们不了解美国市场的缺陷。当日本汽车公司准备与美国的一家公司就此问题进行谈判时,日本公司的谈判代表在路上遇到堵车迟到了。美国公司的代表抓住这件事紧紧不放,想要以此为手段获取更多的优惠条件。日本公司的代表发现无路可退,于是站起来说:"我们十分抱歉耽误了你的时间,但是这绝非我们的本意,我们对美国的交通状况了解不足,所以导致了这个不愉快的结果,我希望我们不要再为这个无所谓的问题耽误宝贵的时间了。如果因为这件事怀疑到我们合作的诚意,那么,我们只好结束这次谈判。我认为,我们所提出的优惠代理条件是不会在美国找不到合作伙伴的。"

日本代表的一席话说得美国代理商哑口无言,美国人也不想失去这次赚钱的机会,于是谈判顺利地进行下去了。

本案例中,日本谈判代表采取进攻式的开局策略,阻止了美方谋求营造低调气氛的企图。

案例来源:商务谈判案例. http://yeppme.bokee.com/3785680.html.

四、策划开局策略应考虑的因素

因为不同的谈判类型和内容,需要有不同的开局策略与之对应,所以在确定恰当的开局策略时,谈判双方之间的关系和双方实力等因素都需要考虑。

（一）考虑谈判双方之间的关系

如果双方过去有业务往来,且关系很好,谈判者就可以利用这种友好的关系作为双方谈

判的基础,在这种情况下,谈判者应该采用热烈、真诚、友好、轻松愉快的谈判开局策略。

如果双方有过业务往来,但关系一般,在这种情况下,谈判开局的目标应该是要争取创造一个比较友好、和谐的谈判气氛。但是,己方的谈判人员在语言和行为等方面的热情程度要有所控制,以免造成过犹不及的结果。

如果双方过去有过一定的业务往来,但己方对对方的印象不好。此时,谈判开局的气氛应是严肃、凝重的。因此,己方谈判人员在语言和行为上应注意礼貌周全,语言严谨,姿态大方,同时也要表现出对过去双方的关系的不满以及希望通过磋商来改变这种情况的意愿。

如果过去双方并没有业务往来,那么谈判开局时,谈判人员应力争创造一个真诚、友好的气氛,以淡化、消除双方的陌生感和由此带来的防备,为后面的实质性谈判奠定良好的基础,但是谈判人员在语言上、态度上都应当表现得礼貌友好、但又不失身份。

（二）考虑双方的实力

如果双方谈判实力相当,则开局阶段要力求创造一个轻松、和谐的气氛。

如果己方谈判实力明显强于对方,则开局阶段,无论是在语言上还是姿态上,都要表现得礼貌友好,同时还要充分显示出己方的自信和气势,给对方一定的威慑力。

如果己方谈判实力弱于对方,则开局阶段,在语言和姿态上,既要表示出友好、积极合作,又要充满自信、举止沉稳、谈吐大方,使对方不至于轻视己方,从而在气势上占据上风,影响后面实质性谈判。

五、开局气氛的营造

（一）开局气氛的含义

谈判气氛是谈判对手之间的相互态度,它能够影响谈判人员的心理、情绪和感觉,从而引起相应的反应。因此,谈判气氛对整个谈判过程具有重要的影响,其发展变化直接影响整个谈判的进行。

任何商务谈判都是在一定的气氛下进行的。每一场谈判都有其独特气氛:有的是冷淡、对立;有的是积极、友好;有的是平静、严谨;有的是简洁明快、节奏紧凑、速战速决;有的是咬文嚼字、慢条斯理、旷日持久。不同的谈判气氛对谈判的影响不同,一种谈判气氛可在不知不觉中把谈判朝某种方向推进。比如:热烈、积极、合作的气氛会把谈判朝着达成一致协议的方向推进,而冷淡、对立、紧张的气氛会把谈判推向更为严峻的境地。因此,在谈判一开始,营造出一种合作、诚挚、轻松的气氛,对谈判可以起到十分积极的作用。

谈判气氛在谈判一开始就已形成,但它必须在整个谈判过程中都得到保持,这就需要谈判人员的共同努力。谈判双方见面后的短暂接触,对谈判气氛的形成具有关键性的作用。谈判双方人员的目光、动作、姿态、表情、气质、谈话内容以及语调、语速等,都会形成不同的谈判气氛。

实际上,当双方走到一起准备谈判时,洽谈的气氛就已经形成。热情还是冷漠,友好还是猜忌,轻松活泼还是拘谨紧张,都已基本确定,甚至整个谈判的进展(如谁主谈、谈多少、双方的策略)也都受到了很大的影响。当然,谈判气氛不仅受开局时的影响,双方见面之前的预先接触、谈判深入后的交流都会对谈判气氛产生影响,但谈判开始瞬间的影响最强烈,它

奠定了谈判的基础。此后,谈判的气氛波动比较有限。谈判开局气氛是由参与谈判的所有谈判者的情绪、态度与行为共同制造的,任何谈判个体的情绪、态度与行为都可以影响或改变谈判开局气氛;与此同时,任何谈判个体的情绪、思维都要受到谈判开局气氛的影响,呈现出不同的状态。因此,营造一种有利的谈判开局气氛,从而控制谈判开局,控制谈判对手,对于谈判者来说就显得非常重要。

(二)开局气氛的特点

谈判气氛的营造应该服务于谈判的方针和策略,服务于谈判各阶段的任务,谈判面临的政治形势、经济形势、市场变化、文化氛围、实力差距,以及谈判时的场所、天气、时间、突发事件等客观环境都会对谈判气氛有影响。谈判气氛在不同特点的谈判中其作用是不一样的。谈判开局阶段气氛的营造更为关键。因为这一阶段的气氛会直接影响到双方是否有一个良好的开端。一般来说,开局气氛如果是冷淡、对立、紧张,或者松懈,都不利于谈判的成功。谈判开局气氛也不大可能一下子就变成热烈、积极、友好。什么样的开局气氛是比较合理的呢?根据开局阶段的性质、地位,根据进一步磋商的需要,开局气氛应该有以下几个特点。

1. 礼貌与尊重

谈判双方在开局阶段要营造出一种尊重对方、彬彬有礼的气氛。出席开局阶段谈判可以有高层领导参加,以示对对方的尊重。谈判者的服饰、仪表要整洁大方,无论是表情、动作还是说话语气都应该表现出礼貌与尊重;不能流露出轻视对方,以势压人的态度,不能以武断、蔑视、指责的语气讲话。这样,双方才能够在文明礼貌、相互尊重的气氛中开始谈判。

2. 自然与轻松

开局初期常被称为"破冰"期。谈判双方抱着各自的立场和目标坐到一起谈判,极易出现冲突与僵持。如果一开局气氛就非常紧张、僵硬,可能会过早地造成情绪激动和对立,使谈判陷入泥坑。过分的紧张和僵硬还会使谈判者的思维偏激、固执和僵化,不利于细心分析对方的观点,不利于灵活地运用谈判策略。所以,谈判人员在开局阶段首先要营造一种平和、自然、轻松的气氛。例如,随意谈一些题外的轻松话题,松弛一下紧绷着的神经,不要过早与对方发生争论。语气要自然平和,表情要轻松亲切,尽量谈论中性话题,不要过早刺激对方。

3. 友好与合作

开局阶段要使双方有一种"有缘相会"的感觉,双方都愿意友好合作,都愿意在合作中共同受益,谈判双方实质上不是对手,而是伙伴。基于这一点,营造友好合作的气氛并不仅仅是出于谈判策略的需要,更重要的是双方长期合作的需要。尽管随着谈判的进行会出现激烈的争辩或矛盾冲突,但是双方是在友好合作的气氛中去争辩,不是越辩越远,而是越辩越近。因此,谈判者要真诚地表达对对方的友好愿望和对合作成功的期望,此外热情的握手、热烈的掌声、信任的目光、自然的微笑都是营造友好合作气氛的手段。

4. 积极与进取

谈判毕竟不是社交沙龙,谈判者都肩负着重要的使命,要付出巨大的努力去完成各项重要任务,双方都应该在积极进取的气氛中认真工作。谈判者要准时到达谈判场所,仪表端庄整洁,精力要充沛,充满自信,坐姿要端正,发言要响亮有力,要表现出追求进取、追求效率、追求成功的决心,不论有多大分歧,有多少困难,相信一定会获得双方都满意的结果。谈判就在这样一种积极进取、紧张有序、追求效率的气氛中开始。

（三）开局气氛的作用

商务谈判一般都是互惠式的,成熟的双方谈判人员都会努力寻求互利互惠的最佳结果,因为良好的气氛具有众多的良好效应:

（1）为即将开始的谈判奠定良好的基础。

（2）传达友好合作的信息。

（3）能减少双方的防范情绪。

（4）有利于协调双方的思想和行动。

（5）能显示主谈判人的文化修养和谈判诚意。

（四）开局气氛的应用

在商务谈判开局阶段,谈判者应合理运用能够影响开局气氛的各种因素。

1. 表情、眼神

要特别注意面部表情,以下几点要特别予以重视:

（1）面无表情,会使魅力与信用降低。

（2）面部表情只有善变和用得恰当,才能产生正确的交流作用。

（3）面部表情务必率真、自然。

（4）面部表情的表达关键在于眼睛的变化。当然除了眼睛之外,口唇的变化,脸部肌肉的变化,也自然会改变脸上的表情。

谈判人员目光交流十分重要。眼睛是人心灵的窗户,谈判人员心理的微小变化都会通过眼神表示出来。双方通过对方眼神的变化,来窥测其心理情况。西方心理学家认为,谈判双方第一次目光交流意义最大,对手是诚实还是狡猾、是活泼还是凝重,一眼就可以看出来。

2. 气质

一个人具备什么样的气质,对其精神面貌有很大的影响。气质是指人们相当稳定的个性特征、风格和气度。良好的气质是以人的文化素养、文明程度、思想品质和生活态度为基础的。在现实中,有相当多的人只注意穿着打扮,并不注意文化素养和思想品质,所以,往往精心打扮却不能给人以美感,倒显得庸俗做作。气质美首先应当表现在丰富的内心世界上,理想则是内心世界的一个重要内容。品德是气质美的又一重要方面,为人诚恳,心地善良是不可缺少的。文化水平在一定程度上对气质起着很大的影响作用。气质美看似无形,实为有形。它通过一个人的态度、个性、言语和行为等表现出来,举手投足、待人接物皆属此列。

（五）开局气氛策略

1. 称赞法

称赞法(compliment method)是指通过赞美对方来削弱对方的戒备防范心理,从而焕发出对方的谈判热情,调动对方的情绪的方法。

采用称赞法时应该注意以下几点:

（1）选择恰当的称赞目标。其基本原则是投其所好,即选择那些对方最引以为豪的,并

希望己方注意的目标。

(2)选择恰当的称赞时机。如果时机选择得不好,称赞法往往适得其反。

(3)选择恰当的称赞方式。称赞方式一定要自然,不要让对方认为你是在刻意奉承他,否则会引起反感。

2. 幽默法

幽默法(humor method)是指用幽默的方式来消除谈判对手的戒备心理,使其积极参与谈判中,从而营造适宜的气氛的方法。采用幽默法要注意选择恰当的场合和程度,幽默不足没有效果,过度就会落入庸俗油滑。

3. 沉默法

沉默法(silence method)是指谈判时有时为了阻挡对方的进攻或者保持一种进攻的态势,故意营造一种让对方退让的气氛。通过沉默、在关键问题上不退让而迫使对方退让,但不是在任何情况下都可以直接选择沉默。采用沉默法要注意:

(1)恰当的沉默理由。所谓事出有因,一般人们选择沉默的原因无非是假装对对方的陈述不理解或者对对方的某些礼仪不满等。

(2)适当的沉默尺度。所谓过犹不及,在沉默的同时,还应当给予对方适当的暗示。

第三节　报价阶段的策略

谈判双方在结束非实质性交谈之后,要将话题转向有关交易内容的整体,即开始报价。报价以及随之而来的磋商是整个谈判过程的核心。

一、报价策略

(一)综述

报价(offer)亦称发盘,首先提出价格的行为称为报价,实际上是我方向对方提出自己所有要求的行为。

这里所讲的报价,并不仅指双方在谈判中提出的价格条件,而是泛指谈判一方主动或根据另一方要求向对方提出自己的所有要求,包括商品的数量、质量、包装、价格、装运、保险、支付、商检、索赔、仲裁等交易条件,其中价格条件是谈判的中心。外贸业务虽然多种多样,但一般情况下,谈判都是围绕着价格进行的。

(二)报价策略分类

1. 时机策略(time strategy)

在价格谈判中,应首先让对方充分了解商品的使用价值和能为对方带来多少收益,待对方对此发生兴趣后再谈价格问题。实践证明,提出报价的最佳时机一般是对方询问价格之后,因为这时对方已对所提供的商品产生了兴趣,这时提出价格可以减少谈判阻力。

在谈判开始的时候对方就询问价格,这时最好的策略应当是听而不闻,但若对方坚持即时报价,也不能故意拖延,把价格同对方可获得的好处和利益联系起来介绍效果会较好。

2. 起点策略（start point strategy）

在商务谈判中，开盘价必须合乎情理。对卖方来说，报价要高，但也绝不能漫天要价，毫无根据。若报价过高，且又无道理，会使对方感到没有诚意。同样，对买方来说，也不能漫天杀价，这会使对方认为你没常识，从而对你失去信心。所以，无论是买方还是卖方，在报价时都要合乎情理。

在开盘报价中，报价的首要原则是：对卖方而言，其价格必须是最高的，即可能最高的价格；对买方而言，其价格必须是最低的，即可能最低的价格。

3. 分割策略（segmentation strategy）

报价不要报整数。这是因为在商务谈判时，如果报出一个整数价，是存心让对方来降低价格。如果报出一个有零头的数字，一方面听起来好像比较强硬、坚定，谈判的余地也较小，从而得到更好的结果；另一方面报价方利用对方的求廉心理，用较小的计价单位报价，造成需方心理上的便宜感。

4. 差异策略（differentiation strategy）

根据商品的流向、卖方需求的急缓程度、购买次数、数量、付款方式等内容的不同，可采取不同的价格。一般说来，对老主顾或大批量需求者，价格可报低些。而有时候，谈判对手最关心的是商品的其他方面。例如，急需某种商品时，他所关心的是到货时间，对于价格就不太计较了。又如，对于一些技术性较强的商品，所关心的是商品的质量和性能，对于价格的要求也不会太苛刻。这些时候，都可以采用适当的高价政策。

二、如何报价

（一）报价的依据

1. 市场行情

市场行情就是市面上同类商品的一般价格和波动范围，也即是同类产品卖家的生产成本和竞争价格，卖方的估价依据。所以了解市场行情，掌握价格信息及其变动趋势，对于正确报价或还价都很重要，这也是谈判实力的体现。

2. 利益需要

心理学的基本原理认为，需要是行为最原始的动力，所有的行为都是由需要驱动的。利益就是满足需要，所以利益也是行为的动力。不同目的的销售谈判也许会有不同的报价，如果是单纯的盈利，卖方会坚持高价，进而价格就会争夺得很激烈，结果很有可能导致谈判破裂或互相对让；如果是为了渗透到对方的市场中，卖方会逐步妥协，最后以较低价格成交。

3. 产品属性

产品属性就是产品所具有的性质以及该产品与其他产品之间的关系。产品属性决定了产品的效用，而效用是估价的依据之一，产品属性是效用因素的表现。

4. 交货时间

交货时间会影响到买方的效用，如果买方购买的目的是转卖或加工生产，那么交货时间

的早晚也许会影响买方的盈利,从而影响所购货物给买方带来的效用,所以交货时间自然成为价格的影响因素之一。

5. 附带条件

商务谈判标的物的买卖包括了标的物的附带条件,商品的本质是顾客通过购买获得的需要的满足。商品的整体概念包括核心产品、实体产品、附加产品。附带条件都是商品效用的保证和延续,所以必然地会影响价格。

6. 企业和产品的声誉形象

良好的声誉可以支持较高的价格,它是高质量、高服务的保证,是价格的影响因素之一。

7. 交易规模

交易规模的大小也会影响价格的高低。卖方总是希望交易的规模越大越好,这样交易的成本较低,利润总额可观,因而价格容易松动。

8. 消费的时间和空间

时间差异和空间差异改变了商品的效用,价格也要跟着改变。同样的商品,在不同的时间消费,效用和成本不同;即使是同样的商品,在不同的空间消费,也会产生不同的效用。

9. 支付方式

支付方式从支付物上看,有现金、支票、信用卡、欠条、货物等形式;从支付时间上看,有一次性付清、分期付款、延期付款、缴纳订金等。这些不同的支付方式,所含有的权益和义务是不相同的,其效用和成本也是不同的。

(二)报价的原则

1. 卖高买低原则

对卖方来说,报价起点要高,即可能的最高价,相应的,对买方来讲,报价起点要低,即可能的最低价,这是报价的首要原则。卖方的开盘价实际上是确定俩人价格谈判区间的一个上限。开盘价会影响对方对己方提供的商品或劳务的印象和评价。开盘价高,能为以后的讨价还价留下充分的回旋余地,使己方在谈判中更富于弹性。经验证明,开盘价对最终成交水平具有实质性的影响。开盘价高,最终成交的水平也就比较高。

2. 肯定原则

报价的表达应该坚定、明确、完整,不加解释和说明。报价的解释应该坚持不问不答、有问必答、避虚就实、能言不书的原则。

3. 合理原则

开盘价必须有根有据,合乎情理。

(三)最低可接纳水平

报价之前最好自己设定一个最低可接纳水平。最低可接纳水平是指最差的但却可以勉强接纳的最终谈判结构。有了最低可接纳水平,谈判人员可避免拒绝有利条件或接受不利条件,也可用来防止一时的鲁莽行动。在"联合作战"的场合,可以避免各个谈判者各行其是。

（四）确定报价

报价策略对卖方来说,是要报出最高价,而买方则要报出最低价。首先,报价有一定的虚头是正常情况,虚头的高低要看具体情况而定,不能认为越高越好,也没有固定的百分比。其次,对于价格政策为厚利少销的商品,较高的虚头是必要的。最后,在谈判过程的各个阶段,特别是磋商阶段中,谈判双方经常会出现僵持不下的局面。为了推动谈判的进程,使之不影响己方谈判的战略部署,己方应根据需要,适时作一点退让,适当满足对方的某些要求,以打破僵局或换取对己方有利的条款。

三、报价的形式

1. 报价需要考虑的因素

报价决策不是由报价一方随心所欲制定的。报价的有效性首先取决于双方价格谈判的合理范围,同时,还受市场供求状况、竞争等多方面因素的制约。

（1）成本因素。成本是影响报价的最基本因素,商品的报价是在成本的基础上加上合理的利润形成的。在决定商品的报价时,不仅要考虑现在的成本、将来的成本,以及成本变化的可能性,而且要考虑竞争对手的成本,要依据有关成本资料,恰当地报出商品的价格。

（2）需求因素。需求价格弹性是指某种商品的需求量对价格变动的反应灵敏程度。企业在确定商品报价时,必须先确定该商品的需求弹性系数,然后再考虑对某种商品的报价提高或降低对总收入的影响。

（3）品质因素。商品的品质是指商品的内在质量和外观形式。商品的品质是消费者最关心的问题,也是谈判双方必须洽商的问题。商品的报价必须考虑商品的品质,要按质报价。

（4）竞争因素。必须注重竞争对手的价格,特别是竞争对手的报价策略以及新的竞争对手对市场的参与。

（5）政策因素。每个国家都有自己的经济政策,对市场价格的高低和变动都有相应的限制和法律规定。另外,在报价时,对方的内行程度、对方可能的还价、谈判双方相互信任的程度及合作的前景、交易的次数等都应是报价时考虑的因素。

2. 报价形式

（1）根据报价的方式分,有书面报价和口头报价。

A. 书面报价（written offer）,通常是指谈判一方事先提供了较详尽的文字材料、数据和图表等,将己方愿意承担的义务,以书面形式表达清楚。这种方式可以给人一种正规严肃且合法的印象,同时也将己方所愿意承担的义务表达清楚详尽,但这种方式基本上否定了谈判双方磋商的可能。白纸黑字客观上成为己方承担责任的凭据,显得呆板而缺乏弹性。

B. 口头报价（oral offer）,是指不需要提交任何书面文件,仅以口头的方式提出交易条件。因其具有很大的灵活性,与书面报价相比,显然具有更多的优点:谈判人员可以根据当时的谈判气氛、局势,灵活调整自己的表达策略;较书面方式减轻了义务约束感,可以充分利用情感因素,努力发挥个人的谈判特长来促成交易。但是,口头报价也存在容易偏离主题、阐述不清楚甚至出错,以及对复杂问题表达困难等缺点。因此,在实际谈判中,不少谈判人员往往采用以书面报价为主、口头报价为补充的报价方式。

（2）根据报价的战术分，有欧式报价与日式报价。在国际商务谈判中，存在多种报价方式，欧式报价方式和日式报价方式在世界上广为应用。

A. 欧式报价（european offer），其模式是由高到低，事先提出一个有较大回旋余地的价格，而后根据谈判双方实力对比情况与该笔交易的国际市场竞争情况等因素，通过不同程度的优惠政策，如价格折扣、数量折扣、支付条款上的优惠（延长其支付期限或提供信贷等）等，慢慢软化谈判对手的立场和条件，最终达到成交的目的。这种报价方式若能稳住对方，一般会有较理想的结果。

B. 日式报价（japanese offer），其一般模式是由低到高，报价时先报出最低价格，以吸引买主的谈判兴趣。但是，这种最低价格是以对卖方最有利的结果条件为前提的，而且这种最低报价相应的交易条件很难全部满足买方的需要。例如，当卖方报出一套技术设备的最低价格时，可能附带有不派出专家或技术人员指导、缩短免费维修期限、由卖方选择计价货币和运输方式等条件。若买方要求变动有关交易条件，则卖方就会趁机提高价格。此种报价方式的最终成交价格，往往高于起初的价格。日式报价在面临众多的竞争对手时，往往是一种较有利的报价方式。

与欧式报价相比，日式报价虽有利于初始的竞争，但从买方的购买心理来讲，一般人比较习惯于物品价格由高到低，逐渐降价。

四、报价的顺序

报价顺序就是谁先报价。这个问题看似很简单，其实还是很微妙的，有时甚至会影响到最终的谈判结果。先报价和后报价各有利弊，互有长短。

（一）先报价的利弊

先报价的优点如下：① 先报价能够设定价格，先声夺人，影响对方。先报价比反应性报价显得更有力量，更有信心。② 先报价的价格将为以后的讨价还价树立起一个界碑。③ 先报价可以占据主动，先施加影响，并对谈判全过程的所有磋商行为持续发挥作用。

先报价的缺点如下：① 当己方对市场行情及对手的意图了解不清时，贸然先报价，往往起到限制自身期望值的作用。② 买方即对方听了卖主的报价以后可能对自己的想法进行调整。由于对卖方的价格起点已有所了解，他们可以修改自己的报价即回价或还价。

（二）后报价的利弊

后报价的优点如下：对方在明处，自己在暗处，可以根据对方的报价及时地修改自己的策略，以争取最大的利益。

后报价的缺点如下：被对方占据了主动，而且必须在对方划定的框框内谈判。

因此，究竟谁先报价要具体分析，看看先报价、后报价哪个对己方有利。如果谈判很激烈，则不妨先报价，以争取主动。如果是正常的客户和正常气氛的谈判，则可以见机行事。

（三）先后报价策略

根据先后报价优缺点的原理，可以总结先后报价的策略和适应情况。

1. 先报价策略

凡符合己方掌握信息优势，己方成交弹性较大，不存在因为信息不全而错误报价，双方

是长期合作伙伴,己方是行家,交易标的物的信息是公开透明且很容易得到等情况的,适合于先报价。在这些情况下,先报价不会受到其缺点的不利影响,却可以提高谈判效率。

如果双方都不愿意先报价,那么卖方或者发起人应该先报价。从公平的角度讲,卖方掌握交易标的物的信息肯定高于买方,有义务先报价。若发起人是处于交易的主导地位,也有先报价的义务。

2. 无所谓先后策略

当报价先后的优缺点不明显时,报价先后就无所谓了。这个策略适用于双方谈判实力相当,即双方对相关信息掌握的程度相差不大,成交弹性也差不多的合作。

3. 后报价策略

符合己方是外行,掌握交易标的物的信息少于对方,成交弹性较小等情况时,选择后报价。后报价的最大好处在于,当你的信息处于劣势时,可以避免因不了解情况而错误报价带来的损失。因为你的第一次报价就是你的最有利价格,以后只能不断地降低,报价的实质就是向对方作出一个承诺。后报价可以先观察判断,可以修改调整,等到比较有把握时再报价,这样的承诺就会比较谨慎成熟。

第四节　磋商阶段的策略

磋商阶段在国际商务谈判中通常叫做讨价还价阶段,是谈判双方面对面讨论协商、争取满足各自利益的实质性过程。它在谈判过程中费时最长,困难最多,是直接影响谈判结局的最重要的一个阶段。该阶段运用的策略具有预谋性、针对性、有效性、保密性等特点。

一、概述

(一) 磋商阶段谈判原则

1. 把握气氛原则

进入磋商阶段之后,谈判双方针对对方的报价要讨价还价,双方之间难免要出现提问和解释、质疑和表白、指责和反击、请求和拒绝、建议和反对、进攻和防守,甚至会发生激烈的辩论和无声的冷场。因此,在磋商阶段仍然要把握好谈判气氛。开局阶段可能已经营造出友好、合作的气氛,进入磋商阶段后仍然要保持这种气氛。如果双方突然收起微笑,表情紧张冷峻,语言生硬激烈,使谈判气氛一下子变得紧张对立起来,就会令人怀疑开局阶段友好真诚的态度是装出来的,以致双方产生不信任感。所以,磋商阶段尽管争论激烈、矛盾尖锐,但仍然要维护已经营造出来的良好的合作气氛,因为只有在良好的合作气氛中,磋商才容易顺利进行。

2. 次序逻辑原则

次序逻辑原则是指把握磋商议题内涵的客观次序逻辑,确定谈判目标启动的先后次序与谈判进展的层次。

在磋商阶段,双方都面临着许多要谈的议题,如果不分先后主次,不讲究磋商进展层次,想起什么就争论什么,就会毫无头绪、造成混乱,毫无效率可言。因此,双方要通过磋商确定

几个重要的谈判议题,按照其内在逻辑关系排列先后次序,然后逐题磋商。一般而言,可以先磋商对后面议题有决定性影响的议题,对此议题达成共识再讨论后面的问题;也可以先对双方容易达成共识的议题进行磋商,将双方认识差距较大、问题比较复杂的议题放到后面去磋商。次序逻辑原则也适用于对某一议题的磋商。某一议题也存在内在逻辑次序,如价格问题就涉及成本、回收率、市场供求、比价等多方面的内容。要考虑最容易讲清楚、最有说服力的内容作为切入点,避免一开始就纠缠在一些不容易说清楚的话题上而争论不休,影响重要问题的磋商。

3. 掌握节奏原则

磋商阶段的谈判节奏要稳健,不可过于急促。因为这个阶段是解决分歧的关键时期,双方对各自观点要进行充分的论证,许多认识有分歧的地方要经过多次交流和争辩。而且某些关键问题一轮谈判不一定能达成共识,要经过多次的重复谈判才能完全解决。一般来说,双方开始磋商时节奏要相对慢些,双方都需要时间和耐心倾听对方的观点,了解对方,分析研究分歧的性质和解决分歧的途径。关键性问题涉及双方根本利益时,必然会坚持自己的观点,但是不肯让步,就有可能使谈判陷入僵局。所以磋商是需要花费较多的时间的,要抓住有利时机不放,加快谈判节奏,不失时机地消除分歧,争取达成一致意见。

4. 沟通说服原则

磋商阶段实质上是谈判双方相互沟通、相互说服、自我说服的过程。没有充分的沟通,没有令人满意的说服,不会产生积极成果。首先,双方要善于沟通,这种沟通应该是双向的和多方面的。一方既要善于传播己方信息,又要善于倾听对方信息,并且积极向对方反馈信息。没有充分的交流沟通,就会在偏见和疑虑中产生对立情绪。沟通内容应该是多方面的,既要沟通交易条件,又要沟通相关理由、信念、期望,还要交流情感。其次,双方要善于说服,要充满信心地去说服对方,让对方感觉到你非常感谢他的协作,而且你也非常乐意努力帮助对方解决困难。让对方了解你并非是取,而是给,要让对方真正感觉到赞成你是最好的决定。说服的原则是从求同开始,解决分歧,达到最后的求同。

(二) 磋商阶段应注意的事项

讨价还价是商务谈判的主体阶段,也是谈判最实质的阶段。在该阶段,谈判的策略和技巧丰富多彩,谈判双方都想最大化自己的利益,促成对己方最有利的谈判。于是,谈判的竞争性达到最强,稍有不慎,谈判就会破裂。因此,谈判人员要多注意,具体如下:

(1) 注意调动对方合作的态度与行为。

(2) 注意发现并满足对方的需求,尤其是基本需求。

(3) 注意让对方了解自己的要求。

(4) 适时冒犯对方。

二、讨价

(一) 讨价的方式

笼统讨价(general bargain)又称全面讨价,该方式多用于第一次要价,一般是买方从总体报价条件全局来看要求卖方重新报价。

具体讨价（specific bargain）又称针对性讨价，指买方针对分项报价内容，要求卖方重新改善价格条件。

（二）讨价的起点

从实践看，讨价起点的确定有两种方法：按评论秩序定讨价起点和按利益最大处定讨价起点。前者符合逻辑，但其成功取决于评论秩序的选择。若评论是及时有利，此顺序会有效；反之，则有问题。后者是经实践证明的屡战屡胜，战必有效的方法。

（三）讨价的次数

讨价次数是一个客观数，又是一个心理数。客观次数指因交易内容而客观存在的讨价次数。客观存在有两类：一是谈判对手不能一次就把价格条件改善到位，需要多次压价。二是有的交易内容本身复杂，包含的类别多。当按分类具体讨价时，其次数自然就多。被讨价人均有保持良好形象的追求，即使谈判地位再优越的谈判对手也不例外。

（四）讨价的策略

1. 步步为营

步步为营是指谈判者在国际商务谈判过程中步步设防，试探着前进，不断地巩固阵地，不动声色地推行自己的方案，让人难以察觉，自己的每一微小让步都要让对方作出艰苦的努力。此策略一般是在谈判时间充裕、谈判议题较少，或是各项议题的谈判均比较艰难时应用。

注意：使用该策略应小心谨慎，力戒急躁和冒进，要做到言行一致，有理有据，使对方觉得情有可原。

被讨价方对本策略的应对如下：

（1）寻找并抓住对方的一两个破绽，全盘或大部分否定对方的要价理由。

（2）坚持本方的要价与让步策略和行动计划，不跟随对方的步调行事，不作对等让步，坚持要求对方作出大的让步，本方其后才作出让步。

（3）以其人之道，还治其人之身，即向对方学习，也步步为营。

（4）运用其他策略技巧，如最后出价、最后通牒、不开先例等来打乱对方的步调。

2. 疲劳轰炸

疲劳轰炸是指通过疲劳战术来干扰对方的注意力，瓦解其意志并抓住有利时机达成协议。在商务谈判中，如果一方谈判者表现出居高临下、先声夺人的姿态，那么，即可采用疲劳战战术。

注意：运用此策略最忌讳的就是以硬碰硬，以防激起对方的对立情绪，使谈判破裂。

被讨价方对本策略的应对：谈判小组的领导者尽量使谈判在正常的工作时间内进行，确保谈判小组成员有固定和足够的时间休息；到外地进行谈判的小组应制定相应的规章制度，谈判以外的时间要由自己安排，而不能按别人的计划行事；对对方的过度安排，要学会说不。

3. 软硬兼施

软硬兼施是指在一两个人或多个人组成的谈判班子中，其中一个成员在谈判初期起主

导作用,小组的另一成员在结尾阶段扮演主角的策略,也称好人坏人策略。

运用此策略时,要求谈判人员相互密切配合。无论是在初期起主导作用还是在结尾扮演主角,谈判人员都要立场强硬、坚定,不要轻易让步。

被讨价方对本策略的应对:首先,放慢让步的速度,不会很快在强硬态度人面前让步;其次,采取相同的技巧,反击回去;最后,对于强硬方不予理睬。

(五)被讨价方在讨价阶段的应对技巧

在讨价过程中,面对讨价方各种各样的讨价方式,被讨价方应该遵循梯次、循理、礼貌反击等规则技巧来加以应对。若是能灵活运用这些谈判规则,对被讨价方将具有十分重要的经济价值。梯次规则指依照一定次序分级或分批地应对讨价;循理规则遵循商务谈判中的相关法则、理念等来应对讨价;礼貌反击指被讨价方运用礼貌的用语、方式等进行反击讨价方的讨价。

此外,被讨价方还可以应用多样化的谈判手法,根据对方不同的讨价方法选择不同应对手段,采取多样化的策略应对。

三、还价

(一)还价的原则

还价(counter-bid)就是针对谈判对手的首次报价,己方所作出的反应性报价。在商务谈判中,要进行有效的还价就必须遵循一定的原则。

在还价之前必须充分了解对方报价的全部内容,准确了解对方提出条件的真实意图。要做到这一点,就要在还价之前设法摸清对方报价中的条件,哪些是关键的、主要的,哪些是附加的、次要的,哪些是虚设的或诱惑性的,甚至有的条件的提出,仅仅是交换性的筹码,只有把这一切搞清楚,才能提出科学的还价。

为了摸清对方报价的真实意图,可以逐项核对对方报价中所提的各项交易条件,探寻其报价依据和弹性幅度,注意倾听对方的解释和说明,但勿加评论,更不可主观地猜度对方的动机和意图,以免给对方反击提供机会。另外,还价应掌握在双方谈判的协议区内,即谈判双方互为临界点和争取点之间的范围,超过此界限,谈判难以获得成功。

如果对方的报价超出谈判协议区的范围,与己方要提出的还价条件相差甚大时,不必草率地提出自己的还价,而应先拒绝对方的报价。必要时可以中断谈判,给对方一个机会,让对方在重新谈判时另行报价。

(二)还价的方式

1. 按分析比价还价

按分析比价还价是指己方不了解所谈产品本身的价值,而以其相近的同类产品的价格或竞争者产品的价格作参考进行还价。

2. 按分析成本还价

按分析成本还价是指己方能计算出所谈判产品的成本,以此为基础加上一定百分比的利润作为依据进行还价。

3. 按还价项目的多少还价

（1）单项还价。单项还价是以所报价格的最小项目还价,即指对主要设备或商品逐项、逐个进行还价,对技术费、培训费、技术咨询费、工程设计费、包装费、运输费逐项还价。

（2）分组。还价分组是指把谈判对象划分成若干项目,并按每个项目报价中所含水分的多少分成几个档次,然后逐一还价。

（3）总体还价。总体还价又叫"一揽子"还价,是指不分报价中各部分所含水分的差异,均按同一个百分比还价。

（三）还价起点的确定

还价起点的总体要求是:① 还价起点要低,力求使自己的还价给对方造成压力,影响或改变对方的判断。② 接近目标,还价起点要低,但又不能太低,还价起点的高度必须接近对方的目标,使对方有接受的可能性,能够保持价格磋商过程得以正常进行。

还价起点的确定,从原则上讲,是既要低,但又不能太低,要接近谈判的成交目标。还价起点受以下三个因素制约:预定成交价、交易物的实际成本和还价次数。预定成交价是买方根据自己的预算所确定的可以接受的成交价格。从理论上讲,还价起点应在预定成交价之内。还价还必须考虑对方接受的可能性,买方的第一次还价很少立即被卖方接受。因此,买方在确定还价起点时应考虑对方的再次攻击及自己的防守余地。若能一次还价成功,还价起点可适当提高一些,激起买方将购买欲望付诸行动。

四、磋商阶段僵局的处理

谈判僵局(negotiation deadlock)是指商务谈判过程中,谈判双方对利益的期望或对某一问题的立场和观点存在分歧,很难达成共识,而又都不愿妥协,谈判进程就会出现停顿,谈判即进入僵局。

协商谈判僵局会有两种后果:一是打破僵局继续谈判,二是谈判破裂。后一种结果是双方都不愿看到的,因此了解僵局出现的原因,掌握运用科学有效的策略和技巧打破僵局,重新使谈判顺利进行下去,就成为谈判者必须掌握的内容。

（一）僵局形成原因

1. 商务谈判人员人为因素

（1）素质低下,导致僵局。谈判人员素质不仅是谈判能否成功的重要因素,而且当双方合作的客观条件良好,共同利益较一致时,谈判人员素质高低往往是起决定性作用的因素。

（2）主观偏见,引起不满。偏见(prejudice)是指根据一定表象或虚假的信息相互作出判断,从而出现判断失误或判断本身与判断对象的真实情况不相符合的现象。在商务谈判中,偏见也是导致僵局出现的常见因素。如果在谈判中由于一方人员从自身情感出发,甚至是带有严重的感情色彩,对对方或谈判议题提出一些不正确的意见或看法,就会导致双方共同讨论的议题无法达到一致的认可,就很容易从主观上引起对方强烈的不满,造成僵局。

（3）言行不慎,伤人自尊。在谈判中,由于一方言行不慎,伤害对方的感情或使对方丢面子,也会形成谈判的僵局,而且这种僵局最难处理。一些有经验的谈判专家认为,许多谈

判人员维护个人的面子甚于维护公司的利益。如果在谈判中,一方感到丢了面子,他会奋起反击挽回面子,甚至不惜退出谈判。这时,这种人的心态处于一种激动不安的状况,态度也特别固执,语言也富于攻击性,明明是一个微不足道的小问题,也毫不妥协退让。自然,双方就很难继续交谈,陷入僵局。

2. 立场和观点的争执

双方各自坚持自己的立场和观点而排斥对方的立场和观点,自然会形成僵持不下的局面。在谈判过程中,如果双方对各自的立场和观点产生主观偏见,认为己方是正确合理的,而对方是错误的,并且谁也不肯放弃自己的立场和观点,往往会出现争执,陷入僵局。双方真正的利益需求被这种立场与观点的争论所扰乱,而双方又为了维护自己的面子,不但不愿作出让步,反而用强硬的语气指责对方,迫使对方改变立场和观点,谈判就变成了不可相容的立场对立。谈判者出于对己方立场和观点的维护心理,往往会产生偏见,不能冷静尊重对方观点和客观事实,双方都固执己见,排斥对方,而把利益忘在脑后,甚至为了"捍卫"立场和观点的正确而以退出谈判相要挟。这种僵局处理不好就会破坏谈判的合作气氛,浪费谈判时间,甚至伤害双方的感情,最终使谈判走向破裂。立场和观点争执所导致的僵局是比较常见的,因为人们很容易在谈判时陷入立场和观点的争执不能自拔而使谈判陷入僵局。

3. 谈判双方实力不均、定位偏差

当今社会异彩纷呈,企业的规模大小不一,生产的产品种类繁多,经营方式多种多样。因此,参与各种商务谈判的企业也并非都是实力相当、经营性质一致的。经常存在着洽谈双方一方强、一方弱,一方大、一方小等差别。这种情况往往容易使双方在进入谈判时的角色定位产生偏差。例如,强者一方容易把自己在地位上确定得高于对方,在心理上凌驾于对方之上,说话的口气也颇有"大家之气",从而忽视了谈判双方在谈判地位、人格上的平等性,导致谈判另一方不能接受这种谈判形式或过程,使谈判陷入僵局。

4. 信息沟通的障碍

谈判过程是一个信息沟通的过程,只有双方信息实现正确、全面、顺畅的沟通,才能互相深入了解,才能正确把握和理解对方的利益和条件。但是,实际上双方的信息沟通会遇到种种障碍,造成信息沟通受阻或失真,使双方产生对立,从而陷入僵局。信息沟通障碍是指双方在交流信息过程中由于主客观原因所造成的理解障碍,其主要表现为:由于双方文化背景差异所造成的观念障碍、习俗障碍、语言障碍,由于知识结构和教育程度的差异所造成的问题理解差异,由于心理、性格差异所造成的情感障碍,由于表达能力和表达方式的差异所造成的传播障碍等。信息沟通障碍使谈判双方不能准确、真实、全面地进行信息、观念、情感的沟通,甚至会产生误解和对立情绪,使谈判不能顺利进行下去。

5. 其他因素

在进行国际商务谈判的一段时间内很有可能出现一些其他的偶发情况,当这些情况涉及谈判某一方面的利益得失时,谈判就会由于这些偶发因素(如外部环境的变化)的干扰陷入僵局。在谈判中因环境的变化,谈判者对已作出的承诺不好食言,但又无意签约,采取不了了之的拖延,使对方忍无可忍,造成僵局。

（二）谈判僵局的影响

1. 消极影响

（1）严重影响谈判效率和谈判的进程。谈判僵局的出现，将会严重地影响谈判的效率和谈判的进程，使得双方必须花费更多的精力和时间去调节利益，修补关系。这样就会增加谈判的成本，使双方的利益受到影响。另外，僵局还会影响双方的关系，不利于企业的长期合作发展。如果僵局处理不当就会导致谈判的破裂。

（2）影响谈判者的自信。许多谈判者把僵局视为失败的概念，企图竭力避免它，在这种思想指导下，不是采取积极的措施避免，而是消极躲避。在谈判开始之前，就祈祷能顺利地与对方达成协议，完成交易，不出意外麻烦。特别是当谈判者负有与对方签约的使命时，这种心情就更为迫切。这样一来，为避免出现僵局，就处处迁就对方，一旦陷入僵局，就会很快地失去信心和耐心，甚至怀疑起自己的判断力，对预先制订的计划方案也产生了动摇。这种思想阻碍了谈判人员更好地运用谈判策略，事事迁就的结果就是达成一个对己不利的协议。

2. 积极影响

（1）谈判暂停，可以使双方都有机会重新检查各自谈判的出发点，既能维护各自的合理利益，又注意挖掘双方的共同利益。如果双方都逐渐认识到弥补现存的差距是值得的，并愿采取相应的措施，包括作出必要的进一步妥协，那么这样的谈判结果也真实地符合谈判原本的目的。

（2）双方通过谈判，即使没有成交，但彼此之间加深了了解，增进联系，也并非坏事，而且可以说在某种程度上是一件有意义的好事。因此，谈判中僵局的出现并不可怕，重要的是要正确地对待和认识它，并且能够认真分析导致僵局的原因，以便对症下药，打破僵局，使谈判得以顺利进行。即使谈判破裂，也可以避免非理性的合作，即不能同时给双方都带来利益上的满足。有些谈判似乎形成了一胜一负的结局。实际上，失败的一方往往会以各种方式来弥补自己的损失，甚至以各种隐蔽的方式挖对方的墙脚，结果导致双方都得不偿失。所以说，谈判破裂并不总是以不欢而散而告终的。

（3）僵局是谈判的动力。谈判双方只有在某些问题上遇到了矛盾，形成了僵局，谈判才有动力。

（三）打破僵局的策略

1. 正确认识谈判中的僵局

在谈判中，谈判双方都应该认识到，僵局的出现对任何一方都不利。如果能正确认识，恰当处理，会变不利为有利。把僵局视为一种策略，可以胁迫对手妥协。但被胁迫一方不能一味地妥协退让，这样，不但僵局避免不了，还会使自己十分被动。要具备勇气和耐心，在保全对方面子的前提下，灵活运用各种策略、技巧，就可以化解僵局。

2. 对利益进行理性思考

在谈判陷入僵局的时候，有些谈判者会脱离客观实际，盲目地坚持自己的主观立场，甚至忘记了自己的出发点是什么，由此而引发矛盾，当矛盾激化到一定程度即形成了僵局。这时，应设法建立一项客观的准则，即让双方都认为是公平且易于实行的办事原则、程序或衡

量事物的标准,充分考虑到双方潜在的利益到底是什么,从而理智地克服一味希望通过维持自己的立场来"赢"得谈判的做法。

3. 利益协调法

当双方在同一问题上利益发生尖锐对立,并且各自理由充足,均无法说服对方,又不能接受对方的条件,从而使谈判陷入僵局时,可采用利益协调法打破僵局。利益协调法即让双方从各自的目前利益和长远利益的结合上看问题,使双方的利益进行协调,最终达成谈判协议。因为如果都追求目前利益,可能都失去长远利益,这对双方都是不利的。只有双方都作出让步,协调双方的关系,才能保证双方的利益都得到实现。

4. 避重就轻,转移视线

当谈判陷入僵局,经过协商而毫无进展,双方的情绪均处于低潮时,可以采用避开该话题的办法,换一个新的话题与对方谈判,以等待高潮的到来。横向谈判是回避低潮的常用方法。由于话题和利益间的关联性,当其他话题取得成功时,再回来谈陷入僵局的话题,便会比以前容易得多。有时谈判之所以出现僵局,是僵持在某个问题上。在商务谈判过程中,往往存在多种可以满足双方利益的方案,而谈判人员经常简单地采用某一方案,而当这种方案不能为双方同时接受时,僵局就会形成。这时,谁能够创造性地提出可供选择的方案,谁就能掌握谈判的主动权。谈判者可以把这个问题避开,磋商其他条款。当然,这种替代方案一定是既能有效地维护自身的利益,又能兼顾对方的利益要求。不要试图在谈判开始就确定一个唯一的最佳方案,因为这往往阻止了许多其他可作选择的方案的产生。如双方在价格条款上互不相让,僵持不下,就可以把这一问题暂时抛在一边,洽谈交货日期、付款方式、运输、保险等条款。如果在这些问题处理上,双方都比较满意,就可能坚定了解决问题的信心。如果一方特别满意很可能对价格条款作出适当让步。

5. 运用休会策略

休会策略是谈判人员为控制、调节谈判进程,缓和谈判气氛,打破谈判僵局而经常采用的一种基本策略。有时候,当谈判进行到了一定阶段或遇到某种障碍时,谈判双方或其中一方提出休会,以使谈判者恢复体力和调整对策,推动谈判的顺利进行。

 **案例**

聪明的中方代表

某种稀有产品是中国的特产,底价是每千克30美元,外商P前来购买,A是已方代表。第一天上午,外商看了样品、规格,双方初步谈了一下意向。第一天下午,谈判开始,A即提出每千克38美元的要价,外商感到吃惊:"价格这么高,是不是搞错了?""没有,没有搞错!"在得到确实的回答以后,外商要求降低售价。双方各自陈述理由,谈了半天,价格只降了1美元,外商还是不满意,双方就这样僵持着。晚餐的时候传来消息,有一个紧急会议需要A离开,以后的

（续上）

> 谈判委派 B 来接任。第二天上午,B 面带微笑与外商一起坐到谈判桌旁,他还亲自给外商递过去一杯中国绿茶。外商询问价格,B 笑着说:"听说昨天你们已经谈妥,价格是 37 美元。"外商一听,连说:"搞错了,搞错了,根本还没有达成协议呢!"接着,再次开始价格拉锯,到中午时,B 说:"这样吧,我们再让 0.5 美元如何? 我原来以为你们已经谈妥,我是受命前来商谈其他细节的,价格方面我没有足够的权力,下午 A 会回来。现在要么你同意这个价格,要么你与 A 再谈。"外商顶了一句:"那么 A 是否有决定权?""是的,A 有决定权。"B 说。第二天下午,A 没有来得及回来,谈判暂停,安排外商游览当地名胜。第三天上午,A 与外商再次谈判,提出的起价点是 37 美元。外商一听,又急又火:"怎么昨天谈的不算呢?""可以,就以 36.5 美元成交!"A 说。"不,不! 你们怎么能指望我出 35 美元以上的价格来买你们的产品呢?"情急之中,外商说漏了嘴,A 立刻抓住:"这么说,你愿意按每千克 35 美元的价格成交了?"外商只好同意,这样,成交价要比底价高 16.7%。
>
> 本案例中我方代表谈判成功的关键在于巧妙运用休会策略。第一天,在谈判进入僵局时,以 A 有紧急会议为借口休会;第二天,故意派没有决策权的 B 来,以决策人不在为由,只谈细节不谈价格,外商无奈,只有再次中断谈判;第三天,利用外商快速结束谈判的心理,我方将价格从 38 美元降到 35 美元成交。
>
> 案例来源:刘宏. 国际商务谈判. 大连:东北财经大学出版社,2010.

谈判出现僵局,双方情绪都比较激动、紧张,会谈一时也难以继续进行。这时,提出休会是一个较好的缓和办法,东道主可征得客人的同意,宣布休会。双方可借休会时机冷静下来,仔细考虑争议的问题,也可以召集各自谈判小组成员,集思广益,商量具体的解决办法。谈判呈现僵局而一时无法用其他双方都能接受的方法打破时,可以采用冷处理的办法,即总结已取得的成果,然后决定休会,使双方冷静下来认真考虑对方的要求,同时各方可进一步对市场形势进行研究,以证实自己原观点的正确性。当双方再按预定的时间、地点坐在一起时,会对原来的观点提出修正的看法。这时,僵局就会较容易被打破。

第五节　妥协阶段的策略

商务谈判的妥协阶段也是让步阶段,如果谈判双方都坚持自己的阵线而不后退半步的话,谈判永远也达不成协议,谈判追求的目标也就无法实现。谈判者都要明确他们要求的最终目标,同时他们还必须明确为达到这个目标可以或愿意作出哪些让步,并作多大的让步。

一、让步的概述

让步(compromise)在商务谈判中是指谈判双方向对方妥协、退让己方的理想标准,降低己方的利益要求,向双方期望目标靠拢的谈判过程,其本身就是一种策略,它体现谈判者用

主动满足对方需要的方式来换取己方需要的精神实质。

（一）考虑对方的反应

在作出让步的决策时，事先要考虑到对方会有什么样的反应。总的来讲，己方的让步给对方造成的影响和反应有以下三种情况：

（1）对方很看重己方所作出的让步，并感到心满意足，甚至会在其他方面也作些松动和让步作为回报，这是己方最希望的结果。

（2）对方对己方所作的让步不很在乎，因而在态度上或其他方面没有任何改变或是松动的表示。

（3）己方的让步使对方认为己方的报价有很大的水分，甚至认为只要他们再加以努力，己方还会作出新的让步。

（二）让步的原则

谈判中的让步不仅仅取决于让步的绝对值的大小，还取决于彼此的让步策略，即怎样作出让步，以及对方怎样争取到让步。在具体讨价还价的过程中，要注意以下几方面的基本原则。

1. 维护整体利益

要注意整体利益不能因为局部利益的损失而造成损害，局部利益的损失是为了更好地维护整体利益。谈判者在让步前一定要弄清楚什么问题可以让步，什么问题不能让步，让步的最大限度是什么，让步对全局的影响是什么等。

2. 不做无谓的让步

谈判者心中要清楚，让步必须建立在对方创造条件的基础上，而且对方创造的条件必须是有利于己方整体利益的。让步的代价一定要小于让步所得到的利益。不要做无谓的让步，应体现对己方有利的宗旨。

3. 选择好让步时机

让步要让在关键环节上，要让得恰到好处，使己方较小的让步能给对方以较大的满足。让步之前必须经过充分的磋商，时机要成熟，使让步成为画龙点睛之笔，而非画蛇添足。

4. 确定适当的让步幅度

让步的幅度要适当，一次让步的幅度不宜过大，让步的节奏也不宜过快。如果一次让步过大，会把对方的期望值迅速提高，会提出更高的让步要求，使己方在谈判中陷入被动局面。

5. 不要承诺作出与对方同等幅度的让步

即使双方让步幅度相当，但是双方由此得到的利益也不一定相同。不能单纯从数字上追求相同的幅度，我们可以让对方感到己方也作出了相应的努力，以同样的诚意作出让步，但是并不等于幅度是对等的。

6. 在让步中讲究技巧

在关键性问题上力争使对方先作出让步，而在一些不重要的问题上己方可以考虑主动作出让步姿态，促使对方态度发生变化，争取他的让步。

7. 不要轻易向对方让步

商务谈判中双方作出让步是为了达成协议而必须承担的义务。但是必须让对方懂得，己方每次作出的让步都是重大的让步。使对方感到必须付出重大努力之后才能得到一次让步，这样才会提高让步的价值，也才能为获得对方的更大让步打下心理基础。

8. 每次让步后要检验效果

己方作出让步之后要观察对方的反应：对方相应表现出的态度和行动是否与己方的让步有直接关系，己方的让步对对方产生多大的影响和说服力，对方是否也作出相应的让步。

(三) 让步的实施步骤

1. 确定谈判的整体利益

让步的第一个步骤是在谈判的准备阶段进行的。在谈判的准备阶段，谈判者首先要权衡利弊，确定己方的整体利益。

2. 时机要适当，行为要适当

一般而言，在有可能作出让步时，只在行动上露口风或暗示。

3. 你让我才让，以让换让

把本方的让步与对方的让步联系起来，没有得到对方的某个交换条件时，永远不要轻易让步。

二、迫使对方让步策略

(一) "戴高帽"、磨时间策略

"戴高帽"是以切合实际有时甚至是不切实际的好话颂扬对方，使对方产生一种友善甚至是受到恩宠的好感，进而放松思想警戒，软化对方的谈判立场，从而使己方目标得以实现的做法。恭维应该恰到好处、不露声色。

磨时间是以时间做论战工具，即在一段时间里表示同一观点，等对方改变。磨时间对异地或异国谈判的人压力很大。

(二) "意大利香肠"策略

一位高明的谈判者在谈判之初并不提出自己全部的、真正的要求，而是随着谈判的不断深入，采取挤牙膏的方法，顺顺当当地使对方作出一个又一个的让步，直到所有的要求得到满足。该策略的具体内容是：意欲取其尺利，则每次谋取毫厘，就像切香肠一样，一片一片地把最大利益切到手。

 **知识拓展**

意大利香肠

在意大利，一个乞丐求对方可怜他，给他切一薄片香肠。对方认为这个要求可以，就切了一片。就这样，一片又一片，整根香肠全被乞讨者得到了。

（续上）

"意大利香肠"策略一词据说源于前匈牙利共产党总书记科拉西·马加什。他在谈判中使用这一策略时说："假如你想得到一根意大利香肠，而你的对手把它抓得很牢，这时你一定不要去抢。你先恳求他给你薄薄的一片，这样对方才不会在意，至少不会十分计较。第二天你再求他给你薄薄的一片，第三天还是如此。这样日复一日，一片接一片，整根香肠就会归你所有。"科拉西·马加什的形象解说深刻地揭示了"意大利香肠"策略的精髓。一般来说，人们对比较小的要求容易给以满足，而对较高的要求就会感到困难。因此，有经验的谈判者绝不会一开始就提出自己所有的要求，而是在谈判的过程中把自己所需要的条件一点一点地提出，这样累计起来，就得到了比较优惠的条件。该策略在商务谈判中运用得十分广泛。谈判桌上常常听到"不就是一角钱吗"、"不就多运一段路吗"、"不就是耽搁一天吗"等话语，遇到这种情况，应当警觉，也许对方正在使用"意大利香肠"策略。特别是当谈判经过双方的讨价还价阶段之后，有的谈判者总是试探着前进，不断地巩固阵地，不动声色地推行自己的方案，让人们难以觉察，最终获得较大的利益。

（三）私下接触策略

在谈判过程中，谈判人员还可以有意识地同对手私下接触，一起去娱乐游玩，以期增加双方的了解和友谊，促进谈判的顺利发展，这被称为"私下接触"策略。这种策略尤其适用于各方的首席代表。一般来说，凡是可以使双方人员一起高高兴兴地消遣一下的地方都是可以选择的。

（四）情绪爆发策略

情绪爆发策略的基本做法是：当双方在某一问题上相持不下时，或者对方的态度、行为欠妥，或者要求不合理时，己方可抓住这一时机，突然情绪爆发，大发脾气，严厉指责对方无理，有意制造僵局。情绪爆发的强度应视谈判环境和气氛而定。但不管怎样，强度应该保持在较高水平上，甚至拂袖而去，这样才能震撼对方，产生足够的威慑作用。一般来说，如果对方不是谈判经验丰富的行家，在突然激烈冲突的巨大压力下，往往会手足无措，动摇信心和立场，甚至怀疑和检讨自己是否做得太过分，而重新调整和确立谈判方针和目标，并作出某些让步。

（五）吹毛求疵策略

吹毛求疵策略就是专门寻找产品的缺陷，并加以放大。这是一种比较常见且卓有成效的讨价还价策略。假设你看中一款心仪的服装，仅此一家，非买不可，你千万不能表露出你的真实心理，否则，卖家就会很强硬，毫不妥协了。最好的办法是先侦察一下，全面准确地了解对方的信息，然后开始讨价还价。你可以对产品进行挑剔，尽管那些都不是问题。如果对方证据充分，滴水不漏，头头是道，那你就从主观上挑毛病。

（六）竞争策略

制造和创造竞争是谈判中迫使对方让步的最有效的武器和策略。当一方存在竞争对手时,其谈判的实力就大为减弱,其面临的选择就是要么让步、要么放弃。在竞争日益激烈的社会,竞争对手的出现,会给对方造成很大的心理压力。因此,在谈判中,应注意制造和保持与对方的竞争局面。

三、"最后通牒"的策略

谈判中的"最后通牒"策略有两种情况:

一是利用最后期限。最后期限是指谈判的结束时间,也称为死线(deadline)。让步往往在这个时刻才会发生。在谈判双方争执不下、对方不愿作出让步来接受己方交易条件时,为了逼迫对方让步,己方可以向对方发出"最后通牒",即如果对方在这个期限内不接受己方的交易条件并达成协议,则己方就宣布谈判破裂而退出谈判。

二是面对态度顽固、暧昧不明的谈判对手,以强硬的口头或书面语言向对方提出最后一次必须回答的条件,否则将退出谈判或取消谈判,由此迫使对方改变态度,接受己方提出的条件。

 案例

艾柯卡的"最后通牒"

美国汽车界名人艾柯卡在接受管理濒临绝境的克莱斯勒公司后,感到必须压低工人的工资,才能保证企业的运转。他首先将自己的年薪从 36 万美元减到 10 万美元,又降低了高级职员的工资。随后,他对工会领导说:"17 美元 1 小时的活有的是,20 美元 1 小时的活 1 件也没有。现在好比我拿着手枪顶着你们的脑袋,你们还是聪明的。"工会并没有答应艾柯卡的条件。双方僵持了 1 年。最后,形势迫使艾柯卡发出"最后通牒"。一天晚上 10 点钟,艾柯卡找到了工会谈判委员会,对他们说:"明天早晨以前,你们非作出决定不可。如果你们不帮我的忙,我也要让你们不好受。明天上午我可以宣布公司破产。你们还可以考虑 8 小时。怎么办好,你们看着办吧!"最后,工会答应了艾柯卡的要求。

本案例中艾柯卡在与工会谈判僵持一年无果之后,背水一战,运用工会若不做出决策就宣布公司破产的"最后通牒"策略,使工人工资降低,减少企业成本,拯救了克莱斯勒公司。但我们也应看到,"最后通牒"策略虽然可以收到成效,但也具有冒险性。这一点,艾柯卡在其自传中也承认。他说:"这绝不是谈判的好办法,但是有时候只能这么办"。

案例来源:赵春明.商务谈判[M].北京:中国财政经济出版社,2000.

(一)"最后通牒"的使用条件

(1)谈判者要知道自己处于一个强有力的地位,所有的竞争对手都不具有自己的条件。

(2)特别是该笔交易对对方来讲,要比对己方更为重要,对方现在所持的立场确已超过

自己的最低要求。这一点是运用这一策略的基础和必备条件。

（3）使用"最后通牒"必须出其不意、攻其不备。

（4）你的最后价格、建议在对方的接受范围之内。不然，对方宁肯中断谈判，也不会妥协。

（5）"最后通牒"要在谈判的最后阶段或最后关键时刻才使用。双方经过旷日持久的谈判，花费大量人力、物力、财力和时间，一旦谈判不成功，这些成本将付之东流。这样，对方会因无法负担失去这笔交易所造成的损失而非达成协议不可。

（6）"最后通牒"的提出必须是具体明确、毫不含糊、坚定有力、不露声色的，不让对方存有任何幻想。同时，己方也要做好对方真的不让步而退出谈判的思想准备，以免到时惊慌失措。

（二）"最后通牒"的注意事项

怎样才能使对方相信你发出的是最后期限的通牒呢？这需要用言语、动作来加以表达。

（1）"最后通牒"的要求、内容、时间一定要明确、具体，语气一定要坚定，不容通融。

（2）用谈判桌外的行动来配合你谈判桌上发出的"最后通牒"，比如收拾行李、与旅馆结账、预订车票或机票、购买土特产等，让对方确信你的归意已决。

（3）由谈判队伍中的领导来发出"最后通牒"。发出"最后通牒"的人级别越高，真实性越强，当然，改变的可能性也就越小，改变的难度也就越大。

对付"最后通牒"的技巧是：

（1）不理睬对方，像没有发生任何事情一样。

（2）以令人信服的论证反驳对方。

（3）改变交易条件。

（4）暂时休会，让对方重新考虑其要求的利弊得失。

（5）转换话题，打破僵局，给对方一个台阶下，使之体面地收回通牒。

（6）取消谈判，回敬对方，以探其诚意。

第六节　成交阶段的策略

谈判双方的期望已相当接近时，就都会产生结束谈判的愿望。成交阶段就是双方下决心按磋商达成的最终交易条件成交的阶段。在谈判的最后阶段，虽然双方经过讨价还价，谈判的每个问题都取得不小进展，交易已渐趋明朗，但仍存在一些障碍，此时如果放松警惕，急于求成，则可能功亏一篑。这一阶段的主要目标有三方面：一是力求尽快达成协议；二是尽量保证已取得的利益不丧失；三是争取最后的利益收获。

一、场外交易策略

当谈判进入成交阶段，双方已经在绝大多数议题上取得了一致意见，仅在某一两个问题上存在分歧、相持不下而影响成交时，即可考虑采取场外交易，如酒宴或其他娱乐场所等。因为这时仍把问题摆到谈判桌上继续商讨，往往难以达成协议，具体原因如下：

（1）过长时间的谈判会影响谈判协商的结果。

（2）谈判桌上紧张、激烈、对立的气氛及情绪迫使谈判者自然地去争取对方让步，让步方会被对方视为投降或战败方。

（3）即使某一方主谈人或领导人头脑仍能保持冷静，认为作出适当的让步以求尽快达成协议是符合己方利益的，但因同伴态度坚决、情绪激昂而难以当场作出让步的决定。

场外轻松、友好、融洽的气氛和情绪则很容易缓和双方剑拔弩张的紧张局面，轻松自在地谈论自己感兴趣的话题，交流私人感情，有助于化解谈判桌上遗留的问题，双方往往会很大度地相互作出让步而达成协议。

需要指出的是，场外交易的运用，一定要注意谈判对手的不同习惯。有的国家的商人忌讳在酒席上谈生意，所以必须事先了解清楚，以防弄巧成拙。

二、权力有限策略

权力有限策略是指当双方人员就某些问题进行协商，一方要求对方作出某些让步时，另一方可以向对方宣称，在这个问题上，授权有限，他无权向对方作出这样的让步，或无法更改既定的事实。此策略一般是在对方要求条件过高或本方需要对方在后期作出更大让步的情形下使用。运用该策略时应注意以下几点：

（1）权力有限作为一种策略，只是一种对抗对手的"盾牌"。"盾牌"的提出要严密，让人难辨真伪，同时也能凭借己方的"底牌"来决定是否改变要求、作出让步。

（2）运用这一策略时，如果要撤销"盾牌"也并不困难，可以说已请示领导同意便可以了。

（3）采用权力有限策略时要慎重，不要使对方感觉你没有决策权，不具备谈判的能力。

（4）不要让对方失去与你谈判的诚意和兴趣，从而无法达成协议。

本策略的应对如下：在正式谈判开始就迂回地询问对方是否有拍板定案的权力；要求对方尽快通过电话、电传等同其领导联系，尽快解决权力有限的问题。

三、最后一次报价或还价

在这个阶段，双方都要做最后一次报价。最终报价时要注意：

（1）不要过于匆忙地报价，否则会被认为是另一个让步，对方会希望再得到些利益。如果报价过晚，对局面就不起作用或影响很小。为选好时机，最好把最后的让步分成两步走，主要部分在最后期限之前提出，给对方留一定时间回顾和考虑；次要让步作为最后的好处，安排在最后时刻提出。

（2）最后让步的幅度大小，必须足以成为预示最后成交的标志。在决定最后让步幅度时，一个主要因素是看对方接受这一让步的人在对方组织中的地位。合适的让步幅度是，让步幅度比较大，并且大到刚好满足较高职位的人维持其地位和尊严的需要；但是，让步幅度也不能过分大，以免对方的上司指责他没有再坚持，以求得到更大的好处。

（3）让步与要求同时并提。除非我方的让步是全面接受对方现实的要求，否则必须让对方知道，己方所作出的最后让步是指望对方予以响应，作出相应的让步。

四、成交阶段其他注意事项

在协议阶段,谈判人员仍需要注意其他事项,不能马虎随意,主要包括以下几点。

1. 文字

对于重要的协议,其文字必须字斟句酌,务必清晰、准确,不留技术和法律上的漏洞,以防在执行的过程中造成麻烦。

2. 签约地点

尽管协议经过了双方的认可,又有法律顾问的审阅,但在执行的过程中仍有可能产生对条文的歧义,因而难以完全避免提起诉讼。如果谈判双方不在一个地区,那就会产生诉讼由哪个地区法院审理的问题。我国《民事诉讼法》规定:"因合同纠纷提起的诉讼,由被告住所地或者合同履行地人民法院管辖。"在签订协议时尽量要选择对自己有利的地区,并在合同中加以注明。

3. 法律

市场经济本质上就是法制经济,可许多人还缺乏法律意识,经常碍于人情面子,或相信经验、关系,使协议成为君子协议,在执行的过程中产生许多的麻烦,甚至给组织造成不可弥补的恶果。因此,在签订协议时,一定要聘请法律顾问审阅,避免出现法律上的错误或疏漏。重要的协议,还应到法律公证处公证,使其具有法律效力,以便日后监督执行。

五、结束谈判

结束谈判时注意以下几个问题:

(1)表现出对"结束谈判"的积极态度,反复询问对方:"既然我们对所有的问题都已达成共识,为何现在不就签署协议呢?"

(2)在要求结束谈判时,话不必多,以免忽略了对方的反应,同时,话太多也会让对方觉得你紧张以及情绪不稳定。

(3)反复询问对方,影响达成协议的问题何在。可能在对方的回答里,你能够找到解决困境的线索。

(4)反复告诉对方,达成协议是很明智的选择,尽量把理由说得堂堂正正。

(5)不妨假定谈判已经达成协议。如果你是买方,准备一支笔记下协议要点,并询问对方支票开立的日期;如果你是卖方,询问买家货物该送往什么地方。

(6)和对方商量协议的具体内容,比如遣词用字、运送方式,以示该谈判已在主要问题和价格上达成共识。

(7)以行动表示。业务人员开始填写订单,卖方则给卖家购货凭证,并相互握手。

(8)提供一项特别的优惠,诱使对方尽早结束谈判。

(9)以讲故事的方式告诉对方,某商人就是因为错失达成协议的机会,使自己陷入痛苦的境地,从反面衬托出双方成交是桩很值得的事情。

(10)除非屡遭拒绝,否则不要随便放弃。

 本章小结

1. 谈判是一种面向未来的整体概念,是客观存在的、具体的、单方面采取行为的方法,具有主观能动性。

2. 国际商务谈判策略具体可以分为战略策略和战术策略,姿态策略和情景策略,进攻性策略和防守性策略,时机策略和方位、方法策略以及单一策略和综合策略。

3. 国际商务谈判阶段一般分为开局阶段、报价阶段、磋商阶段、妥协阶段和成交阶段。各个阶段特点、着重点不同,应用的谈判策略也各有不同,谈判者要及时把握谈判阶段,选择最优谈判策略。

思考与练习

一、单项选择题

1. 在国际商务谈判中,有两种典型的报价战术,即西欧式报价和( )。
   A. 中国式报价　　　B. 日式报价　　　C. 东欧式报价　　　D. 中东式报价

2. 在谈判中达成一致意见最理想的话题是( )。
   A. 单刀直入的话题　　　　　　　　B. 轻松愉快的话题
   C. 抓住谈判问题的中心话题　　　　D. 敏感性话题

3. 谈判过程的主体阶段是( )。
   A. 开局　　　　　B. 准备　　　　　C. 签约　　　　　D. 报价和磋商

4. 对方报价完毕后,己方正确的做法是( )。
   A. 马上还价　　　　　　　　　　　B. 要求对方进行还价
   C. 提出自己的报价　　　　　　　　D. 否定对方报价

5. 处理谈判僵局最有效的途径是( )。
   A. 邀请高级别领导人介入谈判　　　B. 将导致谈判僵局的因素消灭在萌芽中
   C. 当谈判僵局出现后再磋商　　　　D. 僵局出现后撤换谈判人员

6. 谈判人员注意力最差的阶段是( )。
   A. 开局　　　　　B. 实质性谈判　　　C. 结束　　　　　D. 准备

7. 让步的实质是( )。
   A. 损失　　　　　B. 妥协　　　　　C. 逃避　　　　　D. 策略

8. 对谈判对手提出的问题,己方应该( )。
   A. 从正面回答所有问题　　　　　　B. 以问代答一时难以回答的问题
   C. 以最快的速度回答问题　　　　　D. 彻底地回答每一个问题

二、多项选择题

1. 开局阶段谈判人员的主要任务有( )。
   A. 创造谈判气氛　　B. 讨价　　　　C. 开场陈述　　　D. 报价
   E. 交换意见

2. 进行报价解释时必须遵循的原则有（　　　）。

　　A. 不问不答　　　　B. 有问必答　　　C. 避实就虚　　　D. 能言不书

　　E. 真实可靠

3. 下列论述中,错误的有（　　　）。

　　A. 冲突性较大的谈判,先报价有利　　　　B. 冲突性较大的谈判,后报价有利

　　C. 合作性较大的谈判,先报价有利　　　　D. 合作性较大的谈判,后报价有利

　　E. 合作性较大的谈判,报价顺序无所谓

4. 报价阶段的策略主要体现在（　　　）。

　　A. 报价的先后　　　　　　　　　　B. 如何报价

　　C. 怎样对待对方的报价　　　　　　D. 报价的时机

　　E. 报价的形式

5. 可能导致谈判僵局的谈判者行为有（　　　）。

　　A. 强调产品质量　　　　　　　　　B. 不讲礼节

　　C. 忽视另一方的存在　　　　　　　D. 过多地询问对方

　　E. 过少介绍资料

6. 买方还价中,在每次还价幅度已定的情况下,（　　　）。

　　A. 当准备还价次数较多时,还价起点就要较低

　　B. 当准备还价次数较多时,还价起点就要较高

　　C. 当准备还价次数较少时,还价起点就要较高

　　D. 当准备还价次数较少时,还价起点就要较低

　　E. 准备还价的次数与还价的起点没有关系

7. 商务谈判中,让步的基本原则有（　　　）。

　　A. 一次让步的幅度不要过大,节奏不宜太快

　　B. 不要承诺做同等幅度的让步

　　C. 使对方觉得己方让步不是件容易的事情

　　D. 在己方认为重要的问题上自己先让步

　　E. 使己方较小的让步能给对方以较大的满足

8. 下列僵局的论述中,正确的有（　　　）。

　　A. 僵局对己方是不利的　　　　　　B. 僵局对谈判者形成巨大的压力

　　C. 制造僵局是一种技巧　　　　　　D. 僵局是一种不确定的状态

　　E. 僵局对双方均不利

三、名词解释

1. "最后通牒"策略　　　2. 欧式报价　　　3. 日式报价

四、简答题

1. 在开局阶段,谈判者应注意哪些点?

2. 在综述报价阶段,谈判者应如何报价?

3. 在磋商阶段,谈判者如何讨价还价?

4. 简述谈判中迫使谈判对手让步的策略。

5. 进行报价解释时必须遵循哪些原则？

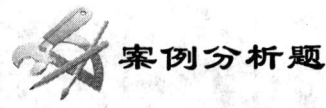 **案例分析题**

原则立场分歧致使谈判僵局

中海油某公司欲从澳大利亚某研发公司(以下简称 C 公司)引进"地层测试仪"，双方就该技术交易在 2000 至 2002 年期间举行了多次谈判。

地层测试仪是石油勘探开发领域的一项核心技术，掌控在国外少数几个石油巨头公司手中，如斯伦贝谢、哈利伯顿等。他们对中国实行严格的技术封锁，不出售技术和设备，只提供服务，以此来占领中国广阔的市场，赚取高额垄断利润。

澳大利亚 C 公司因缺乏后续研究和开发资金，曾在 2000 年之前主动带着他们独立开发的、处于国际领先水平的该设备来中国寻求合作者，并先后在中国的渤海和南海进行现场作业，效果很好。

中方于 2000 年年初到澳方 C 公司进行全面考察，对该公司的技术设备很满意，并就技术引进事宜进行正式谈判。考虑到这项技术的重要性以及公司未来发展的需要，中方谈判的目标是出高价买断该技术。但 C 公司坚持只给中方技术使用权，允许中方制造该设备，技术专利仍掌控在自己手中。他们不同意将公司赖以生存的核心技术卖掉，委身变成中方的海外子公司或研发机构。双方巨大的原则立场分歧使谈判在一开始就陷入僵局。

案例来源：http://wenku.baidu.com/view/4c52950003d8ce2f006623db.html.

分析：在本案例中僵局形成的原因是什么？应怎样化解？

第八章　国际商务谈判中的沟通

学习目标

通过本章的学习,学生应掌握国际商务谈判沟通的概念,认识国际商务谈判沟通的作用及分类,了解国际商务谈判中的行为语言,掌握沟通中听辩问答的技巧。

第一节　谈判沟通概述

在国际商务谈判过程中,沟通贯穿始终,它既是谈判的前奏,也是谈判中必需的一个环节,更是巩固谈判成果所必不可少的。因此,研究沟通问题,有利于认识它的规律,有利于充分利用它为谈判服务。

一、谈判沟通定义

沟通(communication)是指为了设定的目标,把信息、思想和感情在个人或群体之间传递,并达成共同协议的过程。国际商务谈判沟通(international business negotiation)是指在国际商务活动中,来自不同国家和地区的谈判双方或多方主体以达成某项交易为目的,彼此交换信息,并作出决策,达成协议的过程。

案例

一句话把人说跳

在一家服装店,一位老年人挑选了一件肥大的上衣,售货员见老人挑的这件衣服过于肥大,就说:"这件衣服您不能穿。"老人感到奇怪,就随口问道:"怎么不能穿?"售货员说:"这件衣服能装你俩。"老人一听,不高兴了,怒气冲冲地质问道:"什么叫装俩?你这是卖衣服的,还是卖棺材的?"

本案例中售货员为什么会引起老人不快?平心而论,售货员是好意,觉得衣服过于肥大不适合这位老人穿用,但由于说话不得体,不仅生意没有做成,反而招致老人不愉快。

案例来源:郁长荣.商务口才艺术. http://www.haotushu.com/book/ 422625/.

二、沟通的作用

国际商务谈判的整个过程就是各国谈判者进行交流沟通的过程。有效的国际商务谈判沟通与交流能够帮助谈判双方表达自己的要求、判断、推理、论证的思维结果和思想感情,帮助双方准确了解彼此的意图和共同利益所在,减少误解,解决交易中的诸多矛盾与纠纷,从而获得更多的合作。在国际商务谈判中,沟通是否顺利将直接影响谈判的结果。

1. 有助于谈判者传递信息

谈判重在一个"谈"字。在商务谈判中,谈的就是信息,包括谈判双方的需求、产品状况、交易条件、合同条款等。谈判者通过在谈判中的沟通,不仅时刻向对方传递着信息,还在接收着对方的信息。在信息来来回回传递、交换、接受的过程中,谈判双方达成了交易,签订了合同。因此,要想谈判取得成功,就必须要传递信息,就必须要沟通。

2. 有助于谈判者获取信息

获取信息,包括对手对交易的态度、其愿意投入的大小及能够实际投入的大小、对交易的具体要求,以及其他有关的技术和商务信息,这些均是双方达成协议的重要前提。谈判者不能获取这些信息,就无法判断对方的实际需要,也无法得知自身的需要能否通过与对方的合作得以满足,而获得这些信息唯一且有效的方式就是加强双方的沟通。

3. 有助于谈判双方建立相互信任的关系

谈判目的是通过合作、达成协议来解决双方各自面临的问题。相互信任是双方进行真诚合作的重要前提,只有在相互信任的氛围下,才有助于创造性结果的出现。沟通便是帮助谈判双方建立相互信任的关系的有效方式。谈判双方大多在见面前并不认识,也没有合作的历史,要尽快缩短相互之间的距离,给对方留下诚实可信的形象,就要借助于沟通。向对方表达合作的诚意,展示企业的实力都是在双方的沟通中完成的。在谈判过程中,遇到分歧或是误会时,解决的办法也是跟对方沟通,把事情真相说明白。在国际商务谈判中,如果双方都能够重视沟通、善于沟通,就能建立一个很好的相互信任的谈判氛围,使谈判顺利进行。

4. 有助于谈判双方达成理解

在国际商务谈判中,谈判双方达成理解,不仅是指相互之间理解对方所表述的语言的含义,而且指双方就某些问题的看法取得共识,以及在尚不能取得共识的情况下,谈判双方对对方所处境况及所采取态度的理解。谈判双方之间是一种平等互利的关系,任何一方都不应当,也不可能将自己的看法强加于对方。即使对方暂时接受了你的观点,心里也是不舒服的,在将来的合作中很可能因此而出现不利的后果。如果双方不能在某些重要的问题上达成共识,不能相互理解对方所处的特定处境,就很难达成能够同时满足双方需要的协议。获得理解的最重要的手段是沟通。谈判双方只有在充分沟通的基础上,才能改变对方对某些问题的不切实际的期望,获得对方对某些存有严重分歧的问题的认同,与对方取得共识。

5. 有助于提高谈判效率

效率是指在投入一定的情况下产出的大小。商务谈判本身就是一项经济活动,任何经济活动都讲究经济效益,在评价一项商务谈判成功与否时,不仅要看它带给谈判者的经济利

益有多少,还要计算谈判者为这场谈判付出了多少,即谈判的成本。为达到一定目标所花费的成本的高低,或是在谈判投入一定的情况下产出的大小就是谈判效率。有效的沟通有助于提高谈判效率。一方面,有效的沟通有助于降低谈判成本。通过有效的沟通,双方能够避免不必要的误解,就有关问题达成共识,从而降低谈判的时间成本、货币成本及机会成本。另一方面,有效的沟通也有助于谈判双方就各自的需要、各自能够作出的努力等进行充分的交流,从而找到创造性地解决问题的方法,扩大谈判成果。因此,提高谈判效率是商务谈判沟通的一个重要作用。

三、沟通的形式

国际商务谈判沟通的整个过程是谈判者进行语言表达和交流的过程,也是通过语言表达自己的立场和观点,与对方讨价还价,从而协调双方的目标和利益,促成谈判的成功的过程。人类创造语言,就是为了交流和沟通。语言是人类用来进行信息交流的符号系统。狭义的语言指由文字的形、音、义构成的人工符号系统;广义的语言则包括一切有沟通作用的信息载体,不但说话、写字,就连距离、眼神、手势、表情、体态都包括在内。国际商务谈判语言各种各样,从不同的角度可以划分出不同的语言类型。简单地说,国际商务谈判沟通有语言沟通和非语言沟通两种类型。

(一) 语言沟通

语言是人类沟通思想、交流情感和传递信息的工具。在谈判中,语言沟通(verbal communication)的表达十分重要,叙事清晰、论点明确、证据充分的语言表达,能够有力地说服对方,取得相互之间的谅解,协调双方的目标和利益,促成谈判的成功。当然,除了口头谈判以外,书面表达也是必不可少的。有时,口头表达不足以表达清楚,或者口头表达的严肃性不够,需要用书面形式进行沟通和确认。这就要求商务谈判人员具备一定的书面沟通能力。

(二) 非语言沟通

非语言沟通(nonverbal communication)是一种非文字语言沟通手段,是交际者运用自身的自然特征和本能向对方传递信息、表达思想的语言沟通之外的一切表现形式,也叫无声语言沟通。

语言表达在沟通中起方向性和规定性作用,而非语言沟通才能准确反映出人的思想感情。非语言交流的重要性由此可见一斑。体貌、衣着和个人物品,所有这些都可以成为非语言沟通形式。其中,两种最重要的非语言沟通形式是身体语言(包括动态或静态的体语和面部表情)和个人空间。

四、沟通中应注意的问题

(一) 影响有效沟通的障碍

1. 信息的过滤

在商务谈判中,谈判者会受到来自方方面面的许多不同信息,这些信息有些对谈判有帮助,而有些是无用的,这就需要谈判者对信息进行过滤。通常信息的发送者会有意操纵信息,使信息显得对接收者更为有利而使发送者的真实想法很难被领会,或者反映出来的信息不客观。

2. 选择性知觉

在沟通中接收者往往会根据自己的需要、动机、经验、背景及其他因素有选择地收取信息。解码时,同样会把自己的兴趣和期望带进信息之中。这样,可能就使信息的本来意义受到影响,从而造成沟通障碍。

3. 情绪

人的情绪影响着人的思维。不同的情绪会导致接收个体对同一信息的解释全然不同,尤其是极端的情绪会使得我们无法进行客观、理性的思维活动,而有可能由于一时冲动,作出过于情感化的反应。

4. 语言

语言在国际商务谈判中最为明显。首先,是语言相通的问题,其次是词义的不同解释。同一词汇,不同的人理解的意义是不同的,甚至有些词汇在两种文化中很难找到合适的词互译;再次,不同语言中词汇的意义也不相同,比如日本人经常说"Ha",字面意思是"是",但它并不一定表示赞同,它只是表示"是,我在听";最后,有些术语或行话,在不同的地区会有不同的意思。当然,年龄、教育和文化背景会影响一个人的语言风格和他对词汇的界定,这对沟通也会造成影响。

(二) 良好的沟通效果的获得

1. 树立信息源的良好声誉和形象

研究表明,一个信息源的良好声誉往往与其权威性、客观性及与接收者的亲密性三个方面有关。所谓权威性即沟通者对所谈问题具有的专业知识。权威的建立对沟通效果的影响非常惊人。

2. 选择良好的信息制作方式

沟通者应该选择较好的信息组织形式和表达方式,使信息通俗易懂。还应该根据沟通对象的经验、范围来组织语言,并努力扩大双方的"共同经验范围"。一般来说,双方的共同经验范围越大,沟通的效果越好。

3. 注意环境气氛的影响

沟通总是在一定的场合、环境与气氛中进行的,因此有效沟通的获得要注意环境气氛对沟通的影响。与沟通相关的环境主要有以下几种:

(1) 物质环境(physical environment)主要是指交往的空间和物理场景,比如说,选择较安静的地点进行谈判,在谈判桌和宴会桌上选择不同的沟通方式等。

(2) 心理环境(psychological environment)主要是指沟通时的心理状态和气氛,比如说情绪好时沟通较为容易,而情绪不好时则沟通较难。

(3) 时间环境(time environment)主要是指沟通的具体时机。通常来说,及时的信息沟

通效果较为明显。在商务谈判中,信息的表达和传递往往是一瞬即逝,当不清楚或不理解对方时,一定要及时沟通。同时,不同的信息也要选择合适的时机来表达才能取得较好的效果。

(4) 社会环境(social environment)主要是指沟通者间的社会关系,及各人所属的团体、社会规范及文化风俗等,这点往往会影响他们的价值观、道德观,对沟通的影响虽然从表象上看不是非常明显,但在深层次上影响极大。

4. 完善沟通技巧

沟通效果与沟通技巧水平的高低密切相关。沟通者应善于运用各种文字的、有声语言的、体态语言的沟通方式来达到良好的沟通效果。作为商务谈判人员,要有意识地去了解沟通技巧并根据不同情况来加以运用,同时重视总结经验,不断完善自己的沟通技巧。

第二节　国际商务谈判的语言沟通

在谈判中,语言是双方沟通和交流的重要工具,运用语言不仅能表达我方的立场、要求、意见,也可以通过语言更好地了解对方的立场、观点、想法。在国际商务谈判中,语言是影响谈判顺利进行的首要障碍。由于语言上的差异,一方不能准确理解另一方所表达的含义或内容,造成误会、分歧,会影响到谈判。因此,国际商务谈判要明确的第一个问题就是使用哪一种语言作为谈判工具。

一、语言的特征

1. 客观性

客观性是指谈判过程中的语言表述要尊重事实,反映实情。谈判语言具有客观性,就能使双方自然而然地产生以诚相待的印象,从而促使双方立场、观点相互接近,为下一步取得谈判成功奠定基础。

2. 针对性

针对性是指谈判要始终围绕主题,有的放矢。不同的谈判内容和场合都有不同的谈判对手,需要使用不同的语言;由于谈判对手的风格、性格不同,也应该使用不同的语言。因此,要针对同一谈判对手的不同需要,恰当地使用有针对性的语言。

3. 逻辑性

逻辑性是指谈判者的语言要符合思维的规律,表达概念要明确,判断要准确,推理要严密,要充分体现其客观性、具体性和历史性,论证要有说服力。

4. 技巧性

在日常生活中,具有幽默感的人几乎毫无例外地受到欢迎;在谈判桌上也一样,语言诙谐幽默能引起听众的强烈共鸣。

在谈判中,幽默具有特殊的意义和功效。当双方激烈争论、相持不下、气氛紧张、充满火药味时,一句幽默的话会使双方相视而笑,气氛一下子就缓和下来。

二、语言沟通的作用

在国际商务谈判中,语言表达能力十分重要,因为叙事清晰、论点明确、证据充分的语言表达,能够有力地说服对方,取得相互之间的谅解,协调双方的目标和利益,保证谈判的成功。

语言沟通的主要作用是说服对方。在谈判中,谈判者常常为各自的利益争执不下。这样,谁能说服对方接受自己的观点,作出让步,谁就能获得成功;反之,不能说服,就不能克服谈判中的障碍,也就不能取得谈判的胜利。

缓和气氛、融洽关系是语言沟通的另一个重要作用。谈判是双方面对面的交锋,它自始至终都要受到谈判气氛的影响。气氛是随双方的交谈而不断变化的,形成一个和谐、融洽的谈判气氛,往往需要双方的艰苦努力,而要破坏它,可能仅仅是一两句话。所以,精明的谈判者,往往在语言表达、措辞上都十分谨慎、小心,即使是讨论双方的分歧问题,也绝不会轻易发火、指责,当然,更不会出现污辱人格、伤害感情的语言。

三、谈判语言的种类

人类的语言是丰富的,各民族都有自己的语言,各行各业也有自己的语言。商务谈判中使用的语言,从说话者的态度、目的和语言本身的作用来看,可以划分为六种类型:礼节性交际语言、专业性交易语言、法律语言、外交语言、文学语言和军事语言等。对一个谈判者来讲,要想掌握谈判语言的运用艺术,就必须首先了解和研究这六种语言在谈判中的功用和特点。

1. 礼节性交际语言

礼节性交际语言的特征在于语言表达中的礼貌、温和、中性和圆滑,并带有较强的装饰性。在一般情况下,这类语言不涉及具体的实质性问题。它的功用主要是缓和与消除谈判双方的陌生和戒备敌对的心理,联络双方的感情,创造轻松、自然、和谐的气氛。融洽友好的气氛是国际商务谈判顺利进行的重要条件。常用的礼节性交际语言有:"欢迎远道而来的朋友","很荣幸能与您共事","愿我们的工作能为扩大和加强双方的合作作出贡献"等。礼节性交际语言在运用时,如果能根据情况适当地增加一些文字色彩,其效果会更好。

2. 专业性交易语言

专业性交易语言是商务谈判中的主体语言,该语言的特征是专业性、规范性、严谨性。由于交易在不同的国家、民族之间进行,为了避免理解上的差别,就需要将交易语言用统一的定义和统一的词汇来表达,甚至表达形式也加以符号化、规格化,从而使其用语具有通用性。

另外,由于谈判是对双方权利和义务的划分,而谈判双方又处在不同的社会、政治法律制度的管辖之下,因此,要使谈判双方的权利和义务落到实处,确保执行,减少风险,只有用严谨的措辞、逻辑性很强的语言来对此加以描述和规定。这就使得专业性交易语言具有严谨性的特征。有些专业性交易语言虽然对有关约定俗成的理解,形成了某些习惯用语,但是,不同国家和地区仍然存在着某些用语有与众不同的理解或理解上的差异。因此,在谈判中对关键性的涉及双方权利和义务分担的专业性交易语言一定要向对方讲明确,并取得一致的理解,避免以后的纠纷。

3. 法律语言

法律语言是指商务谈判中所涉及的有关法律规定的用语。这种语言多是由专家、业务人员及国际行会和联合国组织以及各国立法机构共同创造、补充并不断完善的。因此,每种法律语言及其术语都有特定的内涵,不能随意解释和使用。通过法律语言的运用可以明确谈判双方各自的权利和义务、权限与责任。通过法律语言还可以简化理解。

在国际商务谈判中,由于交易的内容涵盖面广,交易双方的民族及地区差异性大,运用法律用语可以帮助双方正确理解对方的立场观点。

4. 外交语言

外交是人类文明的一个重要组成部分,它有其特殊的、令人瞩目的文化。商务谈判人员不是外交官,但在商务谈判中使用外交语言会给人以高雅之感。外交语言是一种具有模糊性、缓冲性和圆滑性特征的弹性语言。在商务谈判中使用外交语言,既可满足对方自尊的需要,又可以避免己方失礼;既可以说明问题,又能为谈判决策进退留有余地。

5. 文学语言

文学语言是指在国际商务谈判中,用优美动人的语言,采用夸张、比喻、谚语等修辞手法来制造一种良好的谈判气氛。这种语言的特征是生动、活泼、优雅、诙谐、富于想象、有情调、范围广。在商务谈判中运用文学语言既可以生动明快地说明问题,还可以调节谈判气氛。

6. 军事语言

所谓军事语言,是指在国际商务谈判中运用的军事术语,是一种命令性的用语。这种语言的特征是干脆、利落、简洁、坚定、自信、铿锵有力。在商务谈判中,适时运用军事语言可以起到提高信心、稳定情绪、稳住阵脚、加速谈判进程、压制威慑的作用。

四、运用谈判语言的原则

为了取得理想的国际商务谈判沟通效果,在通常情况下,要注意一些基本的谈判语言原则。

(一) 客观性原则

客观性是指在国际商务谈判中,运用语言技巧表达思想与传递信息时必须以客观事实为依据,并且运用恰当的语言,向对方提供令人信服的依据。这是一条最基本的原则,是其他一切原则的基础。

坚持客观性原则,从供方来讲,主要表现在:介绍本企业情况要真实;介绍商品性能、质量要恰如其分,可附带出示样品或进行演示,也可以客观介绍一下用户对该商品的评价;报价要恰当可行,既要努力谋取己方利益,又要不损害对方利益;支付方式要选择双方都能接受、都较满意的方式。从需方来说,谈判语言的客观性主要表现在:介绍自己的购买力时不要水分太大;评价对方商品的质量和性能要中肯,不可信口雌黄,任意褒贬;还价要充满诚意,如果提出压价,其理由要有充分根据。

如果谈判双方均能遵循客观性原则,就能给对方真实可信和以诚相待的印象,可以缩小双方立场的差距,使谈判成功的可能性增加,并为今后长期合作奠定良好的基础。

（二）针对性原则

针对性是指根据谈判的不同对手、不同目的、不同阶段的不同要求而使用不同的语言。简言之，就是谈判语言要有的放矢、对症下药。提高谈判语言的针对性，即要求根据不同的谈判对象、谈判话题、谈判目的、谈判阶段，应该采取不同的谈判语言。

（三）逻辑性原则

谈判语言的逻辑性是指国际商务谈判语言要概念明确、谈判恰当，推理符合逻辑规定，证据确凿、说服力强。

在国际商务谈判中，逻辑性原则反映在陈述问题、提问、回答、说服、辩论等各个语言运用方面。陈述问题时，要注意术语概念的同一性，问题或事件及其前因后果的衔接性、全面性、本质性和具体性；提问时要注意察言观色、有的放矢，要注意和谈判议题紧密结合在一起；回答时要切题，一般不要答非所问；说服对方时要使语言、声调、表情等恰如其分地反映人的逻辑思维过程。同时，还要善于利用谈判对手在语言逻辑上的混乱和漏洞，及时驳倒对手，增强自身语言的说服力。

提高谈判语言的逻辑性，要求谈判人员必须具备一定的逻辑知识，包括形式逻辑和辩证逻辑。同时还要求在谈判前准备好丰富的材料，并进行科学整理，然后在谈判席上运用逻辑性强和论证严密的语言表述出来，促使谈判工作的成功。

（四）规范性原则

规范性是指谈判过程中的语言表述要文明、清晰、严谨、准确。

（1）谈判语言必须坚持文明礼貌的原则，必须符合商务特点和职业道德要求。无论出现何种情况，都不能使用粗鲁的语言、污秽的语言或攻击辱骂性的语言。在涉外谈判中，要避免使用与意识形态有关的语言，如"资产阶级"、"剥削者"、"霸权主义"等。

（2）谈判所用语言必须清晰易懂。口音应当标准化，不能用地方方言或黑话、俗语之类与人交谈。

（3）谈判语言应当注意抑扬顿挫、轻重缓急，避免吞吞吐吐、词不达意、声音微弱、大吼大叫，或感情用事等。

（4）谈判语言应当准确、严谨，特别是在讨价还价等关键时刻，更要注意一言一语的准确性。在谈判过程中，由于一言不慎导致谈判走向歧途，甚至导致谈判失败的事例屡见不鲜。因此，必须认真思索，谨慎发言，用严谨、精练的语言准确地表述自己的观点和意见。

上述语言技巧的几项原则都是在国际商务谈判中必须遵守的，其目的都是提高谈判语言的说服力。在国际商务谈判实践中，不能将其绝对化，单纯强调一个方面或偏废其他原则，须坚持上述几个原则的有机结合和辩证统一。只有这样，才能达到提高谈判语言说服力的目的。

第三节　国际商务谈判语言沟通的技巧

谈判是借助于谈判者各方面的信息交流来完成的，而谈判中的信息传递与接受，则需要通过谈判者之间的叙、听、问、答、辩及说服这些基本方法来完成。同时，这也是语言技巧在

某个范畴和某些程度上的综合体现。

一、国际商务谈判中的"听"

在谈判中,了解和把握对方观点与立场的主要手段和途径就是听。倾听是沟通的基础,不能听懂对方就不能掌握其需要,就不能掌握其行为,就不能说服对方,从而难以实现谈判目标。只有在清楚了解对方观点和立场的真实含义之后,才能准确提出己方的方针和政策。

倾听不仅是运用耳朵这个听觉器官,而且还指运用其他的器官感知,如观察对方的表情与动作,设身处地地体悟对方的情感和思路,用心体会对方的话外之音和动机,做到耳、眼、心、脑并用。

 **案例**

倾听的艺术

日本一家公司与美国某公司进行许可证贸易谈判。谈判之初,美方代表便滔滔不绝地向日方介绍情况,日方代表则一言不发,认真倾听,埋头记录。当美方代表讲完后,征求日方代表的意见时,日方代表却表示"听不明白",只是提出"回去研究一下"。几个星期以后,日方出现在第二轮谈判桌前的已是全新的阵容。由于他们声称"不了解情况",美方代表只好重复说明一次。此时的日本代表仍是埋头记录,以"还是不明白"为由使谈判不得不暂时休会。到了第三轮谈判,日本代表团故伎重演。转眼半年过去了,正当美国代表团得不到日方任何回音而埋怨日方没有诚意时,日方突然派来了一个董事长亲自率领的代表团飞抵美国,在美方毫无准备的情况下要求立即谈判,并抛出最后方案,催逼美方讨论全部细节。准备不充分的美方代表最终同日方代表达成了一个明显有利于日方的协议。

本案例中日方代表深知谈判中听的作用,通过几次耐心倾听,认真记录,充分了解美方代表的情况,最终赢得谈判。

案例来源:王雅梅,谭晓钟.论影响国际商务谈判的文化因素[J].中华文化论坛,2002(3).

（一）倾听的作用

1. 了解对方需要的最佳途径

在商务谈判中,没有比了解对方的需要更为重要。需要是行为的原始动力,掌握一个人的行为必先掌握其需要,只有掌握了需要才能掌握其行为,进行更好的谈判。这样,就要求在谈判中,谈判者要潜心地听,不要滔滔不绝地谈。进而探讨对方的心理,接受传递的信息,发掘对方的真实需要,以不断调整自己的行动。

此外,在有关专家多年的研究中发现,一般听别人讲话,不论怎样听,也只能听到一半。

谈判者在谈判中彼此频繁地进行着微妙、复杂的信息交流,这些信息有许多是谈判者直接或者可以从分析中得到的。如果谈判者一时马虎,将会失去一个不会再得到的信息。因此,谈判者学会多听、善于倾听是非常重要的。

2. 改善双方关系的有效方式

倾听是对对方尊重的反映,可以给对方留下良好的印象,使对方信赖,产生好感,使讲话者形成愉快、宽容的心理,变得不那么固执己见,有助于维持和改善双方的友好、信任、合作关系。

3. 可以了解对方态度的变化

有些时候,对方态度已经有了明显的改变,但是出于某种需要,却没有用语言明确地表达出来,但己方可以根据对方"怎么说"来推导其态度的变化。

总的来说,倾听是了解对方需要和发现事实真相的最简单途径。通过倾听,可以广收信息,了解并掌握许多重要语言的习惯用法,洞察对方的真实意图,明确应采取的策略,提高自己的说服力,增加实现愿望的机会。对于缺乏经验的谈判者来说,倾听可以弥补不足;对于有经验的谈判者来说,倾听可以减少失误;倾听有利于沟通,缩短谈判双方的距离;倾听可以消除误解,推动谈判进程。

(二) 倾听的障碍

拉夫·尼可拉斯是位专门研究如何"听"的大学问家。经过多年的研究,他发现,即使是积极地听对方讲话,听者也仅仅能记住不到 50% 的讲话内容,而且,其中只有 1/3 的讲话内容按原意听取了,1/3 被曲解地听取了,另外 1/3 则丝毫没有听进去。而且不同的人对于自己听取的那部分内容的理解也是不同的。一系列试验表明,听存在着听力障碍,即无法接受一个人的观点时,听者内心自然就会筑起一道封闭的墙,无法听进对方的话,从心理上反对对方讲话的内容,并主观地认为对方的话不对,这成为倾听的障碍。

在商务谈判中,谈判者彼此频繁地进行着微妙、复杂的信息交流,如果谈判者一时疏忽,将会失去不可再得的信息。为了能够听得完全、清晰,就必须了解听力障碍。在人们相互交谈的过程中,倾听的障碍主要有以下几种。

1. 判断性障碍

心理学家通过多年的实践得出结论:人们都喜欢对别人的话进行判断、评价,然后决定赞成或不赞成,这是造成不能有效倾听的重要原因之一。人们喜欢判断耳闻目睹的一切,并总是从自己的立场出发来判断别人的话,但根据个人的信念作出的反应往往是有效倾听的严重障碍。一般来说,你的反应会干扰对方说话,打乱对方的思维过程,反而迫使对方改变思维过程,这样就不可避免地引起对方采取防御手段,结果使对方很难坚持自己的观点,力争隐藏自己的思想和感情。即使是赞美对方的话,也会造成听的障碍,因为赞美往往使对方陶醉于其中,从而不能保持原来的思维过程。

2. 注意力不集中障碍

商务谈判是一项十分耗费精力的活动。若谈判日程安排过于紧张,谈判任务压力太大,谈判人员得不到充分休息,就会产生疲劳,就会很容易产生注意力不集中现象,进而影响谈

判的倾听。

一般来说,谈判人员的精力和注意力的变化是有一定规律的:开始和结束时精力比较充沛,注意力较为集中,但持续的时间较短,约占整个谈判时间的 8.3%~13.3%。如果是 1 个小时的谈判,精力旺盛的阶段只有最初 5~8 分钟;如果是一个超过 6 天的谈判,只有前 3 天为精力旺盛期,谈判听的效果是最好的。中间的时间,往往都是在耗,听的效率很低。

另外,由于人与人之间客观上存在着思维方式的不同,如果一方的思维属于收敛型,而另一方的思维属于发散型,那么由于收敛型的人思维速度较慢,发散型的人思维速度较快,双方就很难做到听与说的一致,让收敛型思维的人去听思维速度较快的发散型思维的一方的发言时,收敛型思维的人就会因思路跟不上对方或因双方思路不同而造成少听或漏听。

3. 感性、情绪化障碍

对于不合自己感情、兴趣、观点、立场、利益的话题,容易产生抵触和反抗,犹如戴着有色眼镜观察事物,所看到的已经不是事物原貌,从而造成曲解、漏听。

商务谈判人员可能会受知识、语言水平的限制,特别是专业知识与外语水平的限制而听不懂对方的讲话内容。商务谈判总是就某个具体的产品或业务而言的,这将会涉及大量的专业知识。如果对专业知识懂得太少,在谈判中一旦涉及这方面的问题就难以理解。涉外谈判与国内谈判相比较还有一个语言问题。语言不仅仅是一种表达工具,它更是文化的体现。不能只把语言看做是翻译的问题,它更多的是对于语言背后的文化解读。不同的文化背景,会造成对语言理解上的歧义。特别是如果没有专业术语的约定,这种歧义会更加明显。

4. 客观环境障碍

听是人的一种心理活动,人的心理与生理是相通的,生理上的不适会引起心理上的反应。谈判场所的客观环境对听是有影响作用的。例如,温度的高低,光线的明暗,音响的效果,座位是否舒适,空气是否新鲜流通,以及有无茶水供应等。

(三) 倾听的规则

1. 要清楚自己听的习惯

首先要了解,你在听人讲话方面有哪些不好的习惯,你是否对别人的话匆忙作出判断,是否经常打断别人的话,是否经常制造交往的障碍。了解自己听的习惯是正确运用听的技巧的前提。

2. 全身心地注意

要面向说话者,同他保持目光接触,要以你的姿势和手势证明你在倾听。无论你是站着还是坐着,都要与对方保持最适宜的距离。说话者都愿与认真听的人交往。

3. 要把注意力集中在对方所说的话上

不仅要努力理解对方言语的含义,而且要努力理解对方的感情。

4. 要努力表达出理解

在与对方交谈时,要利用有反射地听的做法,努力弄明白对方的感觉如何,他到底想说什么。如果你能全神贯注地听对方的讲话,不仅表明你对他持称赞态度,使他感到你理解他

的情感,而且有助于你更准确地理解对方的信息。

5. 要倾听自己的讲话

倾听自己的讲话对培养倾听他人讲话的能力是特别重要的。倾听自己讲话可以使你了解自己。一个不了解自己的人,是很难真正了解别人的。倾听自己对别人讲些什么是了解自己、改变和改善自己听的习惯与态度的手段,如果你不倾听自己是如何对别人讲话的,你就不会知道别人如何对你讲话,当然也无法改变和改善自己的习惯和态度。

(四) 倾听的技巧

1. 调整好身体状态

商务谈判往往不是几句话能够解决问题的,长时间的谈判需要有注意力长时间的集中,没有好的身体状态是难以完成任务的。因此,谈判前保证充足的睡眠,避免大量饮酒。如果身体状态不佳,可以考虑改期进行,谈判要注意调节,如茶歇、小憩、休会等。

2. 精神集中

有效的倾听关键在于精力集中,而精力集中除了受身体状况的影响外,在很大程度上取决于倾听者的态度。即要抱着积极而不是消极排斥的态度去听,倾听成功的可能性就比较大。倾听时注视讲话者,主动地与讲话者进行目光接触,并作出某种表情,鼓励讲话者,如扬一下眼眉、微微一笑、赞同地点头、否定地摇头或不解地皱眉等。

3. 改正不良的倾听习惯

商务谈判中,不要轻易打断对方,要学会把听与判断分开。善于倾听、善解人意也是一种美德,只有做到善解人意方能善于表达,才能善于与人合作。

4. 利用笔记

人们即时记忆并保持的能力是有限的,为弥补这个不足,应该在听时做笔记。这样,不仅可以帮助自己记忆和回忆,而且有助于在对方发言完毕之后,就某些问题向对方提出质询,同时,自己也有时间作充分的分析,理解对方讲话的确切含义与精神,有效地提高听的效果。

5. 有鉴别地听

有时对方说的话水平较低,逻辑混乱,没有条理,在听的过程中还应该边听边整理,分清逻辑关系,理清条理层次。这样既可以避免误听漏听,又可以更好地读懂对方。

总之,倾听是商务谈判语言表达技巧的重要组成部分,是谈判一系列行为的第一个环节。如果能从以上几方面进行努力,谈判过程中听的障碍就可以减轻或消除,也就很少或不会发生因听不见、听不清、没听懂而使双方互相猜疑、争执不下的现象。

二、国际商务谈判中的"问"

国际商务谈判中"问"作为摸清对方需要、掌握对方心理、表达自己感情的手段。

(一) 提问的作用

国际商务谈判中的提问,要随着对信息要求的变化展开,但如果把提问的内容和过程具

体化,提问就会有不同的作用和要求。国际商务谈判中提问的作用主要有以下几种。

1. 搜集信息

在商务谈判中,己方想要得到的信息大都不能全部在对方的陈述中得到,要提高谈判的效率,达到己方的谈判目的,就要提问。提问并不简单,在很多情况下,人们往往是有疑惑却提不出明确具体的问题,提问也是一个梳理思路的过程,一个抓住主要矛盾的思辨过程,一个分清逻辑关系和轻重缓急的过程。越是聪明的人,脑子里的问题越多;越是学习问题越多,越学越善于提问。

2. 探测动向

当谈判中谈论的内容偏离了预期的目标时,对方有些意见没有充分表达出来,自己对对方以后的要求尚没有把握的时候,就可以通过提问探测对方的动向。通过这类提问,可以探明对方的心理动向,以便及时调整自己的想法来适应国际商务谈判的要求。

3. 变被动为主动

提问是具有进攻性的,若一味地只是回答就会处于很被动的状态。谈判中,当对方提出问题时,己方可以先不答,在对方问题的基础上再提出一个小问题,变被动为主动,争取更有利于己方的谈判效果。

4. 测定差距

经过双方激烈的讨价还价,国际商务谈判接近尾声,但对方仍没有表现出签约的意思,在这种情况下,就要通过提问,来测定目前的国际商务谈判与成功之间还有多大的差距。通过这类提问,可以了解对方的目标,也为自己作出进一步决策提供了依据。

(二) 提问的类型

(1) 封闭式提问是指在特定领域中能带出特定的答复(如"是"或"否")的问句。封闭问句可令发问者获得特定的资料,答复这种问句的人并不需要太多的思索即能给予答复,但常带有威胁性。

(2) 澄清式提问是针对对方的答复重新提出问题,以使对方进一步澄清或补充其原先答复的一种问句。其作用在于可以确保谈判各方能在叙述同一问题的基础上进行沟通,是针对对方的话语进行信息反馈的有效方法,是双方密切配合的思想方式。

(3) 强调式提问旨在强调自己的观点和己方立场。

(4) 探索式提问是针对对方的答复要求引申或举例说明,以便探索新问题、找出新方法的一种发问方式。这种提问,不但可以进一步发掘较为充分的信息,而且还可以显示发问者对对方答复的重视。

(5) 借助式提问是一种借助第三者的意愿来影响或改变对方意见的发问方式。这里提出问题的第三者必须是对方所熟悉而且是其较为尊重的人。否则,很可能会引起对方的反感。

(6) 强迫选择式提问旨在将己方的意见抛给对方,让对方在一个规定的范围内进行选择回答。这种提问是使对手在给出的狭小范围内进行选择,强迫性强,要慎用。

(7) 证明式提问旨在通过己方的提问,使对方对问题作出证明或理解。

（8）多层次提问是含有多种主题的问句，即一个问句中包含有多种内容。这种提问因包含过多的主题会使对方难以周全把握，最好一个问题一个主题，最多不超过三个。

（9）诱发式提问旨在开渠引水，对对方的答案给予强烈的暗示，使对方的回答符合己方预期的目的。这类提问几乎会使对方毫无选择余地而按发问者所设计好的答案回答。

（10）协商式提问指为使对方同意自己的观点，采用商量的口吻向对方发问。这种提问语气平和，对方容易接受。即使对方没有接受你的条件，但是谈判的气氛仍能保持融洽，双方仍有继续合作的可能。

（三）提问的原则

为了从自己的提问中获取对方最大的信息量，在提问时必须遵循以下原则。

1. 不问那些对方不愿回答或恶化双方关系的问题

这类问题由于能使对方难堪，因而会损害双方的关系，最终将影响国际商务谈判的成功，包括社会忌讳和个人忌讳两大类。社会忌讳是由于各国的文化传统形成的一些社会上的共同禁忌；个人忌讳是由于个人民族习惯和个人爱好形成的禁忌。

2. 提问的问题应能够迅速接近谈判目标

为了提高提问的效果，提问前必须进行认真准备，构思好问句，以便能迅速地接近国际商务谈判目标。提问的准备主要包括：确定提问的范围和内容，以便为以后的讨价还价创造条件；根据前一个问题构思下一个问句，以便达到层层深入的效果；所有的提问都要围绕一个中心进行，以便更有利于弄清问题；问句的提出要尽量做到对方可以从正面作出答复，以便使自己能得到确切的答案。

3. 提问时态度要诚恳

提问的目的是要得到对方的答案，因而提问时的态度必须诚恳，要心平气和地提出问题，以减少对方产生防范心理和抵触情绪。为此，提问的内容不要过于尖锐，提问的语气不要有明显的挑战性。当自己提出问题对方不能马上回答时，要学会等待，给对方留下回答问题的时间，而不是步步紧逼，因为紧逼对方回答不仅得不到理想的答案，而且会给对方一种不友好的印象。而等待对方回答时，双方处于沉默之中，这无形地给对方增加了压力，对方就有责任打破这种沉默。这样既显示了自己的修养，又达到了预定的目标。

4. 提问问题要简明扼要

为了便于对方的理解、记忆和回答，也便于自己对信息的思考和接受，提问的问题要简明扼要。当所提的问题本身较复杂时，要将这些问题分解开来，作为多个小问题提出。

（四）提问的技巧

在国际商务谈判中，根据具体情况设计、使用提问技巧，有时能取得出奇制胜的效果。提问要讲究方式，更要讲究技巧。常用的提问技巧有以下几种。

1. 预先准备问题

提问都是有目的的，谈判也是有时间成本的，随意提出没有明确目的的问题，既耽误时间又影响谈判目标。事先准备好要提问的问题，既可以节省谈判的时间成本，又可以更有

效、更充分全面地得到想要得到的信息。

2. 把握提问的时机

为取得有利的商务谈判条件,提问的时机必须把握好,既不能太早,又不能太晚。太早容易过早地将谈判意图暴露给对方,太晚又影响国际商务谈判的进程。要在对方发言结束后提问,不能在对方阐述问题时打岔。在别人讲话时打断别人的话题是不礼貌的行为。通过总结对方的发言,可以了解对方的心态,掌握对方的背景,所以在把对方的观点总结以后提问,可以把问题进行归纳,以便突出重点,了解关键信息。此外,不要在对某一话题的讨论兴致正浓时提出新的问题,而要先转移话题的方向,然后再提出新的问题,这样做有利于对方集中精力构思答案。

3. 因人而异、抓关键、多角度

由于国际商务谈判对手的年龄、职务、职业、性格、文化程度、国际商务谈判经验等的差异,要想取得理想的提问效果,提问时就必须因人而异。对于文化水平低的国际商务谈判对手,提问时不能使用过多的专业名词,对于年龄大、职位高的国际商务谈判对手,提的问题要婉转含蓄,不能过于直接。有些问题如果正面提出,对方可能不愿回答,或即使回答,结果也不能令人满意。对此,在提问时要注意变换角度,以激发对方回答问题的兴趣,并得到有利的答复。只要转换了角度,就可以得到意想不到的结果。

4. 不要强行追问

在一般情况下,问了两遍对方予以回避或搪塞,就不要再问第三遍了。因为对方不愿意回答的问题,再问也是不会有答案的。还有一种情况就是问题涉及对方的隐私,追问既不道德也违反人性,因为保护隐私属于安全需要,这是人的基本需要。如果一个人的安全需要受到威胁,他会放弃其他需要来确保安全需要的。

5. 不要提及含有指责对方人品的问题

即使对方人品确有问题那也不是谈判要解决和能够解决的。从谈判的角度看,谈判的对方既不是敌人也不是朋友,只是某一个业务项目的合作者,在谈判桌上,合作之外的事情与谈判无关。

6. 提问要尽量简短

过于冗长,答者记不住整个问题,不好回答,也给对方造成回避问题的借口。

三、国际商务谈判中的"答"

谈判中的回答是解释对方的提问、反驳对方的供给、阐述自己的观点、说服对方的良好时机。谈判中回答问题要及时、准确,没有太多的思考时间,所以要求谈判者头脑敏捷、机智灵活。

(一) 回答应注意的事项

生活中的答和谈判中的答最本质的区别在于,前者一般不含有承诺的意思,即使有承诺的语句那也是表示友好的形式,并非语句的本意,除非经过确认。而谈判中的每一次回答都将被对方视为一种承诺,都是要负责任的。所以要求谈判者在进行回答前要慎重思考,不要贸然说话,在搞清对方提问的目的,确定回答的策略后再回答。

谈判者在提问时总有一定的动机。有时,为了使回答者的回答产生漏洞,提问者往往使问题模棱两可,使回答者对提问者的目的或动机判断失误,从而为自己造成可乘之机。因此,回答者在回答之前,必须摸清对方意图,不可自以为是,想当然地回答。比如,国际商务谈判中双方对价格问题的讨论中,如果谈判者在听到问题后立刻作出回答,可能就会因为这种不够慎重的回答而减少自己的既得利益;反之,则会有意想不到的效果。

(二) 回答的技巧

谈判桌上的双方是在各方的实力基础上斗智斗勇,国际商务谈判回答问题的要诀就在于知道该说什么和不该说什么,而不必考虑回答的问题是否切题。

1. 留时间思考,不立即回答

在谈判过程中,绝不是回答问题的速度越快越好,经过思考后的回答肯定是更加完善。对方刚提出问题时,不要立即回答,可以以资料不全或记不得为借口,暂时拖延,或答非所问或回避话题,提出反问,否则就有可能会暴露己方的观点、目的,对己方造成不利。

 **案例**

三思而行

　　1956年,苏联领导人赫鲁晓夫和美国总统艾森豪威尔举行会谈。当时,赫鲁晓夫很瞧不起艾森豪威尔,因为每次他向艾森豪威尔提出问题后,艾森豪威尔总是把头转向国务卿约翰·福斯特·杜勒斯,询问杜勒斯的意见,杜勒斯则在一张纸条上写下自己的看法,然后交给艾森豪威尔。艾森豪威尔看完纸条内容后,才缓缓作答。赫鲁晓夫想,身为一国领袖,还得事事求教于人,真不像话,到底艾森豪威尔和杜勒斯,谁才是真正的当家主人呢?

　　本案例中赫鲁晓夫显然错估了艾森豪威尔,他不知道艾森豪威尔之所以这么做,一方面是征询别人的意见,但更重要的是给自己时间思考,这样就不会因一时口快而暴露己方观点,致使谈判失利。

　　案例来源:赵宏中.公共关系学[M].武汉:武汉理工大学出版社,2005.

2. 把握对方提问目的和动机

谈判者在谈判桌上提出问题的目的往往是多样的,动机也是复杂的。若没有深思熟虑,弄清对方的动机,就按照常规来作出回答,结果往往是效果不佳。若经过周密思考,准确判断对方的用意,便可作出一个独辟蹊径的、高水准的回答。建立在准确把握对方提问动机和目的基础上的回答,是精彩而绝妙的。如果能在谈判桌上发挥出这样的水平,就是比较出色的谈判者。

3. 不要彻底地回答问题

模棱两可、弹性较大的回答有时很必要。商务谈判中并非任何问题都要回答,要知道有

些问题并不值得回答。在商务谈判中,对方提出问题或是想了解我方的观点、立场和态度,或是想确认某些事情,对此,己方应视情况而定。对于应该让对方了解,或者需要表明己方态度的问题要认真回答,而对于那些可能会有损己方形象、泄密或一些无聊的问题,谈判者也不必为难,不予理睬是最好的回答。当然,用外交活动中的"无可奉告"一语来拒绝回答,也是回答这类问题的好办法。总之,己方答问题时可以对回答的前提加以修饰和说明,以缩小回答范围。

4. 使问话者失去追问的兴趣和机会

回答问题特别要注意不让对方抓住某一点继续发问。和前面一样,可以资料不全或记不准为借口拖延,让对方等你将资料准备齐全了再谈判;也可以举出许多客观理由,如铁路运输方面、许可证办理方面、判断气候等方面的问题,但就是不说有关自己公司方面的问题。

5. 幽默诙谐,随机应变,巧应妙答

对于有些问题如果正面回答可能不利,这就要求用幽默的语言来回答问题。因为幽默的语言可以在含蓄委婉的回答中渡过难关。同时,用幽默的语言可以在回答问题出现错误时把责任推给第三者,在别人抓住自己的弱点提问时可以通过自我欣赏解围。可见,使用幽默语言,可以取得事半功倍的效果。

由于国际商务谈判对手的提问目的不同,方式各异,因而在回答对方时也必须随机应变,根据对方的不同要求作出巧妙的回答,做到该明确回答的明确回答,该与其周旋的与其周旋,该拒绝回答的拒绝回答,并且在回答的方式、回答的语言、回答的风格上要灵活选择,慎重使用,以提高回答的质量,增强国际商务谈判的实力。

6. 对于不知道的问题不要回答

参与谈判的所有的人都不是全能全知的人。谈判中尽管我们准备得充分,也会经常遇到陌生难解的问题。这时,谈判者切不可为了维护自己的面子强作答复。因为这样不仅有可能损害自己利益,而且对自己的面子也是丝毫无补。有这样一个实例,国内某公司与美国外商谈判合资建厂事宜时,外商提出有关减免税收的请求。中方代表恰好对此不是很有研究,或者说是一知半解,可为了能够谈成,就盲目地答复了,结果我方陷入十分被动的局面。

7. 答非所问

答非所问在知识考试或学术研究中是一大忌,然而从谈判技巧角度来研究,却是一种对不能答的问题的一种行之有效的答复方法。有些问题可以通过答非所问来给自己解围。

8. 以问代答

以问代答是用来应付谈判中那些一时难以回答或不想回答的问题的方式。此法如同把对方踢过来的球又踢了回去,请对方在自己的领域内反思后寻找答案。在商务谈判中,运用以问代答的方法,对于应付一些不便回答的问题是非常有效的。

9. 重申、打岔

在商务谈判中,要求对方再次阐明其所问的问题,实际上是为自己争取思考问题的时间

的好办法。在对方再次阐述其问题时,己方可以根本不去听,而只是考虑如何作出回答。当然,这种心理不应让对方有所察觉,以防其加大进攻的力度。

有人打岔是件好事,因为这可为己方赢得更多的时间来思考。有些富有谈判经验的谈判者估计谈判中会碰到某些自己一时难以回答而又必须回答的、出乎意料的棘手问题,于是,为了赢得更多的时间,就事先在本组内部安排好某个人,专门在关键时间打岔。

10. 避免跨国文化交流产生的歧义

国际商务谈判大多用英语进行,而谈判双方的母语往往又不都是英语,这就增加了交流的难度。在这种情况下,谈判人员要尽量用简单、清楚、明确的英语,不要用易引起误会的多义词、双关语、俚语、成语,也不要用易引起对方反感的问句。这些都带有不信任色彩,会使对方担心,从而不愿积极合作。

总之,在实际谈判中,回答问题的要诀在于知道该说什么和不该说什么,而不必考虑回答的问题是否切题。谈判桌上的双方在各方的实力基础上斗智斗勇。回答问题时的艺术和技巧,谈判者必须熟练地加以掌握和运用。

四、国际商务谈判中的"叙"

在商务谈判中,"叙"与"答"既有相通之处,又存在很大的差别。"答"是基于对方提出的问题,经过思考后所作的有针对性的、被动性的阐述;而"叙"则是基于己方的立场、观点、方案等,通过陈述来表达对各种问题的具体看法,或是对客观事物的具体阐述,以便让对方有所了解。

商务谈判中"叙"是一种不受对方所提问题的方向、范围制约,带有主动性的阐述,是传递信息、沟通情感的方法之一。谈判者能否正确、有效地运用叙述的功能,把握叙述的要领,会直接影响谈判的效果。

(一) 叙述的分类

叙述从内容上分为入题叙述和阐述叙述两种。入题叙述是各方对谈判观点的第一次陈述。叙述的前奏是寒暄,还没有接触谈判的实质内容。叙述则是对谈判观点的介绍,主要说明自己参加谈判的基本立场及要求。通过对这些内容的说明,使对方明了自己的观点,以便在此基础上寻找共同点,使谈判朝着成功的方向前进。阐述叙述是对谈判的每一阶段或全部谈判结束前作的陈述。其中心内容是对已取得的成果进行肯定性的总结,通过得体的总结性叙述,可以为以后的谈判打下良好的基础,其特点是切题、中肯、观点鲜明和留有余地。无论成功与否,都不下绝对性结论。

(二) 叙述的技巧

1. 语言简洁、准确易懂

在谈判过程中,所使用的叙述语言要力求规范、通俗,使对方很容易听明白。有时如确需使用某些专业术语,则应尽量使用简明易懂的用语加以解释。一切语言均要以达到双方沟通、保证洽谈顺利进行为前提。叙述的目的在于让对方相信己方所言的内容均为事实,并使其接受己方的观点。为了达到这一目的,叙述时万万不可炫耀自己的学问或卖弄自己的

学识,这样做不但达不到目的,反而会令对方生厌。

2. 叙述应具体而生动

为了使对方获得最佳的倾听效果,我们在叙述时应注意生动而具体。叙述时一定避免令人乏味的平铺直叙和抽象的说教,要特别注意运用生动、活灵活现的生活用语,具体而形象地说明问题。有时为了达到这个效果,也可以运用一些演讲者的艺术手法,如声调抑扬顿挫,以此来吸引对方的注意,达到己方叙述的目的。

3. 简明扼要,具有条理性

由于人们有意识的记忆能力有限,在短时间内只能记住有限的、具有特色的内容。所以,在谈判中一定要用简明扼要而又有条理性的语言来阐述自己的观点。

同时,在叙述时,应分清叙述的主次及其层次,这样可使对方心情愉快地倾听己方的叙说,其效果应该是比较理想的。

4. 叙述应客观真实

在商务谈判中,叙述基本事实时,不要夸大事实,同时也不要缩小事情本来实情。如果万一由于自己对事实真相加以修饰的行为被对方发现,也会大大降低己方的信誉,从而使己方的谈判实力大为削弱。

5. 叙述的观点要准确

在叙述观点时,应力求准确无误,避免前后不一致,否则会给对方留有缺口,为其寻找破绽打下基础。当然,谈判过程中观点有时可以依据谈判局势的发展需要而发展或改变,但在叙述的方法上,要能够令人信服。这就需要有经验的谈判人员来掌握时局,不管观点如何变化,都要以准确为原则。说明自己的观点,而且要使对方接受自己的观点,因而在陈述时使用的语言必须准确,并使对方容易接受。为了准确,要求谈判者在谈判的关键内容中使用专业语言,当对方对这些语言可能听不懂时,就要对所使用的专业术语进行解释,以免对方产生误解。同时,为了使对方容易接受自己的观点,在谈判叙述中要注意使用"中性"语言,而不要使用极端语言和粗俗的语言。

6. 叙述发现错误要及时纠正

在商务谈判的叙述当中,常常会由于种种原因而出现叙述上的错误。谈判者应及时发现并及时纠正,以防造成不应有的损失。当叙述中有错误时,有些谈判者碍于面子,采取顺水推舟、将错就错的做法,这是要坚决反对的,因为这样做往往会使对方产生误解,从而影响谈判的顺利进行。还有些谈判者,当发现自己叙述中有错误时,采取事后自圆其说、文过饰非的做法,结果不但没能饰非,反而越描越黑,对己方的信誉和形象产生损害,更严重的是可能会失去合作机会,后果不堪设想。

五、国际商务谈判中的说服

从某种程度上说,谈判的过程就是口才较量的过程。要想取得谈判成功,就必须掌握各种口才技巧。说服技巧也是口才技巧的一种。一个谈判者只有掌握了高明的说服别人的技巧,才能在变幻莫测的谈判过程中左右逢源,从而实现自己的目标。

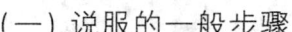

（一）说服的一般步骤

1. 建立良好的人际关系，取得他人的信任

在一般情况下，当一个人考虑是否接受他人意见时，总是先衡量一下他与说服者之间的熟悉程度和友好程度。如果相互熟悉、相互信任，对方就会正确地、友好地理解说服者的观点和理由。

2. 分析己方意见可能导致的影响

首先，应向对方诚恳说明要他接受己方意见的充分理由，以及对方一旦被说服将产生什么利弊得失；其次，要坦率承认如果对方接受己方的意见，己方也将获得一定利益。这样会给对方留下诚实可信的印象；反之，如果不承认能从谈判中获得一定利益，对方必定认为己方缺乏诚意，从而将己方拒之门外。

3. 简化对方接受说服的程序

当对方初步接受己方的意见时，为避免其中途变卦，要设法简化确认这一结果的程序。例如，在需要书面协议的场合，可提前准备一份原则性的协议书草案，告诉对方"只需在这份原则性的协议书草案上签字即可，至于正式的协议书我们会在一周内准备妥当，到时再送到贵公司请您斟酌"。这样往往可当场取得被说服的承诺，并避免在细节问题上出现过多的纠缠。

（二）说服的原则

1. 站在他人的角度设身处地谈问题，不要只强调自己的理由

要说服对方，就要考虑到对方的观点或行为存在的客观理由，即要设身处地为对方想一想，从而使对方对己方产生一种"自己人"的感觉。这样，对方就会信任己方，就会感到己方是在为他着想，效果将会十分明显。

2. 消除对方的戒心，创造良好的氛围

从谈话一开始，就要创造一个说"是"的气氛，不要形成一个说"否"的气氛。不要把对方置于不同意、不愿做的位置，然后再去批驳他、劝说他。例如，"我知道你会反对，可是事情已经到了这一步了，还能怎么样呢？"这样说，对方仍然难以接受你的看法。在说服他人时，要把对方看作是能够做或同意做的。商务谈判实例表明，从积极的、主动的角度去启发对方、鼓励对方，就会帮助对方提高自信心，并接受己方的意见。

3. 说服用语要推敲

在商务谈判中，欲说服对方，言语一定要推敲。事实上，说服他人时，用语的色彩不一样，说服的效果就会截然不同。在通常情况下，在说服他人时要避免用"愤怒"、"怨恨"、"生气"或"恼怒"这类字眼。即使在表述自己的情绪，如担心、失意、害怕、忧虑等时，也要在用词上注意推敲，这样才会收到良好的效果。另外，忌用胁迫或欺诈的手法进行说服。

（三）说服的技巧

（1）取得对方的信任。不要只说自己的理由。要说服对方，就要考虑到对方的观点或行为存在的客观理由。要站在对方的角度设身处地谈问题，从而使对方对你产生一种"自己人"的感觉，消除对方的戒心和成见。这样，如果对方信任你，感到你也在为他着想，说服效

果将会十分明显。

（2）从谈话一开始，就要创造一个说"是"的良好气氛，而不要形成一个说"不"的恶性循环。就是说，不要把对方置于不同意、不愿做的地位，然后再去批驳他、劝说他。在说服他人时，要假设对方是能够做或同意做的。例如，"我知道你能够把这件事情做得很好，只是不愿意去做而已。"又如，"你一定会对这个问题感兴趣。"国际商务谈判的事实和经验表明，从积极、主动的角度去启发、鼓励对方，有利于对方接受己方的意见。

（3）不要直接批评、责怪和抱怨对方。著名人际关系学者戴尔·卡耐基说："要比别人聪明，却不要告诉别人你比他聪明。"任何自作聪明的批评都会招致别人厌烦。不要指责对方，不要把自己的意见和观点强加于对方，要承认对方"情有可原"，善于满足对方的自尊心。本杰明·富兰克林年轻的时候并不圆滑，但后来却变得富有外交手腕，善于与人周旋，因而成为美国驻法国大使。他的成功秘诀就是："我不说别人的坏话，只说别人的好处。"

**知识拓展**

> 戴尔·卡耐基（Dale Carngie，1888—1955），美国著名的人际关系学大师，西方现代人际关系教育的奠基人。1936 年，他的《人性的弱点》（*How to Win Friends and Influence People*）一书，自出版以来一直被西方世界视为社交技巧的圣经之一。1912 年，卡耐基创立卡耐基训练，培训人们人际沟通及处理压力的技巧。
>
> 本杰明·富兰克林（Benjamin Franklin，1706—1790），美国著名的政治家、科学家，杰出的外交家和发明家。他是美国资产阶级革命时期重要的领导人之一，参与多项重要文件的草拟，并出任美国驻法大使。他还曾经进行多项关于电的实验，并发明了避雷针，还发明了双焦点眼镜、蛙鞋等。

（4）抓住对方心理诱导劝说。"诱导"是教育心理学的名词。国际商务谈判中的"诱导"，是指谈判一方提出似乎与谈判内容关系不大且对方能够接受的意见，然后逐步引导对方接近自己的目标。诱导说服对方，关键要抓住对方的心理动态，迎合其心理。先说什么，后说什么，该说什么，不该说什么，必须事先心中有谱，方能一步一步按照自己的意图改变对方的立场和观点。

（5）运用经验和事实说服对方。在说服艺术中，运用历史经验或事实去说服别人无疑比那种直截了当地说一番大道理要有效得多。善于劝说的谈判者都懂得人们做事、处理问题都是受个人的具体经验影响的，抽象地讲大道理的劝说远远比不上运用经验和例证进行劝说。

第四节　国际商务谈判的非语言沟通

在国际商务谈判中，非语言沟通起着举足轻重的作用，占整个交际过程的 65%。国际商务谈判者必须熟悉在特殊文化中,非语言沟通的特殊表现形式,并对它们所传递的信息作出及时正确的判断和反应。

 **案例**

谈判沟通的肢体语言

日本人 Masako Seto 与美国人 Bob Jones 从未谋面,这次两人都是第一次到新加坡参加商务会议。两人约好开会前在大厅会晤,双方都别着胸牌。上午9时,他们准时到达。Seto 很快注意到 Jones 比自己年长,而且身穿高质量西装,他准备以日本最礼貌的方式问候 Jones。Seto 在离 Jones 两步之遥时,突然停住,双手扶膝,在 Jones 的正前方鞠躬90度。与此同时,Jones 伸出的表示问候的手却碰到了他的眼睛。对此,Jones 深感不安,不停地道歉,忙上前扶住了Seto 的肩膀。这在日本是从未有过的。为了不丢面子,挽回第一次失误,Seto 摆脱了 Jones 的手,又一次站在 Jones 的正前方,更加深深地鞠了一躬。见状,Jones 还以为 Seto 因刚才的疼痛要跌倒,这次急忙抓住了 Seto 的双肩,并扶他坐到邻近的椅子上,然后自己也坐下,并又一次伸出了手。这次 Seto 干脆拒绝与 Jones 握手。他感到自己在公众场合丢了脸,受到了侮辱,因为竟有人抓住他的双肩。Jones 也很沮丧,一是他的手碰到了 Seto 的眼睛,二是这位日本人不接受他表示友好的握手。试想,这样的第一次会晤对以后的业务开展会有什么影响呢?

本案例中,由于东西方文化差异,不同的肢体语言会传递不同的信息,因此在进行商务谈判前,要充分了解谈判双方的文化差异,避免造成上述不必要的问题,影响谈判的顺利进行。

案例来源:潘舟.东西方文化差异对商务谈判的影响[J].天津职业院校联合学报,2007(4).

一、非语言沟通的特点

1. 无声性

非语言沟通是通过人的各种表情、手势、动作、姿态来传递信息,这种传递方式无论是单独使用还是对其他传播方式进行补充,它都是没有声音的。皱眉、撅嘴、眯眼、咬牙、举手、挥臂、耸肩、点头、哈腰、顿足等,都是一种无声的信息传播方式,都是包含了某种特定意义的体态信息符号。

2. 补充性

人们在面对面运用语言进行信息交流时,常有词不达意或词不尽意的时候。此时可以运用行为语言加以补充,使对方能完全准确地理解说话人的意思。如果用有声语言已经能够表达清楚,也可以辅以适当的体态,使之更加形象、生动、具体。

3. 及时性

及时性也称即时性。人际交往有两种手段：一是有声语言；二是无声语言。有声语言使用的场合较多，直接交际或间接交际均可，而无声语言仅限于在直接交际中使用，并以此作为有声语言的辅助方式，传递不同的信息。一旦直接交际消失，体态传播也停止了，故使用行为语言传播的即时性比较突出。

4. 地域性

非语言沟通是人类广泛运用的无声信号，要受区域文化等因素的影响，带有区域性的特点。比如，美国人在与别人交谈时，头的动作很频繁，最多说上一两句话就要改变头的位置，而欧洲人的动作却没有这么频繁。因此，美国小说家为了描绘一个缺乏感情或不流露感情的人，通常把他的头部描写成静态的。犹太人的手势毫无拘束，动作幅度也比德国人大。同一动作因文化背景、民俗风情、地理环境的差异，在不同国家其含义可能完全相反。大多数民族都以摇头表示反对、不同意，以点头表示赞成、同意，但是，保加利亚人、尼泊尔人以及中国的独龙族人却相反，摇头表示同意，点头表示反对。

面对面的商务谈判是一个斗智斗勇的过程，谈判双方的心态也会随着交际的紧张程度而跌宕起伏，并不可避免地通过双方的面部表情、身体动作等非语言沟通手段表现出来。因此，观察谈判对方的非语言表现，准确地把握其心态变化，常常是取得谈判主动地位的关键。国际商务谈判人员必须熟悉在特殊文化中非语言沟通的特殊表现形式，并对它们所传递的信息作出及时正确的判断和反应。

二、非语言沟通的作用

1. 补充作用

非语言信息可以丰富言语所表达的内容。当你向对方提出某个条件时，对方嘴上说"我们会认真考虑的"，而动作却是双臂交叉胸前或按灭烟头等，对于有丰富经验的谈判者而言，这种动作已表明了对方的真实意思。

2. 代替作用

非语言信息沟通可以代替语言所表达的意图或情绪。如以热烈的握手和拥抱传送热情、友好的态度。而当语言不便于或难以传递谈判者的观点或意图时，或对方难以领会时，非语言可以起到很好的替代作用。

3. 调节作用

由于谈判时间、环境、对象、条件的不同，谈判主体往往会产生厌倦、紧张等心理，这时可以通过非语言的动作调节一下，以便较快地转入正常的谈判状态。非语言在传递信息时也有其固有的局限性，特别是在国际商务谈判中，由于谈判双方受各自文化、风俗、社会制度等诸多因素的制约，同一动作可能传递不同信息，不同的动作可能传递相同或相似的信息。所以，谈判者要根据不同的谈判对象、具体的谈判环境使用和理解非语言，使其在国际商务谈判中有效地发挥作用。

4. 暗示作用

谈判者如果想从一个态度转向另一个态度，可通过表情、语调的调整或体态的运用来完

成,这体现了非语言的强烈暗示作用。非语言在传递信息时还能给人自然、真切的感觉,所以,在国际商务谈判中被谈判者广泛运用。

三、非语言沟通的分类

在国际商务谈判中,非语言的沟通可分为三大类:一是无声语言沟通;二是类语言沟通;三是时空语言沟通。

(一) 无声语言沟通

在国际商务谈判中,无声语言沟通(silent language communication)是谈判个体借助非有声语言来传递信息、表达思想的一种不出声的沟通方式,它主要表现在默语和体语两方面。

1. 默语

在国际商务谈判中,默语是谈判个体借助非有声语言来传递信息、表达思想的一种不出声的伴随语言,主要表现形式是停顿语。停顿语就是谈判者通过句子当中、句子之间保留的间隙所传递的信息,是一种高超的超越语言力量的传播方式。在国际商务谈判中,停顿语可以表示无言的赞许、抗议、默认等意义,它能以最简单的形式表达出丰富多彩的内容。

2. 体语

体语是指谈判者的身体语言,通过国际商务谈判个体的动作、表情、姿势和服饰等来传递信息的一种无声语言。对于谈判者来说,所谓应用体态语,就是要在谈判的特定条件下,一方面有意识地对自身的体态语予以控制、调整,辅助口头语言表达完成谈判任务;另一方面则是借助对谈判对手体态语的辨析,更真实、全面、及时地把握对方的情感、态度和意向,以此来把握谈判的主动权。根据身体在谈判时所处的状态,可将体语分为首语、手势语、身态语等。

(1)首语。首语是通过谈判者头部活动传播的信息。在国际商务谈判中,经常使用的是点头语和摇头语,它们在一般情况下分别传递着负面的信息。

(2)手势语。手势语是指通过手、手指活动来传递信息,这种通过手及手指活动所传递的信息被称作手势语。谈判者可通过手与手的接触或手的动作解读出对方的心理活动或心理状态,也可以把自己的意图传达给对方。

(3)身态语。身态语是指谈判者身体的静态姿势所传递的信息。不同的坐姿能反映谈判者不同的心理状况。人的身态有三种:躺卧式、屈膝式与直立式。国际商务谈判者一般都采用屈膝式的坐姿。

坐姿一般能毫不掩饰地反映出谈判个体的心理状态:深深坐入椅内,腰板挺直,是谈判者想在心理上表示出一种优势;抖动足尖或腿的坐姿,大都表示谈判者内心轻松或不安;张开腿部的坐姿,是自信、豁达、开放的表现;交叠双臂而坐,多是一种防范性心理的表示。当然,谈判中的坐姿很多,但七歪八斜或跷起二郎腿等的坐姿,将有碍于谈判的顺利进行。

(二) 类语言沟通

在国际商务谈判中,类语言沟通(kind of language communication)是指一种有声而无固

定语义的语言沟通方式。其形式主要有语调、重音和笑声。

1. 语调

语调是指贯穿整个句子的调子。它通常有降调和升调两种基本类型。一般说来,升调表示惊讶和不满,降调表示遗憾和灰心。波动的语调反映谈判者在思考、在犹豫,平静的语调则反映出自信和果断,等等。

2. 重音

在商务谈判中,谈判者根据表达的需要,故意把某句话、某个词或词组的发音说得重一些,这就是所谓的重音。重音主要起强调的作用,让对方更准确地理解你的意思。

3. 笑声

笑声与微笑不同,它是通过谈判主体出声的笑来传递信息。在谈判中,笑声既可负载着正面信息,也可负载着负面信息。如扬头大笑,可能表示"高兴"、"赞同",也可能表示"不怀诚意"。因此,在国际商务谈判中,谈判人员要善于从不同的笑声中猜测出对方的真实意图。

(三) 时空语言沟通

时空语言沟通(space-time communication)是指通过人际距离、空间布置传达信息的非语言沟通方式。

一般来说,谈判都有个时限概念,这应该是谈判双方通过磋商取得一致的时间,但是,如果一方单方面提出缩短时间,这说明他们想搞"速决战",此时,就应避免犹豫不决,否则,难以获得对方合作;如果一方单方面提出延长时间,这说明他们想进行"马拉松"式的谈判,这种情况下就不易操之过急,否则会急中生乱。

空间语通常是指空间本身给谈判主体带来的信息。谈判是在特定的政治、经济、文化等影响下的社会环境中进行的,特别是在国际商务谈判中,谈判将受到两个甚至多个不同社会背景的影响。因此,谈判者在谈判的准备过程中,要通过各种渠道了解谈判对手及谈判地点所在的社会环境,这样可能有备无患。

谈判所在的具体地点,包括室内环境的布置及谈判设施的安置方式,会给谈判造成很大影响。就房间布置而言,窗明几净、典雅庄重的场所可以给谈判造成一种融洽的气氛。

四、非语言沟通的技巧

在商务谈判沟通中,谈判者对非语言符号的解读无法做到解读语言符号那样迅速、准确。这是因为非语言传播符号的特点决定了非语言沟通是一个特殊的过程,它要受到多种因素的影响,这些影响因素形成了非语言沟通中的障碍。谈判者要想在谈判过程中恰到好处地理解并运用非语言沟通,就要首先了解影响非语言沟通的障碍。

(一) 非语言沟通中的障碍

1. 谈判者的有意识行为

在商务谈判中,由于利益的制约或驱动,或是谈判者已养成的某些习惯,双方都会有意识地作出或避免作出某些动作或姿态,以控制非语言传播行为的倾向,通常有意传出的都是干扰性的信息,从而在一定程度上阻碍了正确解读非语言传播符号。

2. 谈判者的经验

谈判者对非语言符号含义的确认一般是根据自己的经验得来的,即来自自己同这个符号接触的经验。经验是有个性差异的,因此,个体的经验会产生对符号含义的误解或者导致缺乏共同含义,尤其是两种不同文化背景的谈判者碰到一起的时候。因此,谈判者的经验有时反倒会成为非语言沟通中的障碍。

3. 非语言环境

非语言环境即谈判中非语言行为产生和存在的环境。它包括两部分:一是非语言的产生背景,主要由社会、文化和历史传统等因素构成;二是非语言的存在情境,即非语言存在的特定谈判情境。非语言符号常常是与特定的产生和存在环境或背景联系在一起的,否则,非语言符号会由于缺乏具体的、确定的含义而呈现无穷无尽性,使非语言沟通难以正常进行。这也表明非语言符号的局限性,及环境对非语言沟通过程的障碍性。

(二) 非语言沟通技巧

1. 要弄清楚无声语言运用的场合、时间和背景

无声语言和有声语言不同,它不仅需要表达者的准确表达,还需要接受者的正确理解。为了实现无声语言在沟通中的补充、代替和调解的作用,谈判者就要注意运用无声语言的时机,如当用语言表达不清楚或不方便表达真实意图时,当谈判气氛紧张或双方疲惫时,运用无声语言配合表达,会取得不错的效果。因此,只有场合、时间和背景都有利时,无声语言的运用才能取得最佳效果。

2. 要善于准确表达无声语言

无声语言不是对人的行为状态、含义的精确描述,它具有可变性强、含义广而深的特点,所以作为谈判者必须清楚无声语言所表达的并非一定和内在本质一致。也就是说,在谈判中制造假象,表里不一是司空见惯的,谈判者应谨慎、机智地应付各种情况。前面已经介绍了无声语言的表现形式,谈判者应以其为参照,在实践中多加练习,才能在商务谈判中灵活自如地运用无声语言,达到想要的效果。

3. 要善于观察并正确理解无声语言

无声语言直接作用于人的视觉,一切尽在不言之中。这就要求谈判者在倾听对方谈话的同时悉心观察对方,在观察中体会对方所发出的各种暗示信息,并采取相应的方式,适时地作出判断和反应,与对方交换信息,以控制谈判的局势。

本章小结

1. 谈判沟通中应注意的问题:一是影响有效沟通的障碍在哪里;二是应该怎样应对。

2. 国际商务谈判的语言各种各样,一般将沟通划分为语言沟通和非语言沟通两种类型。

3. 国际商务谈判语音沟通贯穿于谈判的听、问、答、叙等环节,各个环节都有不同的运

用原则和技巧。

4.国际商务谈判非语言沟通主要有无声性、补充性、及时性和地域性等特点。可以分为三类:无声语言沟通、类语言沟通和时空语言沟通。

 **思考与练习**

一、单项选择题

1.最能体现谈判特征的沟通行为是( )。

A.问   B.叙   C.辩   D.说

2.商务谈判中,作为卖方,报价起点要( )。

A.低   B.高

C.既要低又要接近理想报价   D.既要高又要接近理想报价

3.商务谈判中,作为摸清对方需要,掌握对方心理的手段是( )。

A.问   B.听   C.看   D.说

4.在正式谈判之前,朱先生告诉随行的王先生,如果他皱眉头就表示需要仔细研究,不要急于同意对方的意见。谈判结束了,他们没有达成任何协议。在本次谈判中,( )语言促使双方没有达成协议。

A.文学性   B.军事性   C.无声   D.有声

5.在商务谈判中,当己方处于被动地位时,为了实现谈判目标,可以选择的策略是( )。

A.以战取胜   B.多听少讲   C.抛砖引玉   D.声东击西

6.倾听的技巧中最基本、最重要的是( )。

A.集中精力地倾听   B.有鉴别地倾听

C.克服先入为主的倾听   D.通过用笔记来倾听

二、多项选择题

1.商务谈判阐述中语言要求有( )。

A.让对方闲谈   B.准确易懂   C.紧扣主题   D.富有弹性

E.己方滔滔不绝

2.在商务谈判中,针对对方的答复,发问的类型有( )。

A.澄清式发问   B.探索式发问

C.强迫选择式发问   D.证明式发问

E.证明式提问

3.下列各项中,属于倾听应遵循的原则是( )。

A.要努力表达出理解   B.要清楚自己听的习惯

C.要做笔记   D.要倾听自己的话

E.全身心地注意

4.在谈判中要想说服对方,要赢得对方的信任,可以寻找双方的共同点来进行交流。其方法有( )。

A. 寻找工作上的共同点　　　　B. 寻找生活上的共同点

C. 寻找兴趣爱好的共同点　　　　D. 寻找共同熟悉的第三者

E. 寻找学习上的共同点

三、名词解释

1. 语言沟通　　　　2. 非语言沟通

四、简答题

1. 什么是沟通？其特点有哪些？

2. 举例说明国际商务谈判中运用的语言类型。

3. 语言沟通的技巧有哪些？

4. 语言沟通的障碍和技巧有哪些？

5. 国际商务谈判中的"答"的技巧有哪些？

 **案例分析题**

中美双方谈判语言

中国某公司与美国公司谈判投资项目,其间双方对原工厂的财务账目反映的原资产总值有分歧。

美方：中方财务报表上有模糊之处。

中方：美方可以核查。

美方：核查也难,因为被查的依据就不可靠。

中方：贵方不应该空口讲话,应有凭据证明查账依据不可靠。

美方：所有财务证明均系中方工厂所造,我作为我国人无法一一核查。

中方：那贵方可以请信得过的中国机构协助核查。

美方：目前尚未找到可以信任的中国机构帮助核查。

中方：那贵方的断言只能是主观的、不令人信服的。

美方：虽然我方没有法律上的证据证明贵方账面数字不合理,但我们有经验,贵方的现有资产不值账面价值。

中方：尊敬的先生,我承认经验的宝贵,但财务数据不是经验,而是事实。如果贵方诚意合作,我愿意配合贵方查账,到现场一一核对物与账。

美方：贵方不必做这么多工作,请贵方自己纠正后,再谈。

中方：贵方不想讲理？我奉陪！

美方：不是我方不想讲理,而是与贵方的账没法说理。

中方：贵方是什么意思,我没听明白,什么"不是、不想;而是、没法"？

美方：请原谅我方的直率,我方感到贵方欲利用账面值来扩大贵方所占股份。

中方：感谢贵方终于说出了真心话,给我指明了思考方向。

美方：贵方应理解投资者的顾虑,尤其像我公司与贵方诚心合作的情况下,若让我们感到贵方账目有虚占股份之嫌,实在会使我方却步不前,还会产生不愉快的感觉。

中方：我理解贵方的顾虑。但在贵方的恐惧面前,我方不能只申辩这不是"老虎账",来

说它"不吃肉"。但听贵方有何"安神"的要求。

美方：我通过与贵方的谈判，深知贵方代表的人品。由于账面值让人生畏，不能不请贵方考虑修改问题，或许会给贵方带来麻烦。

中方：为了合作，为了让贵方安心，我方可以考虑账面总值的问题。至于怎么做账是我方的事。如果我没理解错的话，我们双方将就中方现有资产的作价进行谈判。

美方：是的。

案例来源：http：//communication. koucai. cn/kc/goutong/swgt/20100727/20879. html.

分析：

1. 上述谈判中，双方均运用了哪些语言？

2. 双方的语言运用有何不妥之处？

3. 如果你作为美方或中方代表会怎么谈？

第九章　国际商务谈判礼仪

学习目标

通过本章的学习,学生应了解商务礼仪的含义和国际商务礼仪的基本原则,掌握涉外交往中的日常交往、迎送、着装等方面的礼仪,掌握涉外交往中的交谈和宴请等方面的礼仪。

第一节　商务谈判礼仪概述

礼仪是国际商务谈判的重要组成部分,是谈判双方交往的通行证,是每个参与者必须遵守的规则。不得体的礼仪,是对谈判对象的失礼,从而可能产生误会、摩擦,有时甚至会导致商务谈判的失败。作为国际商务谈判人员,了解常见的国际商务谈判礼仪并采取相应的措施就显得十分必要。

一、国际商务谈判礼仪的含义

礼仪是指在人际交往中自始至终地以一定的、约定俗成的程序、方式来表现的律己、敬人的完整行为。所谓商务谈判礼仪(business negotiation etiquette),就是指在长期的商务谈判交往过程中,为迎合不同的文化而形成的行为或活动的规范。

礼仪作为一种道德规范,也是人类文明的重要表现形式,它在一定程度上反映了一个国家、一个民族、一个地区或一个人的文明程度和社会风尚。国际商务谈判礼仪的作用有三:一是律己,二是敬人,三是反映国家的文明程度。商务谈判礼仪的核心是一系列行为准则,用来约束日常商务活动的方方面面,其作用是为了体现人与人之间的相互尊重。

二、国际商务谈判礼仪的重要性

礼仪是世界各民族宝贵的文化积累和精神财富,它是根据各民族文化风俗而建立起来的一套形式、礼貌和仪式。这套形式、礼貌和仪式是人们在处理社会关系、业务交往或社会生活中认为可以接受甚至必需的行为规范。国际商务活动礼仪是在国际商务、贸易业务交往或社交活动中应遵守的一套文明的行为准则。

在当前国际贸易竞争越来越激烈的情况下,是否懂得国际商务礼仪显得越来越重要。一个公司生意的成败往往不仅取决于其产品的质量和价格如何,而且取决于其对待客户的态度如何,取决于其对国际商务礼仪的知识掌握如何。如你懂得国际商务礼仪,了解对方文

化风俗,对外商有礼,就可能达成交易、赢得客户。如你不懂得国际商务礼仪,不了解对方文化风俗,对外商失礼,就可能生意失败而失去客户。同时,是否懂得国际商务礼仪也是一个关系到个人和公司形象的问题。

 **案例**

败 在 礼 仪

在 A 国一家医疗机械厂与美国客商进行的一场引进大输液管生产线的谈判中,双方在融洽友好的氛围中达成了一致意见,相约第二天举行签字仪式。谈判结束后,该厂厂长带领美国客商参观工厂车间,这位厂长向墙角吐了一口痰,然后用鞋底擦了擦,这一细节被美国客商看在眼里,毅然决定停止签约。在他给这位厂长的一封信中,他这样写道:"恕我直言,一个厂长的卫生习惯可以反映一个工厂的管理素质。况且,我们今后要生产的是用来治病的输液皮条。贵国有句谚语:人命关天!请原谅我的不辞而别,否则上帝都不会饶恕我的……"

从本案例中我们可以看出,谈判中参与人的言谈举止、衣着打扮所体现出的修养和气质是何等重要,有时关乎谈判的成败。

案例来源:李颖,李炎.谈判其实很容易[M].北京:中国纺织出版社,2002.

三、国际商务谈判礼仪的基本原则

1. 相互尊敬原则

尊敬是礼仪的情感基础。在当今人际交往中,人与人是相互平等的,无论职务高低、年龄长幼、民族大小、种族强弱,人格上没有贵贱之分。尊敬领导、尊敬客户、尊敬长辈、尊敬宾朋不但不卑下,而且是一种讲究礼仪的表现。只有尊敬对方才能获得对方的尊敬。只有相互尊敬,才能建立和保持和谐愉快的人际关系,才能给事业上的合作提供良好的基础。

2. 信守承诺原则

在国际商务谈判中最重要最基本的原则就是信守承诺,它是指在一切正式的国际交往中,都必须认真而严格地遵守自己作出的所有承诺。说话务必要算数,许诺一定要兑现,约会必须要如约而至。在一切有关时间方面的正式约定之中,尤其需要恪守不怠。要真正做到信守承诺,需要在以下三个方面身体力行,严格地要求自己:

(1)在人际交往中,许诺必须谨慎。

(2)对于自己已经作出的约定,务必要认真地加以遵守。

(3)如果由于难以抗拒的因素,只是自己单方面失信,或是有约难行,需要尽早向有关各方进行通报,如实解释并道歉,且主动担负由于己方失信而给对方造成的损失。

3．入乡随俗原则

国际商务谈判是涉及不同国家不同文化的商业活动，来自不同的国家，有着不同的政治背景和宗教信仰、不同的文化背景、不同风土人情和风俗习惯的人，形成了不同的商业习惯。我们要真正做到尊重交往对象，就必须了解和尊重对方所独有的风俗习惯。首先，应该掌握民族禁忌。其次，应该掌握宗教禁忌。再次，对于不同地区、不同国度的某些特殊民俗与禁忌也应了如指掌，以便区别对待。

4．求同存异原则

在国际商务谈判交往中，各国礼仪与风俗的差异性是不容否认和忽视的。对于这些差异性，尤其是与谈判对象所在国之间的礼仪与习俗的差异性，重要的是要了解，而不是要评判是非，鉴定优劣。在国际商务谈判中，一般而论，大体有三种主要的可行方法：

（1）"以我为主"，即在商务谈判过程中，依旧基本上采用本国礼仪。

（2）"兼及他方"，即在商务谈判过程中，基本上采用本国礼仪的同时，适当地采用一些谈判对象所在国现行的礼仪。

（3）"求同存异"，即在商务谈判过程中，既对谈判对象所在国的礼仪与习俗有所了解并予以尊重，更要对于国际上所通行的礼仪惯例认真加以遵守。这是在商务谈判过程中，为了减少麻烦，避免误会，最为可行的方法。

5．谦虚适度原则

在国际商务谈判中，要做到不卑不亢，反对一味地抬高自己，但也绝对没有必要妄自菲薄。谦虚适度原则就是要把握好各种情况下的社交距离及彼此间的感情尺度，也就是说，待人既要彬彬有礼，又不低三下四；既要殷勤接待，又不失庄重；既要热情大方，又不轻浮诌谀。比如说在握手时，对方毫不用力，会产生一种被冷淡或不被重视的感觉；对方用力过大，会觉得对方粗俗；只有对方用力适中，才会觉得对方热情真诚。

四、礼仪在国际商务谈判中的作用

1．塑造企业形象

在社会活动中，交谈讲究礼仪可以变得文明，举止讲究礼仪可以变得高雅，穿着讲究礼仪可以变得美丽，行为讲究礼仪可以变得大方。只要讲究礼仪，事情就会做到恰到好处。总之，一个人讲究礼仪，就可以变得充满魅力，一个企业讲究礼仪，就可以建立更为良好的合作关系，获得更多合作的机会。

2．提高商务谈判人员的个人素质

如果说，国际商务谈判中的礼仪外在作用是塑造企业形象，那么它的内在作用就是增强谈判代表的个人素质。谈判人员用一定的礼仪来规范自己的行为，表现出良好的内在修养，不仅使自己充满自信，而且能获得对方的尊重。谈判双方的互相尊重是国际商务活动的行为准则，也体现了国际商务谈判礼仪的核心作用。

3．为沟通和协调提供便利

在国际商务谈判过程中，双方通过一定的礼仪行为，能够更好地向对方表达尊重、友好

与善意,增进彼此的信任和友谊。只要双方都能自觉地遵守礼仪规范,就容易沟通感情,从而使谈判更容易成功。只要双方自觉注重礼仪规范,就能够互相尊重,友好合作,从而缓和与避免不必要的冲突和障碍。

4. 体现一个国家的文明程度

国际商务谈判是跨国界的,不仅是个体行为,更是一个民族行为。得体的礼仪在一定程度上反映了一个国家、一个民族的文明、文化程度和社会风尚。

第二节　日常交往习俗

一、守时守约

1. 先期约定

(1)掌握约定的时间。预约的前提是要尊重对方的抉择,在此前提下,再商定到访的具体时间。作为客人,对主人提出的具体时间,应予以优先考虑;客人提出方案时,最好多提供几种方案供主人选择。

(2)了解约定人数。预约时,宾主双方应事先通报各自到场的具体人数及其身份,竭力避免自己一方中出现令对方反感的人物。双方人员已经约定,就不能随意变动。尤其是客人一方,一定不能随意增加拜访人数,否则会令主人应接不暇,打乱主人的安排和计划。

2. 依约而行

对已有约定,一定要认真遵守。在国际贸易交往中,如果和交往对象已经有约定,那就一定要依约而行,如约而至,信守承诺。既不要早到,让对方措手不及,也不要迟到,让对方等待。如有特殊原因需要变更约定,要尽早通知对方,并向对方致歉。

二、热情有度

所谓热情有度,是指既要对别人热情,又要遵守一个界限,这个界限就是不能妨碍别人,影响别人,甚至给别人带来麻烦。

1. 关心有度

关心他人比关心自己为重是中华民族的传统美德,但是绝不能关心不该自己关心的事,要尊重他人的隐私。

2. 谦虚有度

在国际交往中,适当的谦虚是必要的,也是令人尊敬的。但是在那些推崇个性、强调自我表现的民族和国家面前,一定要意识到过分的谦虚会被对方误会,这就是谦虚要把握好度的含义。在许多国外客商看来,过分的谦虚往往是不必要的,是没有实力或虚伪做作的表现。

3. 距离有度

所谓距离有度,是指与交往对象之间要保持适当的空间距离。这些空间距离在国际贸易谈判活动中表现为私人距离、常规距离、礼仪距离和公共距离。

（1）私人距离。私人距离指的是小于半米的距离，以及身体之间无穷接近的距离。显而易见，私人距离的适用对象是亲朋好友之间、家人之间、夫妻和恋人之间，以及需要扶老携幼之人。私人距离又称亲密距离，在涉外交往中一般是不可以使用的。

（2）常规距离。常规距离是指半米到 1 米之间的距离。这种距离是在人际交往中，或站或行时所允许保持的最为正规的距离，所以常规距离也称交际距离。

（3）礼仪距离。礼仪距离又称尊重的距离，是指 1 米到 1.2 米之间的距离。在这样的距离中，自己的动作不会触碰到别人，自己的飞沫不会喷到别人的脸上，另外也是尊重他人私人活动空间的表示。但必须注意的是，不同国家、不同民族的人对礼仪距离的理解是有差别的，比如中东国家的客商表示信任或友好时，他们的礼仪距离大大小于其他国家商人的概念。

（4）公共距离。公共距离是在大庭广众之下与外人相处时的一种距离。如果是谈判对手之间，通常较为自由，在 1 米到 1.5 米之间。如果是公共场所，陌生人相处的距离一般为 1.5 米以上。

三、女士优先

在国际社会，女士优先是一种交际惯例。所谓女士优先，是指在社交场合，一个有教养的成年男士应该以自己的言行举止尊重、照顾、保护、关心、体谅女性，这是一个男士最基本的教养。具体要求包括：

（1）进门出门时，男士要为女士开门。

（2）在女士面前，有教养的男士是不可以吸烟的。

（3）当女士落座或起立时，男士要为女士拉起凳子或者推近椅子。

（4）当女士在衣帽间更换外衣、外套时，在场男士应予以协助。

（5）当女士在室外行走时，如果手提笨重物品，男士要上前主动提供帮助。

（6）当女士遭遇尴尬和难堪时，男士应主动上前排忧解难。

第三节　迎　送　礼　仪

迎来送往是商务谈判中经常发生的行为，是常见的社交活动，也是国际商务谈判中一项基本礼仪。一般来说，在谈判中，对重要客商、初次打交道的客商要去迎接；一般的客商、多次来的客商不接也不失礼。总之，谈判一方对应邀前来参加谈判的人员，对将要来到和即将离去的客人，都应根据其身份、交往性质、双方关系等因素，综合考虑安排相应的迎送。

一、确定迎送规格

迎送主要依据前来谈判者的身份和目的确定规格，同时适当考虑双方关系，注意惯例，综合平衡。主要迎送人的身份和职位通常都要与来者相近，以对口、对等为宜。当事人因故不能出面的，可灵活变通，由职位相当人士或副职代替。对此，无论做何种处理，都应礼貌地向对方作出解释。另外，其他迎送人员不宜过多。

有时，为发展双方关系或因其他需要，也可破格接待，安排较大的迎送场面；但为了避免

厚此薄彼,非有特殊需要,一般都应按常规办理。

二、掌握抵达和离开的时间

必须准确掌握谈判来人乘坐的交通工具的抵达和离开时间,及早通知有关单位和全体迎送人员。如有变化,及时告知,做到既顺利接送来客,又不过多耽误迎送人员的时间。迎接时,迎送人员应在来客抵达之前到;送行时,应在客人登机(车、船)前到。

三、做好接待的准备工作

每一次迎送活动都应指定专人负责具体迎送事宜,或组织迎送工作小组具体办理。迎送人员应及时地将有关迎送信息、迎送计划和计划变更情况通知有关部门和有关人员,有关部门和人员也应及时地向迎送人员反馈迎送信息。

准备工作应包括确定迎送人员名单、安排交通工具、迎送场地布置、照相、摄像、陪车、安排住宿等内容。确定迎送人员名单、挑选接待人员,尤其是那些直接面对外国来访者的迎送人员、翻译人员、陪同人员、安全保卫人员和司机要优中选优,切勿滥竽充数。除了仪表堂堂、身体健康、政治可靠、业务上乘之外,还应将反应敏捷、善于交际、责任心强列入用人的基本条件。外宾抵达后,需派人协助办理出入境手续、乘机(车、船)手续和行李提取或托运等手续。

安排好交通工具。迎接工作中公务人员必须准确掌握来宾乘坐的飞机(车、船)抵达的时间,在客人抵达之前到达迎接地点等候客人,并备好专用车辆接送客人。

制订迎送计划时应该根据来宾的人数预先订好客房。如有条件,在客人到达之前将住房和乘车号码通知客人。如果做不到,可印好住房、乘车表,或打好卡片,在客人刚到达时,及时发到每个人手中,或通过对方的联络秘书转达。这既可避免混乱,又可以使客人心中有数,主动配合。

来宾离去时,也要做好送行的礼仪工作。接待方应组织并派专人协助来宾办理出境或机票(车、船票)手续,以及帮助客人提拎行李、办理托运手续。分别时,可按来宾国度的行礼习惯与之告别,并用热情的话语为客人送行,如欢迎客人再次访问、祝客人一路平安等。最后应目送客人登机(车、船)离去后方可离开。

第四节 仪容与着装礼仪

商务人员的仪表是洽谈人员的广告,服装整洁、挺括,高雅端庄,精神饱满,给人以良好的第一印象。合适的仪容和服饰不仅是对别人的尊重,也是对自己的尊重,并会对达成交易产生有利的影响。在国际商务谈判中,仪容与服饰礼仪是一个不容忽视的问题。

一、仪容的基本要求

1. 整洁的发型

头发要干净整齐、长短适当,发型简单大方、朴素典雅,要勤洗发、勤理发,把头发梳理到位。在国际商务中,谈判者的头发应以短为主。男士头发最长也不应该后及领口,前过额

头；女士头发的长度则相对来说宽松一些，不过最好是不要长过肩部，或挡住眼睛。工作场合，则必须将长发扎或挽起来，不适合任意披散。

2. 清爽的面孔

国际商务谈判者应时刻保持面部干净清爽，无污渍和油污等不洁之物。鼻腔要随时保持干净，不要让鼻涕或别的东西充塞鼻孔，还应经常修剪鼻毛，严禁鼻毛外露。男士不宜蓄须，最好每天坚持剃须，绝对不可以胡子拉碴地与人会面。还要保持口气清新，养成在参加商务活动前不吃生蒜、生葱和韭菜一类带有刺激性气味食物的良好习惯。

3. 干净的手部

在国际商务中，谈判者必须勤洗手，常剪指甲，绝不要留长指甲，女士也不宜使用颜色醒目的甲彩。另外，女士应适度化妆。白天的社交活动可化淡妆；晚上的娱乐性活动，如舞会等，可化浓一些的妆。

二、着装礼仪

着装礼仪在国际商务谈判中非常重要。得体的着装，不仅体现着个人的仪表美，而且还是对他人的尊重，直接影响着谈判的成败。在国际商务谈判中，一般要求穿着传统、庄重和高雅。

 案例

都是着装惹的祸

中国某企业与德国一公司洽谈割草机出口事宜。按礼节，中方提前5分钟到达公司会议室。客人到后，中方人员全体起立，鼓掌欢迎。不料，德方人员脸上不但没有出现期待的笑容，反而均显示出一丝不快的表情。更令人不解的是，按计划一上午的谈判日程，半个小时便草草结束，德方匆匆离去。

中方企业事后了解到：德方之所以提前离开，是因为中方谈判人员的穿着。德方谈判人员中男士个个西装革履，女士个个都穿职业装，而中方人员呢？除经理和翻译穿西装外，其他人有穿夹克衫的，有穿牛仔服的，有一位工程师甚至穿着工作服。

本案例中因中方谈判人员的着装导致谈判失败。德国是个重礼仪的国家，德国人素以办事认真而闻名于世。在德国人眼里，商务谈判是一件极其正式和重大的活动，中方穿着太随便说明了两个问题：一是不尊重他人；二是不重视此次活动。既然你既不尊重人，又不重视事，那还有必要谈吗？所以，德方在发现中方服饰不规范时脸上出现不快，并且提前离去。

案例来源：刘白玉. 国际商务谈判礼仪中的文化差异研究. http：//space. itpub. net/？uid－12878345-action-viespace-itemid.

（一）服饰的功能

个人服饰的选择受到民族习惯、性别、年龄、季节等多种因素影响,而服饰又直接体现着一个人的气质与文化素养。在商务谈判中,服饰的颜色、样式对谈判者情绪有很大影响,因此,如何根据环境和身份选择适当的服饰是一门值得研究的学问。

1.服饰是谈判者素质的体现

服饰在一定程度上体现出一个谈判者的文化修养和审美情趣。因为谈判者的审美观不同,选择服饰的颜色也会有所差异,从而给人的感觉也完全不同。

2.服饰是谈判者角色形象的反映

服饰能够在一定程度上反映出一个谈判者在谈判中所充当的角色。着装通常是以人体为基础,通过服装的色彩、款式、质地的选择和饰品的搭配塑造人体的角色形象。

3.服饰是谈判者谈判风格的显露

一个人留给别人的"第一印象"往往来自他的服饰,而服饰也确实影响着人的感觉、情绪、印象以及交往结果。在商务谈判中,服饰的颜色、款式对谈判者的情绪和行为也会产生一定影响,甚至成为谈判的技术手段之一,用以动员谈判对手向自己靠拢。如服饰的反差明显会给对方以个性鲜明感,往往可支配着谈判的节奏和进程。穿着长、短风衣者常给人以随便的感觉,往往预示着只是进行试探性的预备会谈。

（二）着装的一般原则

1.不盲目追求潮流或模仿

现代人容易受潮流的影响,经常为了追求时尚而忽视了自己的职业与身份。时装设计师们为了刺激大众的购买欲望,每年都推出各式新款时装,这些时装或许是很出色的晚装、舞台装,却未必是合适的职业装。再者,每一个人的身材、五官、气质不同,着装风格也不相同,穿在别人身上漂亮得体的服装,穿在自己身上则不一定合适。如许多女士发现自己的同事、朋友买了一件衣服穿着很漂亮,马上也买了一件;有的发现某歌星、影星穿了一件衣服很新颖,也马上效仿做一件,但效仿别人购置的衣服穿在自己身上未必好看。

2.着装应与自身条件相适合

选择服装首先应该与自己的年龄、身份、体形、五官、性格和谐统一。就形体条件而言,一般来说,身材矮胖、颈粗圆脸的人,宜穿深色低"V"字形或大"U"字形领套装,浅色高领服装则不适合;而身材瘦长、颈细长、长脸形的人宜穿浅色、高领或圆形领服装;方脸形者则宜穿小圆领或双翻领服装;身材匀称,形体条件好的人,着装范围则较广。

3.着装应与职业、场合、交往目的和对象相协调

着装要与职业、场合相宜,这是不可忽视的原则。在正式社交场合,着装宜庄重大方,不宜过于浮华;参加晚会或喜庆场合,服饰则可明亮、艳丽些;节假日休闲时间着装应随意、轻便。

（三）正式场合着装的注意事项

1.选择适合特定场合的服装

在参加正式活动时,男士一般应穿着上下同色同质的毛料西装、中山装或礼服,女士应

选择西装套裙、旗袍或礼服。而那些休闲服、运动服、T恤衫、紧身衣、牛仔裤等,无论多么高档、多么昂贵,甚至国际名牌都不可以出现在正式场合,各式休闲鞋、时装鞋都不能与正式礼服相配。

2. 按规定着装

重大的宴会、庆典和会见等比较正式和隆重的场合,尤其是涉外活动,组织者所发请柬上如注有着装要求,参加者就应按规定着装。即使组织者没有提出具体的着装规定,参加者也应穿着较正式的服装。

3. 按规范着装

正式场合的着衣配装有一定的礼仪规范。如中山服的着装规范是扣好衣扣、领扣和裤扣,不把衬衣领口翻出,皮带不得垂露在外。穿长袖衬衣应将前后下摆塞入裤内,袖口、裤腿不能卷起。穿西服一定要配颜色相宜的皮鞋,忌戴帽子。西服的衣裤兜内,忌塞得鼓鼓囊囊,腰带上不要挂钥匙、手机。参加宴会联欢的女士穿旗袍时,开衩不可太高,以在膝上1～2寸(1寸≈3.33厘米)为宜。

4. 注意服饰的细节

任何服装都应洗涤干净,熨烫平整,裤子要熨出裤线,不可有折痕。衣领、袖口要干净,鞋面要光亮。女士着裙装、套装应配以皮鞋或不露脚趾的皮凉鞋等。

第五节　会见中的礼仪

会见是谈判过程中的一项重要活动。身份高的人会见身份低的人称为接见,身份低的人会见身份高的人称为拜会。接见与拜会在我国统称为会见。就其内容来说,会见分为礼节性会见、政治性会见和事务性会见三种。在国际商务谈判活动中,东道主应根据来访者的身份和访谈目的,安排相应的部门负责人与之进行会见。

一、会见前的准备

如果一方要求拜会另一方,应提前将自己的姓名、职务以及要求会见什么人、为何会见等通知对方。接到要求的一方应尽早予以答复,无故拖延、置之不理是不妥当的,如果因故不能会见,应向对方作出解释。

如果接到要求的一方同意对方的请求,可主动将会见的时间、地点以及己方的参加人员通知对方。提出要求的一方亦应提供自己一方的出席人员名单。双方人员的人数和身份应大体相当。

会见一般都在会客室或办公室里进行,我国习惯安排在会客室里。主人应在会见开始之前到达,以迎候客人。主人也可以在宾馆或单位正门口迎候,而由工作人员把客人引入会客室。工作人员引领客人时,应走在前边,到楼梯或拐角处时,要回头提醒客人一下。宾主双方进入会客室后,工作人员应负责关好门,并退出现场。在会见过程中,一般不允许外人进进出出。

二、会见中的礼仪

1. 握手礼仪

一般来说,在会见开始前,东道主应先到达洽谈地点,对准备工作进行查漏补缺,预备迎接客人的到来。主人在门口迎接客人时,应主动与对方成员握手。这就涉及握手礼仪的规范问题。

握手是中国人最常用的一种见面礼,也是国际上通用的礼节。握手貌似简单,但这个小小的动作却关系着个人及公司的形象,影响谈判的结果。

(1) 正确的握手方式。在问候前,双方各自伸出右手,彼此之间保持一步左右的距离,手略向前下方伸直,双手常平行相握,同时注意上身稍向前倾,头略低,面带微笑地注视对方的眼睛,以示认真和恭敬。握手时不可东张西望或面无表情。东张西望表示心在焉,面无表情表示不友好,两者都缺乏对别人的尊重。

(2) 伸手的先后顺序。职位高者优先;长辈优先;女士优先;主人优先。

(3) 握手的禁忌。① 在很多国家,用左手握手或递给别人名片被认为是不礼貌的行为。② 一般不戴手套握手。按国际惯例,身穿军服的军人可以戴手套与人握手,地位高的人或女士可以戴手套与人握手。③ 握手时眼睛要注视对方,不可东张西望。④ 握手的力度要适中。如果是一般关系或初次见面,只需稍用力握一下即可,如果关系密切,双方握手时则可略用力,并上下轻摇几下。⑤ 握手的时间以 2～3 秒为宜,男士与女士握手不宜时间过长。⑥ 当别人伸出手来时,切忌迟迟不伸手。

案例

左手引起的麻烦

某厂长去广交会考察,恰巧碰上出口部经理和印度尼西亚客户在热烈地洽谈合同。见厂长来了,出口部经理忙向客户介绍,厂长因右手拿着公文包,便伸出左手握住对方伸出的右手。谁知刚才还笑容满面的客人忽然笑容全无,并且就座后也失去了先前讨价还价的热情,不一会儿便声称有其他约会,急急地离开了摊位。

本案例中,厂长不了解文化差异,以对中国人来说可以接受的方式用左手与对方握手,导致谈判失败。因为在伊斯兰国家,左手一般是用来做"不洁"之事,不能用来从事如签字、握手、拿食物等"干净"的工作的,否则会被看作是粗鲁的表现。

案例来源:刘白玉. 国际商务谈判礼仪中的文化差异研究. http://space. itpub. net/? uid - 12878345 - action-viespace-itemid.

2. 举止礼仪

(1) 坐。从椅子的左侧入座、在椅子的左侧站立是一种礼貌。坐在椅子上转动或移动

椅子位置是不合礼仪的。坐下后,身体应尽量端正,两腿平行放好。

在谈判中,不同的坐姿传递着不同的信息:① 挺腰笔直的坐姿表示对谈话有兴趣,同时也是对人尊敬的表示。② 弯腰曲背的坐姿是对谈话不感兴趣或感到厌烦的表示。③ 斜着身体坐,表示心情愉快或自我感觉优越。④ 双手放在跷起的腿上,是一种等待、试探的表示。⑤ 一边坐着一边双手摆弄手中的东西则表示一种漫不经心的心理状态。

(2) 站。正确的站立姿势应该是:两脚跟着地,两脚尖呈 45 度。腰背挺直,自然挺胸,脖颈伸展,颌须微向下,两臂自然下垂。

在谈判中,不同的站姿也会给人不同的感觉:① 充满信心、乐观豁达、积极向上的人,站立时脊背总是挺得笔直。② 缺乏自信、消极悲观、甘居下游的人,站立时往往弯腰曲背。③ 自觉的并肩站立是一种关系友好、有共同语言的表现。④ 双腿分开,一手叉腰,一手摸下巴或拿着什么,是一种无所畏惧、不急于求成的态度。⑤ 双腿分开,一手叉腰,一手摸下巴却低头看着什么,则是一种沉思、为难的姿态。

(3) 行。人走路的样子千姿百态,各不相同,因而给人的感觉也不相同。另外,男士与女士也有很大区别。因此,男、女的行走礼仪有不同要求。

男士走路的姿态应当是:昂首、闭口、两眼平视前方、挺胸、收腹、直腰。行走时上身不动,两肩不摇,步态稳健,以显示刚强、雄健、英武、豪迈的男子汉风度。

女士走路的姿态应当是:头部端正,但不宜抬得过高,目光平和,直视前方。行走时上身自然挺直,收腹,两手前后摆动幅度要小,两腿并拢,小步前进,走成直线;步态要自如、匀称、轻柔,以显示端庄、文静、温柔、典雅的女子窈窕之美。

不同行走姿态给人的感受可简述如下:① 步伐矫健、轻松、灵活、富有弹性,可给人以健康、活力之感。② 步伐稳、端正、自然、大方,可给人以沉稳、庄重、斯文的感觉。③ 步伐轻盈、灵敏、行如和风,可给人以轻巧、欢悦、柔和之感。④ 摇头晃脑、歪歪斜斜、左右摇摆,会给人以庸俗、无知、轻薄的印象。⑤ 弯腰弓背、低头无神、步履蹒跚,会给人以压抑、疲倦、老态的感觉。⑥ 摇着八字脚,晃着鸭子步,尤其使人不快,会给人一种不安的扭曲感。

需要指出的是,在一般情况下,谈判中的行为、举止要适度得体,但在某些特殊场合或基于特殊目的,也会出现悖于常规、常礼的举止,这仅是一种谈判策略或战术的运用,不涉及礼仪规范。

3. 座次礼仪

座次礼仪是洽谈中一个非常重要的方面,各国的风俗习惯有所不同,而国际惯例一般是以右为尊。

业务洽谈(特别是双边洽谈)多使用长方形的桌子,通常宾主相对而坐,各占一边。谈判桌一端对着入口时,以进入正门的方向为准,来宾居右而坐,东道主相对而坐。双方的主谈人是洽谈中的主宾和主人,主宾和主人居中相对而坐,其余人员按职务高低的礼宾顺序分坐左右,以右为尊。也就是说,主谈人右手第一人为第二位置,主谈人左手第一人为第三位置,右手第二人为第四位置,左手第二人为第五位置,以此类推。记录员一般位于来宾的后侧,翻译位于主谈人右侧。参与洽谈的人员总数不宜是 13 位,可以用增加临时人数的方法避免。

由于座次排列属于重要的礼节,来不得半点的马虎。为了避免因出错而失礼或导致尴尬的场面,在座次安排妥当后,在每个位置前可安放一个名牌以便识别,也可设引座员加以指引。

4. 交谈礼仪

交谈是国际商务谈判活动的中心。任何成功的谈判,无非是一定方式之下圆满的交谈。因此,交谈礼仪毫无疑问是十分重要的。当然,交谈礼仪并不能确保谈判一定成功;但是,如果违背了交谈礼仪,却会造成许多不必要的麻烦。因此,在交谈中,应遵守交谈的礼仪。

在交谈中,首先要尊重对方,这样才能拉近与对方的感情距离,从而获得对方信任。因此,谈判者在交谈之前应当调查研究对方的心理状态,选择对方容易接受的交谈方法和态度,了解和分析对方的语言习惯、文化程度、生活阅历等因素,做到多手准备,有的放矢。其次要谅解对方,发现对方失言或有语病时,不要立即加以纠正,更不要当场表示惊讶。如有必要指出,可于事后根据双方关系的亲疏程度作相应处理。若双方有较好的感情基础,在适当场合、适当时机善意指出其不足,可博得对方由衷的感激。若对方固执己见,骄傲自负,又确有必要指出其不足时,应当婉转地告知对方,切忌批评,更不能当众揭短,冒犯对方尊严。

交谈时应当注意,说和听是相互的、平等的,双方发言要各自掌握所占用的时间,保持大致均等。对方发言时,要注意倾听,并可用点头、微笑、手势等方式鼓励对方继续讲下去。谈判者应该明白,交谈的目的并不是帮助对方改掉缺点,也不是帮助对方学会交谈,而是达成己方满意的协议。所以,对于对方在谈话中的一些不足、缺点甚至错误,只要无关正题,即可视而不见。

还应注意的是,一旦自己出现失言或失态,可以立即向对方道歉,不要自我辩解,或者设法将话题岔开等,避免对方产生不满和反感。

在谈判过程中,当双方的观点类似或基本一致时,谈判者应当迅速抓住时机,中肯地肯定这些共同点。如有可能,还要想办法及时补充、发展双方达成的一致的论点,引导、鼓励对方畅所欲言,将谈判引向深入。

赞同、肯定的语言在交谈中常常会产生异乎寻常的作用。如果运用得当,适时中肯地确认了对方的观点,整个谈判气氛会变得活跃、和谐起来,双方开始从众多差异中产生一致感,进而将心理距离十分微妙地拉近。在此基础上,就容易本着求同存异、互谅互让、互惠互利的原则达成协议。但如果选用不当,对对方观点的赞同和肯定过于虚伪,甚至有阿谀奉承之嫌,就可能引起对方的怀疑和警惕,招致对方的鄙夷,甚至使己方失去与对方平等对话的地位。因此,赞同要态度诚恳,肯定要恰如其分,既不可言过其实,又不可辞不达义。

另外,当对方赞同或肯定己方的意见和观点时,己方应以点头、微笑等与之进行反馈交流。这种有来有往的双向交流易于沟通双方谈判者的感情,为达成协议奠定良好的基础。

交谈应注意以下问题:交谈内容一般不要涉及病、亡等不愉快的事情;不要径直询问对方履历、工资收入、家庭财产、衣饰价格等个人生活问题;不要询问妇女年龄、婚姻状况等;对方不愿回答的问题不要追问,无意间涉及对方反感的问题,要表示歉意;不要批评长者、身份高的人;不要讥讽别人;不要随便议论宗教;不要议论他国内政。另外,争论问题要有节制,不可进行人身攻击。

总之,谈判中的用语要根据谈判对象的具体情况(如身份、地位、年龄、性别、谈判气氛、谈话的具体内容等)来选定。一般而言,用语要做到:准确,即能准确地表达自己的意见;明确,即用语不含糊,除了谈判时的战术策略上需要以外,用语都应该明确,不使对方产生误解,如自己持否定态度,要明确地说"不",这是谈判行家的经验之谈;礼貌,不用或少用感情色彩强烈的用语,以免伤害对方。

三、其他注意事项

国际商务活动中的礼节性会见由其性质决定,不可能时间很长,所以会见的双方应掌握分寸,言简意赅,多谈些轻松愉快、相互问候的话题,避免单方面冗长的叙述,更没有必要挑起争论。

在会见中,如果人员较多,可使用话筒。主谈人交谈时,其他人员应认真倾听,不得交头接耳或翻看无关的材料,不允许打断他人发言,或使用人身攻击的言语。在会见时,可以预备茶水招待客人,夏季还可以准备饮料。

会见结束后,主人应将客人送至门口或车前,握手告别,目送客人乘坐的车远去之后,主人方可返回。

第六节　国际商务谈判中的其他礼仪

一、宴请礼仪

设宴方向对方发出邀请时,应当注意邀请人的身份与被邀人的身份相当,应将拟好的宴请名单提前通知对方;宴请时间、地点的选择应照顾到主客双方,尤其注意,不要选择在对方的重大节假日、有重要活动或有禁忌的日子;场所大小、规模选择要与宴请人的身份、人数相符。时间、地点确定后及时向对方发出请柬,一般应在宴请前三四天发出,以给对方充裕的时间进行安排,请柬的内容包括宴会活动的形式,举行的时间、地点,受邀人和邀请人的姓名、职务等。菜品的安排应考虑客人的喜好与禁忌。对严格的穆斯林来说,猪肉是绝对禁食的。更准确地说,吃腐食的动物如猪、狗、多种鸟禽不能出现在菜单上;对有些穆斯林,甚至龙虾和螃蟹也在禁食之列;任何偶蹄类动物及用此类动物油脂做的菜肴或有以上成分的食物、含酒精食品均属禁食一类。细心的主人一定要在事前检查菜单,甚至监督厨师不要用沾过以上动物油脂的厨具做菜。来自印度、巴基斯坦和孟加拉国的客人经常是素食者。犹太人不吃猪肉和贝类海鲜,也不吃牛的某些部位的肉。当然,如果牛或禽类动物是经过宗教仪式宰杀的,视为"洁净"之物则另当别论。奶和肉不可混吃。日本人喜欢奇数而不喜欢偶数,这些在点菜时应当留意。

与大型谈判一样,正式的宴会一般均排座位。按国际惯例,桌次的高低以离主桌位置的远近为准,右高左低。同一桌上,席位高低以离主人远近而定。主人应在门口迎接,握手后由工作人员引到休息厅或直接进入宴会厅,但不要入座。主宾到达后,在主人陪同下进入宴会厅,全体客人在接待人员引导下入座,宴会正式开始。宴会结束,主宾告辞,主人送至门口或电梯口。

二、餐桌礼仪

在商务宴请中,餐桌上有许多应注意的礼仪,必须谨记。

1. 就座和离席礼仪

就座和离席时应注意以下一些礼仪问题:

(1) 应等长者坐定后,方可入座。

(2) 应等女士坐定后,方可入座。

(3) 坐姿端正,与餐桌保持适当的距离,脚踏在自己座位下,不可任意伸直,不得将手放在邻座椅背上。

(4) 用餐后,须等男、女主人离席后,其他宾客方可离席。

(5) 离席时,应帮助长者或女士拖拉座椅。

2. 就餐礼仪

就餐时应注意以下一些礼仪问题:

(1) 用餐时要温文尔雅,从容安静。

(2) 餐巾打开后,放在双膝和大腿上,不要系入腰间或挂在衣领下。

(3) 在餐桌上不能只顾自己,也要关心别人,尤其要招呼两侧的女宾。

(4) 口内有食物时应避免说话。

(5) 自用餐具,不可使用公用餐盘夹取菜肴。

(6) 进餐时不宜抽烟。

(7) 进餐的速度宜与男、女主人同步,不宜太快或太慢。

(8) 餐桌上不要谈悲伤、恐惧的事情,否则会破坏欢愉的气氛。

(9) 用餐后,餐具摆放整齐,不要散乱放置。

三、馈赠礼仪

谈判者在交往中相互馈赠礼品,可表示友好,增强彼此友谊,联络双方感情。馈赠礼品要针对不同对象选择不同礼品,这是一门艺术性很强的工作。

送礼不是一件随随便便的简单小事,应予慎重对待。送礼时,要注意对方的习俗和文化修养。因为文化背景不一样,爱好和要求也会有所不同。比如,美国、英国、新西兰、加拿大和澳大利亚等英语国家通常不在商务活动中赠送礼品。但是在日本,送礼是建立和保持业务关系的一个重要因素。日本人不仅送礼给客户,甚至送礼给客户的子女。送礼给日本人不宜在公开场合进行,除非在场者每人一份。同时,送礼给日本人时最好多带一些礼品,因为除送礼给参加业务洽谈者外,还应送给那些未参加谈判,但可左右谈判进程的上司。

各国习俗不同,在馈赠礼品时也要注意避免各国谈判人员的一些禁忌。例如,日本人不喜欢带有狐狸图案的礼品,因为日本人视狐狸为贪婪的象征。在阿拉伯国家,酒类不能作为礼品,更忌讳给当事者的妻子送礼品。在英国,受礼人讨厌有送礼人单位或公司标记的礼品。法国人不喜欢别人送菊花,原因在于法国人只有办丧事时才用菊花。

 **案例**

绿帽子的故事

　　某年,我国12名不同专业的专家组成一个代表团,去美国采购大约3 000万美元的化工设备和技术。美方自然想方设法令我方满意,其中一项是在第一轮谈判后送给代表团专家每人一个小纪念品。纪念品的包装很讲究,是一个漂亮的红色盒子。可当代表团专家高兴地按照美国人的习惯打开盒子时,每个人的脸色却显得很不自然。里面是一顶高尔夫帽,但颜色却是绿色的。第二天,代表团专家找了个借口,离开了这家公司。

　　本案例中我们可以看出:美国人这次送礼是经过精心策划的:一是礼品盒的颜色是红色,红色在中国代表发达;二是礼品本身是时尚的高尔夫帽,意思是签合同后去打高尔夫,也是很有品位的。但美国人的工作毕竟没有做细,而且犯了中国男人最大的禁忌——"戴绿帽子"。

　　案例来源:刘白玉.国际商务谈判礼仪中的文化差异研究.http://space.itpub.net/?uid-12878345-action-viespace-itemid.

四、签约礼仪

　　国际商务谈判达成协议后,一般都要举行签约仪式。签约仪式上,双方气氛一般显得轻松、和谐,没有谈判时的严肃和压力。虽然如此,对于签约仪式礼仪还是不可大意。

　　1. 准备

　　要做好文本的准备工作,及早对文本的定稿、翻译、校对、印刷、装订、盖章等做好准备,同时,准备好签字用的文具。

　　2. 服饰

　　参加签约仪式,应穿正式服装,庄重大方,切不可随意着装。庄重的着装可以反映签约者对签约的重视态度和对对方的尊重。

　　3. 人员及座位

　　参加签约仪式的,基本上都是双方参加谈判的人员,人数最好相等。签约者的身份和职位双方也应对等,过高或过低都会造成不必要的误会。其他人员在站立的位置和排序上也应有所讲究。在整个签约仪式完成之前,参加仪式的双方人员都应平和地直立站好,不宜互相走动谈话。签约的位置,一般安排客方在右边,主方在左边。政府间的签字还要准备双方国家的小国旗。

　　4. 签字

　　签字应遵守"轮换制"的国际惯例。也就是,签字者应先在己方保存的文本左边首位处

签字,然后再交换文本,在对方保存的文本上签字。这样可使双方都有一次机会首位签字。在对方文本上签字后,我方签字者应与对方签字者互换文本,而不是由助签者代办。

5. 庆祝

重要的签约仪式还要干杯。双方举杯共饮香槟酒时,也不能大声喧哗叫喊。碰杯要轻,而后高举示意,浅抿一口即可,举止要文雅有风度。

 **本章小结**

1. 国际商务谈判礼仪是在长期的谈判交往过程中形成的行为或活动的规范。基本原则是:相互尊敬、信守承诺、入乡随俗、求同存异、谦虚适度。

2. 迎来送往是国际商务谈判中一项基本礼仪,主要包括确定迎送规格、掌握抵达和离开的时间和做好接待的准备工作三方面的内容。

3. 在国际商务谈判过程中,着装礼仪要考虑到仪容的具体要求、服装功能以及着装的一般原则。

4. 会见是谈判过程中的一项重要活动,可以分为礼节性会见、政治性会见和事务性会见三种。会见中的礼仪主要包括握手礼仪、举止礼仪、座次礼仪和交谈礼仪等。

 **思考与练习**

一、单项选择题

1. 国际商务谈判中座次安排的基本要求是(   )。

    A. 以左为尊,右高左低　　　　　　B. 以左为尊,左高右低

    C. 以右为尊,左高右低　　　　　　D. 以右为尊,右高左低

2. 当您在车站欢送对方谈判人员回他们的企业时,在一般情况下,应当遵守的礼仪是(   )。

    A. 比他们先离开车站

    B. 火车开车的同时转身离开

    C. 挥手致意,客人随火车离远后再转身回单位

    D. 以上都对

3. 商务活动中的服饰选择(   )色彩是比较恰当的,这些颜色会给人一种踏实、端庄、严肃的印象。

    A. 鲜艳的　　　　B. 深沉的　　　　C. 浅淡的　　　　D. 活跃的

4. 阳春三月,28岁的赵先生参加一次非常重要的商务谈判。单身的他不知选择什么颜色的领带来配他的浅灰色西装。下列领带的颜色中,比较好的选择应该是(   )。

    A. 白色　　　　B. 灰色　　　　C. 红色　　　　D. 蓝色

二、多项选择题

1. 国际上宴请的形式主要有(   )。

A. 宴会　　　　　　B. 冷餐招待会　　　C. 酒会　　　　　　D. 茶会

E. 国宴

2. 谈判人员经常参加各种各样的外交活动。在日常交往中,需要注意的礼节包括(　　)。

A. 守时守约　　　　　　　　　　B. 尊重老人和女士

C. 尊重风俗习惯　　　　　　　　D. 热情有度

E. 尊重宗教信仰

三、简答题

1. 国际商务谈判中的礼仪有何重要性?

2. 简述握手礼仪的顺序。

3. 结合自己的谈判经历,总结出一些礼仪经验。

 **案例分析题**

金先生的谈判礼仪

某照明器材厂的业务员金先生按原计划,手拿企业新设计的照明器材样品,兴冲冲地登上六楼,脸上的汗珠未擦一下,便直接走进了业务部张经理的办公室,正在处理业务的张经理被吓了一跳。"对不起,这是我们企业设计的新产品,请您过目。"金先生说。张经理停下手中的工作,接过金先生递过的照明器,随口赞道:"好漂亮啊!"并请金先生坐下,倒上一杯茶递给他,然后拿起照明器仔细研究起来。金先生看到张经理对新产品如此感兴趣,如释重负,便往沙发上一靠,跷起二郎腿,一边吸烟一边悠闲地环视着张经理的办公室。当张经理问他电源开关为什么装在这个位置时,金先生习惯性地用手搔了搔头皮。虽然金先生作了较详尽的解释,张经理还是有点半信半疑。谈到价格时,张经理强调:"这个价格比我们预算高出较多,能否再降低一些?"金先生回答:"我们经理说了,这是最低价格,一分也不能再降了。"张经理沉默了半天没有开口。金先生却有点沉不住气,不由自主地拉松领带,眼睛盯着张经理。张经理皱了皱眉,"这种照明器的性能先进在什么地方?"金先生又搔了搔头皮,反反复复地说:"造型新、寿命长、节电。"张经理托辞离开了办公室,只剩下金先生一个人。金先生等了一会儿,感到无聊,便非常随意地抄起办公桌上的电话,同一个朋友闲谈起来。这时,门被推开,进来的却不是张经理,而是办公室秘书。

案例来源:http://www.examw.com/ms/moniti/54327/10/.

分析:

(1) 请结合案例分析,金先生的生意没有谈成的礼仪缺陷有哪些?

(2) 在商务活动中,金先生应该如何注意自己的个人礼仪问题?

第十章　国际商务谈判的风格

 **学习目标**

通过本章的学习,学生应了解文化差异对国际商务谈判行为的影响,了解各地区商人的风俗和禁忌,掌握各地商务谈判者的谈判风格,能够根据不同国家的谈判者采取不同的谈判风格。

第一节　商务谈判风格概述

一、商务谈判风格定义

谈判风格(negotiating styles)主要指在谈判过程中谈判人员所表现出来的言谈举止、处事方式和习惯爱好等特点。由于文化背景不一样,不同国家、地区的谈判者具有不同的谈判风格。

这一概念包括如下几层含义:首先,谈判风格是在谈判场合与过程中表现出来的关于谈判的言行举止;其次,谈判风格是对谈判人员文化积淀的折射和反映;再次,谈判风格有其自身的特点,不同国家或地区之间存在显著的差异;最后,谈判风格历经反复实践和总结,已被某一国家或民族的商人所认同。

二、商务谈判风格特点

1. 文化地域性

文化是指一个国家或民族的历史、地理、风土人情、传统习俗、生活方式、文学艺术、行为规范、思维方式、价值观念等的体现。

风格是文化现象,体现了文化的内容。风格属于文化,文化具有明显的地域性。谈判风格就具有浓郁的文化地域性。在商务谈判的实践中,谈判风格的差异往往就是文化的差异,地域的差异。其意义在于,研究谈判风格,可以且应该从文化和地域入手。

2. 传统稳定性

谈判风格由于空间位置的变化而变化,文化的这种地域性是一种空间尺度的概念。传统是一种时间尺度的概念,历史是文化的传承史,文化具有传统性,文化现象是比较稳定的,所以谈判风格具有传统性和稳定性。

3.社会综合性

谈判风格作为一种文化现象,是社会现象的总和,所以谈判风格也是社会现象的综合体现。因此,研究谈判风格,必须结合社会的各个方面的现象规律,这样才能触及谈判风格的本质,才能研究得透彻。

4.无意识不自觉性

谈判风格是谈判观念以及人生观、价值观的表现形式,是观念的必然表现,谈判风格不是刻意作出来的,是观念在无意识和不自觉的状态下的自然表露。所以,当谈判者熟悉了谈判风格,就可以预知对方的反应,就可以利用它使合作更加顺利。这样,研究谈判风格才有意义。如果谈判风格是可以掩饰、伪装、做作的,那么研究谈判风格就没有任何意义了。

表 10 - 1 归纳了不同国家的谈判特征。

表 10 - 1 　　　　　　　　　　不同国家的谈判特征

国家	谈　判　特　征
美国	(1) 态度热情,言辞真挚,十分自信 (2) 喜欢谈实质性的问题,不愿纠缠在原则性的条款里 (3) 在谈判进行中比较专一,有一定的讨价还价能力,且能以考虑对方的利益来说服对方 (4) 谈判目标明确,善于抓住实质性的利益,讨厌谈判中的拖拉作风 (5) 无论作为卖方还是买方均对"一揽子"交易感兴趣,谈判作风比较干脆 (6) 谈判人员都有一定的决定权
德国	(1) 对谈判的准备工作要求极高,对交易形式、谈判目标规定得准确详细 (2) 谈判能围绕重点,善于用逻辑推理说服对方,语言比较明确、适当 (3) 对谈判中可能发生的问题设想得比较充分,也有一定的应变方案,但从总体上说,缺乏灵活性和必要的妥协
英国	(1) 为人和善、友好,但不像美国人那样热情奔放 (2) 对谈判比较有耐心,不急于暴露自己 (3) 在谈判中,对对方的建议、意见反应比较积极,但不急于下结论 (4) 能控制自己的感情,以静取胜
法国	(1) 立场坚定,按原则办事 (2) 坚持在谈判中使用母语 (3) 喜欢先构成一个谈判的总体轮廓,然后一步一步地进行谈判 (4) 善于用否定的形式达到谈判的目标
日本	(1) 对谈判充满自信,对谈判目标有一定的应变能力 (2) 为人和善、友好,但有时给人一种虚伪的感觉 (3) 谈判中往往坚持自己方面的利益,即使妥协也争取对自己有利 (4) 谈判中比较重视谋略,以智胜人 (5) 灵活性,对有建设性意见反应积极,并能认真权衡利弊 (6) 业务上兢兢业业,有一定的讨价还价的能力,对谈判有耐心

（续表）

国家	谈 判 特 征
中国	（1）热情、友好，喜欢以东道主的面貌出现在谈判桌上 （2）谈判中比较重视谈判的原则 （3）有耐心，善于运用拖延战术来达到谈判目标 （4）善于提出一些明知对方不能接受的要求，然后暗示只要对方作出某些让步，就可以将这些要求搁置起来 （5）总是迫使谈判对方先表态 （6）善于在谈判的空隙进行非正式的意见交换 （7）谈判班子比较大，而权力界限分散而模糊

资料来源：张玲莉.公共关系原理与实务[M].北京：高等教育出版社，2003.

三、掌握商务谈判风格的作用

风格既是一种主观意识，又是一种行为方式。商务谈判风格必然会对商务谈判的进程和结果产生影响。所以，学习和研究谈判风格具有重要的意义和作用。

1. 有助于营造良好的谈判气氛

良好的谈判气氛是保证谈判顺利进行的首要条件。若对谈判对手的谈判风格十分熟悉，己方的言行举止会表现得十分得体，能较快地赢得对方的好感，使对方从感情和态度上接纳我们。在这样的氛围下开展谈判，深入探讨问题，自然会容易得多。

2. 有助于制定适宜的谈判策略

在商务谈判中，策略的制定是要充分考虑对方对己方行为的反馈，而风格不同的对方对己方的行为作出的反馈是不一样的。所以，事先制定策略时就必须要了解对方，因为风格的不同对方会作出不同的反馈行为。

3. 有助于提高谈判水平

商务谈判大多是理性化的，但也会受到非理性或感性东西的引导或驱使。在认识上，谈判风格有可能是理性的，但其表现形式却多为感性。研究和学习谈判风格的过程本身就是一种学习和提高的过程。在这个过程中，汲取不同国家和地区以及不同民族谈判风格中优秀的东西，减少失误或避免损失，进而可以形成或进一步完善自己的谈判风格。

第二节　亚洲商人的谈判风格、风俗与禁忌

一、日本商人的谈判风格、风俗与禁忌

（一）谈判风格

日本是一个礼仪之邦，日本人所做的一切事情，都会受到严格礼仪的约束。在初次见面时，日本商人第一句问候语是"我是某某，初次见面，请多多关照"。"对不起"也是日本人的口头禅，即使是很平常的要求与行动，也会在说话前加一句"对不起"。虽然说许多礼节在西

方人看来是无关紧要的,甚至是可笑的,但日本人却做得一丝不苟,严肃认真。

在商务谈判中,如果与日本人建立了良好的个人关系,赢得了他们的信任,谈判就成功了一半。合同条款比起人际关系来说是次要的,合同在日本一向被认为是人际协议的外在形式。

日本文化所塑造的是以集体为核心的价值观念和精神取向,形成了世界闻名的团队精神,这体现在谈判中是集体决策与集体负责。他们的谈判小组通常是由代表不同层次管理部门的有关人员组成,任何提议决策只有在全组成员形成统一意见后方能付诸实施,任何个人在未征求组内其他成员的意见前不能对谈判全过程负责,也不能单独同意或否决一项提议。这种团体感决定了日本人在谈判中往往会坚持自己的主张,努力说服对方作出让步,希望日本人改变决定是十分困难的。

日本是个等级制度森严的社会,几个日本人聚集在一起,就会根据年龄、头衔、所属机构的规模及威望等某些标准排列相互间的排列名次,并以此来决定自己的言行举止。他们非常注重级别,这种观念常常制约着他们在商务和社交方面的决策。日本企业都有尊老的倾向,一般能担任公司代表的人都是有 15～20 年工作经历的人。

此外,日本人还喜欢采用委婉、间接的谈判方式。在谈判中,日方谈判者通常用间接方式来询问和回答有关问题,对对方提出的要求不直截了当地说"不",而是用非常含蓄的语句来避免直接否定的答复,这样既保住了对方的面子,又间接地表达了"不"的含义。日本人不喜欢与对方发生直接冲突,而是尽全力避免冲突。为避免可能引发的争议或冲突,商务谈判总是沿着一条迂回的路线行进。忍耐是成功的重要因素,跟日本人谈判要有耐心和诚意,如果迫不及待地要求对方就合同的内容表示态度,谈判就不会顺利进行,甚至会导致关系恶化。

日本人谈话时习惯频繁地随声附和或点头称是。但是值得注意的是,这并非都意味着对你的观点表示同意,有时只不过是说明他听明白了或表明他确实在听着对方的讲话而已。

（二）风俗与禁忌

日本从事商务活动,一般选择在 2～6 月及 9～11 月,其他时间当地人多休假或忙于过节。日本人见面多以鞠躬为礼。　一般人们相互之间是行 30 度和 45 度的鞠躬礼,鞠躬弯腰的深浅不同,表示的含义也不同,弯腰最低、也最有礼貌的鞠躬称为"最敬礼"。在国际交往中,日本人也习惯用握手礼,尤其是年轻人或和欧美人接触较多的人,也开始有见面握手的习惯。日本人在商务活动中很注意名片的作用,他们认为名片表明一个人的社会地位,总是随身携带。名片交换是以地位低或者年轻的一方先给对方,这种做法被认为是一种礼节。递交名片时,要将名片正对着对方。日本商人比较重视建立长期的合作伙伴关系。他们在商务谈判中十分注意维护对方的面子,同时希望对方也这样做。赠送礼品时,当地人非常注重阶层或等级,因此不要给他们赠送太昂贵的礼品,以免他们为此而误认为你的身份比他们高。

日本人不喜欢紫色,认为紫色是悲伤的色调;最忌讳绿色,认为绿色是不祥之色。他们忌 9、4 等数字;他们还忌讳三人一起合影,认为中间的人被左右两人夹着,是不幸的预兆。日本人对装饰有狐狸、獾图案的东西甚为反感,因为狐狸是贪婪的象征。到日本人家里做客,携带的菊花只能有 15 片花瓣,因为只有皇室帽徽上才有 16 片花瓣的菊花。接送礼物要双手,不当面打开礼物。当接受礼物后,再一次见到送礼的人一定要提及礼物的事并表示感

谢。礼物忌送梳子,因为梳子的发音与死相近。在中国象征吉利的大红大绿、金光灿烂的图案,在日本不受欢迎。

二、韩国商人的谈判风格、风俗与禁忌

(一)谈判风格

韩国商人在长期的贸易实践中积累了丰富的经验,常在不利于己的贸易谈判中占上风,被西方国家称为"谈判的强手"。

韩国人重视谈判前的咨询准备工作,往往在谈判前会对对方进行咨询和了解,如经营项目、规模、资金、经营作风以及有关商品的行情等。一旦韩国人与你坐在一起谈判,那么可以肯定地说,他们已对这场谈判进行了周密的准备。

韩国人十分注意选择谈判地点,他们一般喜欢选择有名气的酒店进行会晤,并且特别重视谈判开始阶段的气氛。见面时总是热情地与对方打招呼,向对方介绍自己的姓名、职务等。当被问及喜欢用哪种饮料时,他们一般选择对方喜欢的饮料,以表示对对方的尊重。

韩国人常用的谈判方法有两种,即横向式谈判和纵向式谈判。前者是先谈主要条款,然后谈次要条款,最后谈附加条款,后者即对双方共同提出的条款逐条协商,达成一致后,再转向下一条款进行讨论。有时也会两种方法兼而用之。他们还时常使用"声东击西"、"先苦后甜"、"疲劳战术"等策略。有些韩国商人直到最后一刻仍会提出"价格再降一点"的要求。此外,韩国人在完成谈判签约时,喜欢用合作对象的国家语言、英语和韩语三种文字签订合同,三种文字具有同等效力。

另外,值得注意的是,韩国人既受儒家文化的影响,同时也受美国文化的影响。韩国人的个性中既有爱面子、受儒家思想影响很深的一面,又有独立性强、性格直率的一面。因此,同韩国人打交道时,应注意两种文化的融合。

(二)风俗与禁忌

韩国人见面时的传统礼节是鞠躬,千万不要像在西方国家那样行拥抱礼,这样会把人吓走的。晚辈、下级走路时遇到长辈或上级,应鞠躬、问候,站在一旁,让其先行,以示敬意。男人之间见面打招呼互相鞠躬并握手,握手时或用双手,或用单手,并只限于点一次头。鞠躬礼节一般在生意人中不使用,和韩国官员打交道一般可以握手或是轻轻点一下头,女人一般不与人握手。

在韩国,如有人邀请你到家吃饭或赴宴,你应带小礼品,最好挑选包装好的食品。席间敬酒时,要用右手拿酒瓶,左手托瓶底,然后鞠躬致祝词,最后再倒酒,且要一连敬三杯。敬酒人应把自己的酒杯举得低一些,用自己杯子的杯沿去碰对方的杯身。敬完酒后再鞠个躬才能离开。

韩国人用双手接礼物,但不会当着客人的面打开。不宜送外国香烟给韩国友人。酒是送韩国男人最好的礼品,但不能送酒给妇女,除非你说清楚这酒是送给她丈夫的。在赠送韩国人礼品时应注意,韩国男性多喜欢名牌纺织品、领带、打火机、电动刮须刀等。女性喜欢化妆品、提包、手套、围巾类物品和厨房里用的调料。孩子则喜欢食品。如果送钱,应放在信

封内。

韩国人的禁忌颇多。逢年过节相互见面时,不能说不吉利的话,更不能生气、吵架。在韩国人面前,切勿提"朝鲜"两字。照相在韩国受到严格限制,军事设施、机场、水库、地铁、国立博物馆以及娱乐场所都禁止照相,在空中和高层建筑上拍照也都在被禁之列。

三、印度商人的谈判风格、风俗与禁忌

(一) 谈判风格

印度是个古老的国家,印度商人观念传统、思想保守。印度的企业家,包括技术人员在内,一般不愿意把自己掌握的技术和知识教给别人。

印度商人在做生意时并不喜欢速战速决,而是慢慢来,以静制动。因此很多西方人感觉印度商人"矜持",不紧不慢,让人摸不着头脑。实际上印度人是想让对方心里产生急躁,过早摊牌,从而暴露出自己的真实意图,以达到他们后发制人的目的。

印度客商有一个习惯,习惯拿东家的价格给西家看,再拿西家的价格给东家看。印度商人在商务谈判中往往不愿作出负责任的决定,遇到问题时也常常喜欢找借口逃避责任。在工作中出现失误、受到指责时,他们会不厌其烦地重复解释。所以,与他们进行商务谈判,合同条款的规定务必严密、细致,力求消除日后发生纠纷的隐患。在没有利害关系时,他们还是比较容易合作的,一旦发生利害冲突,他们就会判若两人。

印度社会层次分明、等级制度森严,这与他们古老的宗教教义有关。因此与他们打交道,要尊重这一点。

(二) 风俗与禁忌

印度是文明古国,待人接物的讲究相当多。"那摩斯戴"是印度人最常用的问候语,常见的问候方式一般是双手合十于胸前,或举手示意。两手空着时,则合十问候;若一手持物,则举右手施礼,切不可举左手。拥抱也是常见之礼。若久别重逢,或将远行,或有大事发生等,则要拥抱。摸足则是行大礼。献花环在印度是欢迎客人常见的礼节,主人要献上一个花环,戴到客人的脖子上。客人越高贵,所串的花环也越粗。点吉祥痣也是印度人欢迎宾客的礼数。每逢喜庆节日,印度人爱用朱砂在前额两眉中间涂上一个圆点。一份糖果或是一束鲜花是印度人访朋问友经常送的礼物。在印度,当众吹口哨乃是失礼之举。在印度南部的一些地方,人们惯于以摇头表示同意。这种做法,与常规习惯不同。以左手接触别人,或摸别人的头,也是不允许的。印度人忌讳白色,忌讳弯月图形,忌讳送人百合花。1、3、7 三个数字均被他们视为不吉利。同印度人交谈时,对宗教与民族矛盾、印巴冲突、核武器、两性关系等问题,千万不要主动涉及。

四、新加坡商人的谈判风格、风俗与禁忌

(一) 谈判风格

新加坡是连接太平洋和印度洋的要道,是一个名副其实的华裔之国,被人们誉为"亚洲四小龙"之一。其种族的构成,中国人占了绝大多数,约 70% 以上,其次是马来人、印度人、巴基斯坦人、白人、混血种人等。

亚洲四小龙

从20世纪60年代开始,亚洲的韩国、新加坡和中国台湾、中国香港推行出口导向型战略,重点发展劳动密集型的加工产业,在短时间内实现了经济的腾飞,被称为"亚洲四小龙"。

新加坡人乡土观念很强,团体的同甘共苦精神也很强烈,同时,也很讲面子,这些特性与我国极为相似。面子在商业洽谈中具有决定性的意义。在洽谈中,若遇到重要的决定,新加坡人往往不喜欢做成书面的字据,但一旦订立了契约,就绝对不会违约。他们一般很重信义,珍惜朋友之间的关系,对对方的背信行为表现为十分痛恨。

新加坡家族企业较多。在企业中,每个员工都是工厂大家庭中的一分子,负责人是这个家庭中的家长,员工一般不会想跳槽,不会这山望着那山高。他们有敬业乐群精神,但是家长有绝对的权威。在与新加坡人做生意时,为了生意场上的需要,首先就有必要拉关系。

(二)风俗与禁忌

由于长期受英国的影响,在新加坡人们初次会晤时按照西方的礼仪握手。在介绍时,通常应称呼人家"某先生"、"某太太"、"某小姐",这适用于新加坡所有的民族。在他人自己提出要求的情况下可以直呼其名,否则最好按照规矩以姓相称。如果你参加社交聚会,人们将把你介绍给每个人,但介绍得很快,当从他们面前走过时,不用和他们握手。在新加坡,人们是很不赞成吸烟的。在电梯里、公共交通工具上、影院内,特别是政府办公大楼内,法律规定严禁吸烟,违者罚款500新元。要吸烟最好征得对方同意。招待的方式通常是请吃晚饭或午餐。当地人一般不会邀请初次见面的客人吃饭,然而主人对来访者有所了解后,便可举行正式宴会,并在席间洽谈业务。在新加坡商人之间没有赠送礼物的习惯,但人们很珍惜公司的纪念品。有时新加坡主人会邀请外国人到自己家里吃饭,客人如能带一份礼物(一盒巧克力或一束鲜花),女主人将会很高兴。新加坡商人时间观念很强,有准时赴约的良好习惯,认为准时赴约是对客人的尊重和礼貌。

在社交性的谈话中,切忌议论政治得失、种族摩擦、宗教是非和配偶情况等,但可交流旅行方面的经验,也可谈论所到过的国家的各种见闻。好的交谈话题是当地的风味食品、餐馆、受欢迎的旅游地区和主人一方的商业成就。新加坡严忌说"恭喜发财",他们将"财"理解为"不义之财"或"为富不仁",说"恭喜发财"被认为是对别人的侮辱和嘲骂。双手不要随便叉腰,因为那是生气的表示。新加坡人认为4、6、7、13、37和69是消极的数字,他们最讨厌7,平时尽量避免这个数字。新加坡人视黑色为倒霉、厄运之色,紫色也不受欢迎。他们偏爱红色,视红色为庄严、热烈、刺激、兴奋、勇敢和宽宏之象征。他们也喜欢蓝色和绿色。新加坡禁止在商品包装上使用如来佛的图像,也不准使用宗教用语。忌讳猪、

乌龟的图案。

五、泰国商人的谈判风格、风俗与禁忌

(一) 谈判风格

泰国商人讲究保持融洽气氛。为避免直接会谈时会破坏会晤的融洽气氛,大多数泰国商人选择通过翻译来进行交谈。保持心态平和是泰国商人的习惯,他们常常不会表现出愤怒而是常常面带微笑。泰国商人崇尚艰苦奋斗,勤奋节俭。他们生意大多是家族管理,不信赖外人。要与泰国人结成深厚的友谊,并非易事,但一旦建立,他们会非常信任对方。他们也比较喜欢诚实、善良、讲情义的合作伙伴。另外,泰国商人也比较重视个人面子,泰国人认为年长的人具有较高的社会地位,尤其是年长的男士。

(二) 风俗与禁忌

泰国人互相打招呼时,不会采用典型的握手方式,而以双手合十,状似祷告。一般来说,年幼的先向年长的打招呼,而年长的随后回礼合十。以足部指向他人是不礼貌的行为。所以,与人对坐应该避免这种情况出现。泰国人认为头部在字义上或象征上是身体的最高部分,不能随便触摸别人的头部,不然会被认为是对别人的不恭和蔑视。坐时,忌别人拿物品越过其头顶。泰国人的社交聚会,年轻人会在年长人士前刻意地把头部垂下,至不高于年长人士的身高,以免留下"看不起"他们的印象。诚然,这不是经常可以做到的,不过,他们的努力是受到重视的。与泰国客商商谈时,切忌谈论泰国国内政治,更不要谈论国王的事情,因为泰国禁止议论或打听国王及王室的秘密。泰国人时间观念强,有准时赴约的习惯,切忌迟到。泰国人忌食鲜牛肉,不喜欢酱油,不喝热茶,不爱吃红烧菜肴、甜味菜和海参等食品。泰国人忌讳用红色签字和红色刻字,认为用红色是对死人的待遇。他们视黑色为厄运之色,所以,丧事只用黑色。

六、马来西亚商人的谈判风格、风俗与禁忌

(一) 谈判风格

马来西亚人注重人际关系,注重礼节和等级制度。按照马来西亚的传统观念,老年人、在组织当中担任重要职务的人以及马来西亚贵族都具有较高的社会地位。年轻一些的商务访问者应该听从那些地位较高的马来西亚人的意见。马来西亚人对"面子"十分敏感。如果某人失去耐心并发火,将被看成丢面子的事情。直接提出反对意见,也将被认为是傲慢自大的表现。许多马来西亚人喜欢讨价还价,也喜欢面对面谈判的形式。为了避免不必要的损失,开价或提出报价单时要留有一定的余地。在解决纠纷时,他们更注重关系而非合同条款。在许多马来西亚人看来,律师的存在是缺乏相互信任的表现。

(二) 风俗与禁忌

马来西亚是热情、谦恭、大方,讲究礼节的民族。马来西亚在社交和同客人见面时,一般是施握手礼。年轻人见到老年人时,一般要相互紧握双手,然后再双手朝胸前作抱状,身体朝前弯下(如鞠躬)。妇女见到男子,施礼前要先用手巾盖住手掌,再同男人的手掌相接触,

然后把手伸至胸前作抱状,同时身体稍向前弯下鞠躬。这是马来西亚女人对男人的一种传统礼节。此外,他们还有一种奇特的施礼方式:双方见面时,要先互相朝前稍微靠拢,然后再相互伸出手掌交叉触摸,再用手从脸部由上而下轻轻一抹,再向胸前一点,与此同时彼此互相说:"愿真主保佑你!"在马来西亚人家中做客应注意举止,尊重长者。进门时,除非得到主人的许可,客人必须把鞋脱在门口或楼梯口,方可进屋。进屋后,宾主双方要互相问候和握手,握手时双手仅仅触摸一下,然后把手放到额前,以表示诚心。坐在椅子上不能跷起二郎腿,尤其是在老人面前更不应如此,女子则应拢双脚,表现得更加文雅。如果席地而坐,男子最好盘腿,女子则要跪坐,不得伸直腿。马来西亚人用餐时习惯用手取食,因而在用餐前须把手洗干净,进餐时必须用右手,否则会被视为不礼貌。

马来西亚人视头部、背部为神圣不可侵犯的地方,触摸他们的头部或拍打后背等,是不会得到好言相待的,甚至会闹出乱子。他们忌讳双腿分开坐和跷着二郎腿,他们忌讳左手递送东西或食物,认为左手是卑贱和不洁净的。宾客若在主人家不吃不喝,是对主人的不尊敬,并会引起主人的反感的,有的甚至会被视为不受欢迎的人。马来西亚人认为以食指指人,是对人的一种污辱,所以切勿以食指指人。马来西亚人忌讳乌龟,认为这是一种不吉祥的动物,忌讳单独使用黑色。他们禁吃猪肉和狗肉,也不吃血液类食品,还忌讳使用猪制品。

第三节 欧洲商人的谈判风格、风俗与禁忌

一、英国商人的谈判风格、风俗与禁忌

(一) 谈判风格

英国是老牌资本主义国家,等级观念较强。在对外交往中,英国人比较注重对方的身份、经历、业绩,而不像美国人那样更看重对手在谈判中的表现。他们也不轻易相信别人。英国人性格保守、传统,具有优越感,但一旦与他们建立了友谊,他们会十分珍惜,长期信任你。

英国商人的谈判态度谨慎、认真。英国人对谈判本身不像日本人、美国人那样看重。相应的,他们对谈判的准备工作也不充分。他们善于简明扼要地阐述立场,陈述观点。在谈判中,他们表现更多的是沉默、冷静、自信、谨慎,而不是激动、冒险和夸夸其谈。他们对于物质利益的需求不如日本人表现得那样强烈,不如美国人表现得那样直接。他们宁愿做风险小、利润少的生意,不喜欢做冒大风险去赚大利润的生意。

英国人的时间观念强,严格遵守约定的时间,通常与他们进行商务活动一定要事先预约,并最好提早到达,以取得他们的信任和尊重。在商务活动中,接待客人的时间往往较长,当受到英国商人款待后,要给对方写信以表示感谢,否则会被视为不懂礼貌。英国人做生意颇讲信用,凡事规规矩矩。

(二) 风俗与禁忌

英国是一个很有礼节的国家。众所周知,英国以绅士而著名。见面告别时要与男士握手,对于女士只有等她们先伸出手时再握手。会谈要事先预约,赴约要准时。若请柬上写着

"blacktie"（半正式的）字样，赴约时，男士应穿礼服，女士应穿长裙。男士忌讳带有条纹的领带，带条纹的领带可能被认为是军队或学生校服领带的仿制品；忌讳以皇家的家事为谈话的笑料；不要把英国人笼统称呼为"英国人"，应该具体地称呼其为苏格兰、英格兰或爱尔兰人。赠送礼品是普通的交往礼节，所送礼品最好标有公司名称，以免留下贿赂对方之嫌。如被邀请，则应捎带鲜花或巧克力等合适的小礼品。

在英国有三个禁忌：不能加塞（插队）、不问女士年龄、不能砍价。英国人有排队的习惯，这也是绅士的一种表现。你可以看到他们一个挨一个地排队上公共汽车、火车或买报纸，加塞是一种令人不齿的行为。同大多数国家一样，如果你问了一位女士的年龄，是很不合适的，因为她认为这是她自己的秘密，而且每个人都想永葆青春，没有比对中年妇女说一声"你看上去好年轻"更好的恭维了。在英国购物，最忌讳的是砍价。英国人不喜欢讨价还价，认为这是很丢面子的事情。

英国商人很忌讳 13 和星期五，一般都视其为厄运和凶兆的数字和日期。如果星期五这天正好是 13 日，则被认为是黑色星期五，人们在这一天都不会举行活动。他们还忌讳 3 这个数字，尤其是在点烟的时候，无论用火柴还是用打火机，只能点到第二个人，然后要把火熄灭后，再给第三个人点。英国人对墨绿色很讨厌，视其为令人懊丧的颜色。英国人忌用山羊图案，视山羊为讨厌的动物；忌用大象的图案，认为大象是蠢笨的象征；忌用孔雀图案，认为孔雀是祸鸟；忌用黑猫图案，认为黑猫是不祥之兆；忌用百合花图案，把百合花看作是死亡的象征。

二、德国商人的谈判风格、风俗与禁忌

（一）谈判风格

德国人严谨认真，准备周密，办事谨慎，富有计划性。他们在谈判前准备充分，对所要谈判的标的物以及对方公司的经营、资信情况等均进行详尽认真的研究，掌握大量翔实的第一手资料，以便在谈判中得心应手，左右逢源。

德国人认为那些"研究研究"、"考虑考虑"、"过段时间再说"等拖拖拉拉的行为，对一个商人来说简直是耻辱。他们的座右铭是马上解决。他们判断一个谈判人员是否有能力，只需看其办公桌上的文件是否能被快速有效地处理。

德国人自信固执，缺乏妥协性和灵活性，他们往往对自己的产品极有信心，在谈判中常常会以本国的产品为衡量标准。他们对企业的技术标准要求相当严格，如果要与德国人谈生意，务必要使他们相信你公司的产品可以满足德国人要求的标准。德国商人的自信与固执，还表现在他们不太热衷于在谈判中采用让步的方式。他们考虑问题比较系统，缺乏灵活性和妥协性。他们总是强调自己方案的可行性，千方百计迫使对方让步。

德国人诚实守约，重视合同的履行，他们崇尚契约，严守信用，权利和义务意识很强。德国人在签订合同之前，往往要仔细研究合同的每一个细节，并认真推敲，感到满意后才会签订合同。合同一经签订，他们会严守合同条款，一丝不苟地去履行。他们不轻易毁约，同样，他们对对方履约的要求也极其严格。

德国人时间观念强，不论是工作还是其他事情，都是一本正经。因此与他们打交道，最

好不要迟到。对于迟到的谈判人员,德国商人对之不信任的反感心理会无情地流露出来,破坏谈判气氛。

(二) 风俗与禁忌

德国人非常注重规则和纪律,干什么都十分认真。凡是有明文规定的,德国人都会自觉遵守;凡是明确禁止的,德国人绝不会去碰它。德国人很讲究清洁和整齐,不仅注意保持自己生活的小环境的清洁和整齐,而且也十分重视大环境的清洁和整齐。德国人也很重视服装穿戴。工作时就穿工作服,下班回到家里虽可以穿得随便些,但只要有客来访或外出活动,就一定会穿戴整洁。

德国人非常守时,约定好的时间,无特殊情况,绝不轻易变动。德国人多喜欢清静的生活,除特殊场合外,不大喜欢喧闹。通常来讲,同德国人打交道没有太多的麻烦。多数情况下,他们都比较干脆,凡是他们能办的,他们都会马上告诉你可以办;凡是他们办不到的,他们也会明确告诉你不行,很少摆架子,或者给人以模棱两可的答复。当然,人际关系和努力的程度对办事也绝非没有影响。

和西方许多国家相似,德国人比较注意礼仪。两人相遇时,不管认识不认识,也不管在路上,或者办公室、宾馆、电梯等地方,都相互打招呼,问声"您好"。餐馆吃饭时,也要向已就座的顾客点头问候。朋友见面以握手为礼,告别时亦如此。十分要好、长时间未见的朋友相见或长期分开时可以相互拥抱。正式场合,仍有男子对女子行吻手礼,但最多做个吻手的样子,不必非要吻到手背上。在交往过程中,大多数人往往用"您"以及姓氏之前冠以"先生"或"女士"(也作"夫人")作为尊称。只有亲朋好友和年轻人之间互相用"你"以及名字称呼。对女性,不管其婚否或长幼,都可以称"某女士",但对已婚妇女应以其夫姓称之。

送礼在德国也很受重视。应邀去别人家做客时,一般都带礼物。大部分人带一束鲜花,也有一些男性客人带瓶葡萄酒,个别人带一本有意义的书(或者是自己写的书)或者画册之类等。在欢迎客人(如车站、机场等场所)、探望病人时,也多送鲜花。在祝贺他人生日、节日或婚嫁等时,可寄送贺卡。若送贺礼,则以实用和有意义为原则,而不是以价格高低论轻重。所送之礼物都要事先用礼品纸包好。许多人常在收到礼后会马上打开观看,并向送礼人表示感谢。

在德国和其他西方国家,女士在许多场合下都受到优先照顾,如进门、进电梯、上车等,都是女士优先。男士要帮女士开轿车门、挂衣服、让座位等。女士对此只说声"谢谢",而不必感到不好意思,或者认为对方不怀好意。在同人交谈时,德国人很注意尊重对方。不询问人家的私事(如不问女性的年龄,不问对方的收入等),也不拿在场的人开玩笑。就餐谈话时,不隔着餐桌与坐得较远的人交谈,以免影响别人的情绪。

三、法国商人谈判风格、风俗与禁忌

(一) 谈判风格

法国商人很重视交易过程中的人际关系,因此,通过内部关系来办事比通过正常渠道要容易和迅速很多。在谈论业务之前法国人希望对对方谈判代表有一定的了解,并建立和谐的关系。

尽管平等主义一词来自法国,但法国仍然是欧洲国家中社会等级制度最为明显的国家。法国的管理者也具有独裁管理的风格。他们不愿意采取委托管理的方式,重视个人力量,很少有集体决策的情况。在商务谈判中,多实行个人负责制,因此谈判效率较高。

与美国人逐个议题磋商的方式不同,法国商人喜欢先为谈判协议勾画出一个轮廓,然后达成原则协议,最后再确认谈判协议各方面的具体内容,偏爱横向式谈判。另外,法国商人习惯于集中精力磋商主要条款,对细节问题不是很重视,并在主要条款谈成后急于签订合同,而后又常常会在细节问题上改变主意,要求修改合同或重新签订。

法国人珍惜假期,会毫不吝惜地把 1 年辛辛苦苦挣来的钱在假期中花光。法国人大都早起早睡,工作密度也很高,工作期间态度极为认真。每年 8 月份,大部分法国人都放下手中的工作去旅游度假,因此,与法国人做生意要避开其假期。

法国人时间观念不强,在公共场合下,如正式宴会,会有一种非正式的习俗,那就是主客身份越高,他就来得越迟。所以,要与他们做生意,就需要学会忍耐。但法国人对他人的迟到往往不予原谅,对于迟到者,他们会很冷淡地接待。

（二）风俗与禁忌

法国人在社交场合与客人见面时,一般以握手为礼,少女和妇女也常施屈膝礼。在男女之间、女士之间见面时,他们还常以亲面颊或贴面来代替相互间的握手。法国人还有男性互吻的习俗。两个男人见面,一般要当众在对方的面颊上分别亲一下。在法国一定的社会阶层中,吻手礼也颇为流行。施吻手礼时,注意嘴不要触到女士的手,也不能吻戴手套的手,不能在公共场合吻手,更不得吻少女的手。

法国人在餐桌上敬酒先敬女后敬男,哪怕女宾的地位比男宾低也是如此。走路、进屋、入座,都要让女士先行。拜访告别时也是先向女主人致意和道谢,介绍两人相见时,一般职务相等时先介绍女士。按年龄先介绍年长的,按职位先介绍职位高的。若需要介绍的客人有好几位,一般是按座位或站立的顺序依次介绍。有时介绍者一时想不起被介绍者的名字,被介绍者应主动自我介绍。到法国人家里做客时别忘了带鲜花。

法国女士有化妆的习惯,所以一般不欢迎服务员为她们送香巾。法国人在同客人谈话时,总喜欢相互站得近一点,他们认为这样显得更为亲近。他们偏爱公鸡,认为它既有观赏价值和经济价值,还可以司晨报晓,因而它可以用作"光明"的象征,并奉为国鸟。他们还非常喜爱鸢尾花,认为它是自己民族的骄傲,是权力的象征、国家的标志,并敬为国花。

法国人在交谈时习惯于用手势来表达或强调自己的意思,但他们的手势与我们的有所不同。如,我们用拇指和食指分开表示"八",他们则表示"二";表示"是我"这个概念时,我们指鼻子,他们指胸膛。他们还把拇指朝下表示"坏"和"差"的意思。

法国人大多信奉天主教,其次才是新教、东正教和伊斯兰教。他们认为"13"这个数字以及"星期五"都是不吉利的,甚至能由此引发什么祸事。如果你对老年妇女称呼"老太太",她们是很不高兴的。法国人还忌讳男人向女人送香水,因为这有过分亲热和图谋不轨之嫌。他们还不愿意别人打听他们的政治倾向、工资待遇以及个人的私事。如果初次见面就送礼,法国人会认为你不善交际,甚至认为你粗俗。

四、意大利商人谈判风格、风俗与禁忌

（一）谈判风格

意大利商人时间观念差，他们常常不遵守约会时间，甚至有时候不打招呼即不赴约，或单方面推迟会期。他们工作松松垮垮，不讲效率。罗马的谈判代表迟到一会儿并不意味着冒犯你。

意大利领导人与下属打交道时比较独断，与企业外的其他人打交道时，也是刻板、僵硬，缺乏民主色彩。他们情绪多变，做手势时特别激动，肩膀、胳膊和手随着说话声音的节拍挥动不止。他们常常大声争吵，互不相让。

意大利人特别喜欢争论，特别是在价格方面，更是寸步不让。但是，他们对产品质量、性能以及交货日期等事宜都不太关注，虽然他们希望所买或销售的产品能正常使用。

意大利人习惯于身体接触，无论是社交还是商务场合，意大利人站着的时候，个人之间的距离比其他国家要近，这样近的距离可能对于其他国家的访问者会觉得不安。意大利人之间的身体接触比较多，但作为访问者不应该首先拥抱或是亲吻对方。要等到对方首先表示拥抱或亲吻，然后作出回应，这样会比较合适。

（二）风俗与禁忌

意大利商人崇尚时髦，他们衣冠楚楚，潇洒自如，通常坐在设备豪华的现代化办公室里工作。他们讲究饮食，重视家庭，对儿童有很大耐心。意大利的饭店都在某种程度上容忍孩子们吃饭时调皮捣蛋，有时甚至任其所欲为。

在意大利，女士受人尊重，特别是在各种社交场合，女士处处优先。宴会时，要让女士先吃，只有女士先动刀叉进餐，先生们才可用餐。进出电梯时，要让女士先行。如果有人打喷嚏，旁边的人马上会说："萨尔维！"意思是说："祝你健康！"究其原因，据说欧洲人十分害怕感冒，在欧洲发生过重感冒至死的事情，所以人们特别小心，千万不要感冒。如果有一点感冒，希望马上就好。此外，当着别人打喷嚏或咳嗽，被认为是不礼貌和讨嫌的事，所以当事人要马上对旁边的人表示对不起。

意大利人赴宴迟到是常事。意大利人时间观念不强，特别是出席宴会、招待会等活动时，经常迟到。他们晚到15～20分钟是司空见惯的事。如果迟到时间过长，他们常常会说："交通太拥挤了，真是对不起。"

意大利商店门口有插葡萄枝的习惯。意大利是盛产葡萄酒的国家。许多小城镇甚至乡村农户也会酿酒。过去，有些农民家里酿了许多酒，自给有余，便打算出售一些。他们将葡萄枝挂在自家门口，过路人一看便知道这家有酒卖。一旦酒已售完，绿枝就被取下。这一风俗一直延续至今，有些商店门口仍然挂起葡萄枝。

和意大利有生意交往的人会抱怨，意大利节日太多，很多时候找不到人，他们休假去了！总之，跟他们打交道可得有耐性。意大利全年大约有三分之一的日子属于节日。有的是宗教节日，有的是民间传统节日，有的是国家纪念日。节日多这一事实是意大利人崇尚自由、浪漫的体现，也是意大利人注重传统的见证，同时也保障了意大利人可以充分地享受生活和丰富生活。

意大利人普遍忌讳 13 这个数字,宴会桌号、门牌号、旅馆房号、楼层号很少用 13 这个数字,重要活动不安排在 13 日举行,商品不标 13 的价格。他们也忌讳星期五。在星期五这一天人们一般不举行活动。在意大利人看来,17 也是一个消极的数字。紫色被意大利人视为消极的颜色而不受欢迎。意大利人视商品标签有修女图案为不雅。其他宗教性标志图案以及锤子、镰刀的图案也不受欢迎。他们忌讳菊花图案,他们视菊花为丧花、妖花。

五、俄罗斯商人的谈判风格、风俗与禁忌

(一) 谈判风格

俄罗斯商人注重建立私人关系。关系在俄贸易中具有关键的作用,就像世界上其他重视关系的国家一样,想要办事必须有一些良好的私人关系。但同其他同样注重关系的国家有些不同,其中最为主要的是俄罗斯商人比较重视语言交流,他们习惯于使用较为直接的语言来表达自己的意思,甚至有时会有些生硬。

苏联是个外贸管制的国家,是高度计划的外贸体制,固守传统,缺乏灵活性。任何企业或个人都不可能自行进口或出口任何产品,所有的进出口计划都是经过专门部门讨论决定,并经过一系列环节审批、检查、管理和监督。在这种高度计划体制中,人们已习惯于照章办事,上传下达,忽视了个人创造性的发挥。苏联解体后,俄罗斯在由计划经济向市场经济的转变过程中进程最快,外贸政策有了巨大变化,企业有了进出口自主权,对外贸易大幅增长。政府给予外国投资者的优惠政策,大大地吸引了欧美投资者。但是,在涉外谈判中,一些俄罗斯人还是带有明显的计划体制的烙印,在进行正式洽商时,他们喜欢按计划办事,如果对方的让步与他们原订的具体目标相吻合,容易达成协议;如果有差距,他们让步特别困难。甚至他们明知自己的要求不符合客观标准,也不妥协让步。

俄罗斯商人的谈判能力很强,这是源于苏联的传统,这一点美国人、日本人都感受至深。他们特别重视谈判项目中的技术内容和索赔条款。这是因为引进技术要具有先进性、实用性,由于技术引进项目通常都比较复杂,对方在报价中又可能会有较大的水分,为了尽可能以较低的价格购买最有用的技术,他们特别重视技术的具体细节,索要的东西也包罗万象。

俄罗斯商人十分善于与外国人做生意。说得简单一点,他们非常善于寻找合作与竞争的伙伴,也非常善于讨价还价。如果他们想要引进某个项目,首先要对外招标,引来数家竞争者,从而不慌不忙地进行选择。并采取各种计策,让争取合同的对手之间竞相压价,相互残杀,最后从中渔利。俄罗斯人在讨价还价上堪称行家里手。许多比较务实的欧美生意人都认为,不管报价是多么公平合理,怎样精确计算,俄罗斯人也不会相信,千方百计地要挤出其中的水分,达到他们认为理想的结果。

俄罗斯人时间观念差,办事拖沓。同俄罗斯商人会面,常常在预定时间之后一个小时甚至是更晚的时候开始,结束时间也比预定时间要拖后,并常常会被打断。俄罗斯人受到官僚主义办事拖拉作风的影响,做事断断续续,大大增加了谈判的困难。俄罗斯商人绝不会让自己的工作节奏适应外商的时间表。外商遇见的办事人员,绝不会急急忙忙奔回自己的办公室,向上级呈送一份有关谈判的详细报告,除非外商供应的商品正好是俄罗斯人极想要的商品。在谈判期间,假如外商向俄罗斯商人发信或打电传,征求俄罗斯商人的意见或反应,往

往得不到及时回应。

（二）风俗与禁忌

俄罗斯民族受到古希腊和古罗马右吉左凶的观念影响,形成了右为尊、为贵、为吉,左为卑、为贱、为凶这一观念,并将右与男、左与女联系起来。在俄语中,"右"这个词意思同时又是"正确的、正义的";而"左"则有"反面的"意思。心情不好可能是起床时左脚先着地的原因;遇见熟人不能伸出左手去握手问好;学生在考场不要用左手抽签;穿衣时,俄罗斯人必定先穿右袖,先穿左袖是不吉利的;右颊长痣是吉痣,左颊长痣是凶痣。俄罗斯人至今还有向左肩后吐三次唾沫消灾的习俗等。

俄罗斯商人喜欢喝酒、吸烟和跳舞。跳舞是俄罗斯族的传统,一般每个周末都举行舞会。以前主要跳民族舞和交际舞,但现在的青年人对民族舞已经不感兴趣,大多学跳西方舞,经常在花园中的空地或马路边的小广场上,在吉他或手风琴等简单乐器的伴奏下跳舞。俄罗斯人注重仪表,爱好打扮。有的女子平日间也要描眉、涂口红、抹胭脂。近年来又盛行起男人留长发,女人戴假发、耳环、手镯。每逢有较大的节日庆典或谈判活动等,衣服一定要熨平,胡子要刮净。在公共场所比较注意举止,从不将手插在口袋里或袖筒里。天热时也不轻易脱下外衣。

在俄罗斯,13被人们视为凶险、不吉祥的象征。古时候,俄国人请客从不请13个人;住宅的门牌号没有13号,12号隔壁就是14号。13被称为鬼数。如果一个月份中的13日碰巧又是星期五,那就更是不吉利的日子,称为"黑色星期五"。传说,夏娃给亚当吃禁果、耶稣被钉死在十字架上,都是在13日、星期五。而1和7则被认为是吉祥的数字,1代表开始,标志着从无到有;7被认为是个完整的数字,通常被视为最吉祥、最幸福的数字,最受俄罗斯人的偏爱。

俄罗斯人对盐十分崇拜,视之为珍宝,也是祭祖用的供品,认为盐有驱邪消灾的力量。镜子被认为是神圣的物品,打破镜子意味着灵魂的毁灭,打破一面镜子会招致7年厄运,因此不要打破镜子。俄罗斯人认为,在家里打扫卫生如果径直往门外扫,那样会把家中的好运气扫走,所以要往里扫,往房子中间扫,然后用簸箕装好带出去。俄罗斯人视蜘蛛为吉祥的动物。当傍晚时分,蜘蛛在地板上、墙上或窗上爬行时,不能吓它,更不能弄死蜘蛛,哪怕只是一只,否则会招来极大的不幸或灾难。民间有句俗话:"要想生存与兴旺,得让蜘蛛久生长。"

俄罗斯传统习俗中不能送他人尖利的东西,如刀、别针等物,如一定要送,则应讨回一枚硬币,或用要送的尖东西扎对方一下;不能送别人手帕,因为送手帕预示着分离;两个人用同一手帕擦汗,预示终会分离;忌在家里和公共场所吹口哨,口哨声会招鬼魂;忌让姑娘对着桌角坐,坐在这地方预示姑娘3年嫁不出去。

第四节　美洲商人的谈判风格、风俗与禁忌

一、美国商人的谈判风格、风俗与禁忌

（一）谈判风格

美国人性格干脆坦率,谈判直入主题。在谈判中习惯于迅速将谈判引向实质阶段,不兜

圈子,不拐弯抹角,不讲客套,并将自己的观点全盘托出。他们欣赏谈判对手的直言快语。在发生纠纷时,他们态度认真、坦率、诚恳,甚至有时面红耳赤。

美国人的生活节奏极快,特别守时。他们注重效率,珍惜时间,喜欢每一场谈判都能速战速决。他们认为守时是尊重对方的表现,按事先安排的议程行事是效率。

美国人重实际、讲功利,关注利益,积极务实,做生意以获取利润为唯一目的。只要条件、时间合适就可进行洽谈。

美国商人非常重视合同的法律性,履约率很高,十分注重违约条款的洽商与执行。美国商人认为生意就是生意,经济利益绝对分明。

美国商人会不遗余力地追求和提高自己商品的内在品质、外观设计和包装水平,他们最关心商品的质量及其外观设计和包装。

(二)风俗与禁忌

美国商界一般以握手为礼。他们习惯于手要握紧,眼要正视对方,微弓身,认为这样是礼貌的举止。握手不宜太频繁,在访问开始和结束时各握一次手就足够了。不论是男士还是女士,都应主动向对方伸出手。吻手礼是欧美上层社会的礼节。和贵族妇女或夫人见面时,如果女士先伸出手作下垂式,则将手掌轻轻托起吻之。如果女士不伸手,则不行吻手礼。接吻礼,是上级对下级、长辈对晚辈或朋友、夫妻之间表示亲昵、爱抚的一种礼节。通常是在受礼者脸上或额上接吻。在高兴、喜庆或悲伤时,一般也行接吻礼,表示亲热或安慰。拥抱礼,是欧美各国熟人、朋友之间表示亲密感情的一种礼节。见面或告别时互相拥抱,表示亲密无间,感情深厚,拥抱礼通常和接吻礼一起进行。

虽然美国人给人以随和、不正式的印象,但在上班、赴宴会的场合,却很正规,穿衣的规矩极多,但以适合时宜为主,如参加丧事,应着黑色或素色的衣服;女士在办公室应着裙装,避免穿牛仔长裤。乘车方面,车内座位的先后顺序,要看主人开车或司机开车而有所不同。如搭乘出租车,应该以后座右方的座位为最尊座,后座的左位为次之,再次为中间,而司机旁的座位为最卑位。如开车的是友人,则他旁边的座位为最尊位,其次才是后座右、左及中间位。上下楼梯也有一定规矩,上楼时应让女士、长者先行,目的是保护女士、长者的安全。

一般性的款待在饭店举行,小费通常不包括在账单里,一般是应付款数目的15%。与美国人交往时,忌过分客套和谦虚。他们看不惯谦虚、客套的表白,视此为一种无能的表现。过头的谦虚更可能被他们看成是心怀不轨。忌讳谈话的双方距离太近。忌有人询问年龄、个人收入和政治倾向,也忌别人问买东西的价钱。他们认为这些都属于个人私事,不需要别人过问和干涉。他们忌在见面时说:"你长胖了!"美国人认为这句话有贬义,因为他们习惯上认为"瘦富胖穷"。

在业务交往中,彼此关系没熟络之前不要送礼,宴请和送礼宜在双方关系融洽和谈判成功之后。到美国人家里做客,忌空手而去,宜送糖果、巧克力或白兰地,也可以送花,花束的枝数和花朵数不能是13。忌向妇女赠送香水、衣物和化妆品。在美国人眼中这些东西显得关系过于亲密。

二、加拿大商人的谈判风格、风俗与禁忌

(一)谈判风格

加拿大居民大多数是英国和法国移民的后裔。在加拿大从事对外贸易的商人也主要是英裔加拿大商人和法裔加拿大商人。英裔加拿大商人大多集中在多伦多和加拿大的西部地区,法裔加拿大商人主要集中在魁北克。英裔加拿大商人和法裔加拿大商人在谈判风格上差异较大。

英裔的商人保守,重视信用。他们在商谈时很严谨,在每一个细节尚未了解以前,是绝对不会答应要求的。而且,他们商谈时好设关卡,所以从开始到价格确定这段时间的商谈是颇费脑筋的,所谓"好事多磨",对此要有耐心,急于求成往往办不好事情。不过,一旦签订契约,违约的事情就很少出现。

法裔商人则大不相同。开始接触时,他们非常和蔼可亲,平易近人,款待也很客气和大方。但是,一旦坐下来谈到实际问题,他们就判若两人,讲话慢吞吞的,难以捉摸,因此要谈出结果来,可能需要耐心,即使签约后也仍然使人存有一种不安感。因为法系商人对签约比较马虎,往往当主要条款谈妥后,就要求签字,他们认为次要的条款可以待签字后再谈,然后往往是由于当时不被人们重视的次要条款导致了日后的纠纷。因此,同法裔商人谈判时应力求慎重,签约时应力求详细明了和准确,否则难免引起纠纷和麻烦。

总体上讲,这两种主流的加拿大商人都喜欢缓和的推销方式,不喜欢过分进攻、激进的推销方式。他们反对夸大和贬低产品的宣传,与他们进行商谈时,议价一定要预留一定的利润空间,保证未来的发展,但不要留得过多。

(二)风俗与禁忌

加拿大人最大的特点是既讲究礼貌,又无拘无束。加拿大国民的主体是由英、法两国移民的后裔构成。一般而言,英裔加拿大人大多信奉基督教,讲英语,性格上相对保守内向一些。而法裔加拿大人则大都信奉天主教,讲法语,性格上显得较为开朗奔放。与加拿大人打交道要了解对方情况,然后再有所区别地加以对待。

在日常生活中,加拿大人着装以欧式为主。在上班的时间,他们一般要穿西服、套裙。参加社交活动时往往要穿礼服或时装。在休闲场合则讲究自由穿着,只要自我感觉良好即可。加拿大人忌讳13和星期五,认为这两个数字和日期是厄运灾难的象征。他们忌讳黑色,认为黑色是肃穆的象征,偏爱白色,认为白色是纯洁的象征。他们也忌讳百合花图案,认为白色的百合花会带来死亡的气氛。相反,加拿大人喜欢枫叶图案,因为加拿大是世界上驰名的枫叶之国,加拿大把枫叶视为国宝和祖国的骄傲,视为友谊的象征。

三、墨西哥商人的谈判风格、风俗与禁忌

(一)谈判风格

在墨西哥做生意,一口流利的西班牙语是一笔宝贵的财富,虽然如今越来越多的墨西哥商人说英语。特别是在蒙特雷,西班牙语很重要,而沿着北边的国界,一直到墨西哥城和瓜达拉哈拉,英语的重要程度则逐渐降低了。在拜访客户之前考查一下看是否需要翻

译将是明智的做法。也可以在到墨西哥之前将介绍公司和产品的小册子翻译成地道的西班牙文。

墨西哥人通过语言和非语言的方式来交流。在现场讨论过程中他们可能会打断你的话,但他们并不认为这是一种无礼的行为。像其他拉丁人一样,与北欧和北美人的习惯相比,站和坐时墨西哥人与别人离得更近,谈话时与谈话对象保持稳定的视线接触。在墨西哥,眼睛是心灵的窗户。善意而稳定的凝视意味着诚实,而闪烁的目光则相反。

墨西哥人很看重密切而持久的关系。应避免以直接的、冷酷的方式来接触预期的商业伙伴。而应通过参加贸易展览会或加入贸易代表团来接触感兴趣的贸易方,或安排一次由商会、贸易协会、政府机构或银行参加的会议来将自己引见给墨西哥公司。

(二) 风俗与禁忌

墨西哥人比大多数北美人和斯堪的纳维亚人更看重礼节。墨西哥商界盛行交换名片,因此,出访墨西哥宜带足名片。

与墨西哥商人交往中,不宜谈论墨西哥国内的政治问题,切忌对该国依然存在的明显不平等现象和贫困的社会状况随意评论。也不要询问对方的政治态度、宗教信仰、个人收入等私人问题。

在墨西哥商务旅行期间,切忌用中国人惯用的手势来比划小孩的身高。他们认为用手心朝下的手势只能用来表示动物的身高,如果来比划小孩的身高,则意味着侮辱人。在公共场合将手插在口袋里也是不礼貌的行为。而将手放在臀部则意味着对别人的挑战或威胁。如果某人伸着食指摇摆着手掌,这表明他们在说"不"。相反,拇指向上则表明"是"或者同意刚刚提到的事情。

四、巴西商人的谈判风格、风俗与禁忌

(一) 谈判风格

巴西人是很有名的难对付的杀价高手,他们会非常直接地拒绝你的开价。然而,这样直率并不是有意地想无礼或者发生冲突。他们只是想让你知道他们的观点,要为漫长的谈判程序留出足够的时间,同时在最初出价时要留足余地,为让步留出空间。在整个谈判过程中,要尽量少沉默,因为巴西人似乎一直都在说。

明智的谈判者在持续很久的谈判期间,会为社交花费大量的时间。如果你想请一个高级经理吃饭,那让他的秘书推荐一个饭店。招待你的巴西伙伴时,只能在一流的、有名气的地方,这点很重要。同样地,商务访问者在巴西应该只住一流的宾馆。

(二) 风俗与禁忌

从民族性格来讲巴西人在待人接物上所表现出来的特点主要有两点:一方面,巴西人喜欢直来直去,有什么就说什么。另一方面,巴西人在人际交往中大都活泼好动,幽默风趣,爱开玩笑。目前,巴西人在社交场合通常都以拥抱或者亲吻作为见面礼节。只有在十分正式的活动中,他们才以相互握手为礼。除此之外,巴西人还有一些独特的见面礼:其一,握拳礼;其二,贴面礼;其三,沐浴礼。

第五节　其他地区商人的谈判风格、风俗与禁忌

一、阿拉伯商人的谈判风格、风俗与禁忌

（一）谈判风格

由于地理、宗教和民族等问题的影响，阿拉伯人以宗教划派，以部落为群。他们性情固执，比较保守，家族观念、等级观念很强，不轻易相信别人，整个民族具有较强的凝聚力。

阿拉伯人通常要花很长时间才能作出谈判的决策。他们不希望通过电话来谈生意。当外商想向他们推销某种商品时，必须经过多次拜访，有时甚至第二次、第三次拜访都接触不到实质性的问题。与他们打交道，必须先争取他们的好感和信任，建立朋友关系。只有这样，下一步的交易才会进展顺利。

在他们看来，没有讨价还价就不是一场严肃的谈判。无论是大商店还是小商店均可讨价还价，标价只是卖主的报价。在商务谈判中更是如此，他们甚至认为，不还价就买走东西的人不如讨价还价后什么也不买的人受卖主的尊重。

几乎所有阿拉伯国家的政府都坚持让外国公司通过代理商来开展业务，代理商从中获取佣金。一个好的代理商对业务的开展大有裨益。他可以帮雇主同政府有关部门取得联系，促使有关方面尽早作出决定，帮助安排货款的收回、劳务使用、物资运输、仓储等诸多事宜。

（二）风俗与禁忌

阿拉伯人见面的第一个礼节是拥抱亲脸，从左边开始亲 3 次，右边亲 3 次，回到左边再亲 3 次，然后两人握手，握手后开始念"你好，神祝福你"等祝词。不能随便摸女孩的头或抱女孩，以免引起麻烦。

阿拉伯人信奉伊斯兰教，禁忌很多，如坐下不能架起二郎腿；也不要在后窗眺望；与阿拉伯商人谈生意，务必尊重他们的信仰，免得造成麻烦。初次见面不宜送礼，否则有可能被误认为是行贿。送礼时不要送带有动物形象的东西，他们认为动物会给人带来厄运。交换礼物时，用右手或双手，忌用左手。不能单独给女主人送礼，也别送东西给已婚的女子。切勿把旧的东西送给他们。

二、澳大利亚商人的谈判风格、风俗与禁忌

（一）谈判风格

澳大利亚商人重视办事效率。他们往往和第一次见面的客人进行简短的寒暄后，即着手进行谈判。因重视办事效率，派出的谈判人员一般都具有决定权，同时也希望对方的谈判代表同样具有决定权。他们也不喜欢开始报价高，再慢慢讨价还价的方法，而一般会采用招标的方式，最低价成交。

澳大利亚商人待人随和，公私分明。他们的招待与生意无关，不要以为在一起喝过酒生意就好谈了。相反，他们在签约时非常谨慎，不太容易签约，但是一旦签约，发生毁约现象也

相对较少。

（二）风俗与禁忌

握手是澳大利亚常见的招呼方式，拥抱亲吻则比较罕见，多发生于女性好友之间。澳大利亚人的时间观念很强，商务约会必须提前预约并准时赴约；私人拜访则需携带礼物，最合适的莫过于一束鲜花、一盒糖或一瓶葡萄酒。

澳大利亚男子秉承了英国传统绅士的作风，讲究"妇女优先"，感情不外露。多数男人不喜欢紧紧拥抱或握住双肩之类的亲密动作；他们认为在社交场合打哈欠、伸懒腰等小动作，是非常不雅观、不礼貌的行为。

澳大利亚不流行付小费，如果服务人员为你提供了额外服务，也可适当支付小费，但数目不宜多；购物时不要讨价还价；乘坐出租车一定要系安全带，否则是违法行为。

在数字方面，受基督教的影响，澳大利亚人对数字 13 和星期五反感至极。懂得享受户外生活的澳大利亚人喜欢邀请友人携伴同游，这被认为是密切双边关系的捷径之一。在社会生活中，他们乐于保护弱者，私生子的有合法地位；谈论种族、宗教、工会、个人生活、等级、地位等问题，会引起他们的不满。周日是澳大利亚基督徒的"礼拜日"，所以一定不要在周日与其约会。

三、犹太商人的谈判风格、风俗与禁忌

（一）谈判风格

犹太人有"世界商人"的美称，具有很强的商业意识，经商才华出众。同犹太人做生意会很难讨价还价，交易条件也会比较苛刻，并且在谈判中也不会轻易接受对方的条件。他们对于协议条款总是认真斟酌，以便市场行情变化时，能够作出有利于己方的解释或寻找漏洞而拒绝履行合同。

犹太人参加谈判时总是有备而来。他们会在谈判之前阅读大量的相关资料，搜集相关情报。他们认为，在谈判中能做到从容不迫、应对自若，就能够随心所欲地控制谈判气氛，但前提和关键就是付出艰辛的前期努力，尽可能地做好一切准备。

在谈判中，他们常能根据得到的数据立即计算出结果和利润，能在谈判中抢先作出判断，使对方陷于被动。

他们认为，如果对方感到失了面子，会变得充满敌意，冷漠无情，这样可能会危及眼前和长远的合作。在谈判中犹太人往往会为某一问题与对方争执得不可开交，但之后还是会与对方温和友善地打招呼。

（二）风俗与禁忌

尽管犹太人的不同文化群体有着不同的问候方式，但大多数在国外做生意的犹太人在相互介绍时行握手礼。正统犹太教严禁接触女性，但 50％以上的犹太人都属于"凡夫俗子"，他们并不遵循犹太教的传统仪规。我们在国际交往中遇到的大多数犹太商人都属于这一群体。

大多数犹太人习惯在交谈时相互距离较近，但你不要因此而后退或难堪地走开，这样会让他们认为你不友善。此外，人们的身体接触也较多，在双方交谈时往往也避免不了相互间

的身体接触。不过,女性应避免主动地用身体去接触别人。

在犹太人的生活中,最重要的事莫过于守安息日。安息日是犹太人每周一天的休息日,也是犹太教中最神圣不可侵犯的圣日。安息日从周五下午日落时开始,到周六下午天空出现第一颗星星时结束。在安息日,犹太人全天不工作、不购物、不旅行、不烧煮,也不能写字、开关灯、接电话等,不能携带钱款和任何东西,也不准乘车或利用其他公共交通工具到犹太教会堂,轮船不准起航,飞机不准起飞。但他们可以雇佣非犹太人从事这些工作。

 **本章小结**

1. 国际商务谈判中,谈判人员表现出不同的风格特点,谈判风格有文化地域性、传统稳定性、社会综合性和无意识不自觉性等特点。

2. 世界各国商人有不同的谈判风格,要掌握与各国进行谈判时需要注意的事项、禁忌和掌握的原则。但由于不同的谈判者具有不同的个人经历、文化程度,即使是同一个国家的商人也可能具有一些个体差异。因此,在实际谈判中必须灵活运用,决不能机械照搬。

 **思考与练习**

一、单项选择题

1. 与(　　)初次见面,最好的话题是天气和体育。

　　A. 美国商人　　　　B. 德国商人　　　　C. 日本商人　　　　D. 英国商人

2. 日本商人在国际商务交往中的习惯是(　　)。

　　A. 谈判团队一般包括律师　　　　　　B. 谈判中直截了当

　　C. 初次联系喜欢采用书信方式　　　　D. 不用香烟待客,抽烟而不敬酒

3. 在谈判中,意大利人一般不习惯提及国名,而更愿提及的是(　　)的名字。

　　A. 自己　　　　　　B. 故乡　　　　　　C. 家族　　　　　　D. 夫人

4. 在谈判中,双方互赠礼品时,西方人较为重视礼物的意义和(　　)。

　　A. 礼物价值　　　　　　　　　　　　B. 礼物包装

　　C. 礼物类型　　　　　　　　　　　　D. 感情价值

5. 英国人的谈判风格一般表现为(　　)。

　　A. 讲效率　　　　　　B. 守信用　　　　　　C. 按部就班　　　　D. 有优越感

二、多项选择题

1. 下列选项中,(　　)属于德国商人的谈判风格。

　　A. 开放随意　　　　　　　　　　　　B. 严谨保守

　　C. 讲究效率　　　　　　　　　　　　D. 自信固执

　　E. 出言谨慎,崇尚契约

2. 日本人的谈判特点有(　　)。

　　A. 注重合同中的法律术语　　　　　　B. 注重私人关系

　　C. 集体决策　　　　　　　　　　　　D. 委婉间接交流

E. 决策过程缓慢

3. 关于谈判文化和风格,下列选项中,正确的有(　　)。

    A. 美国人喜欢很快进入主题,不太重视谈判前个人关系的建立

    B. 英国人常常是比较冷静、稳健,喜欢按部就班

    C. 法国人往往十分健谈,口若悬河,不太注意生意上的细节

    D. 德国人比较谨慎、保守、严谨,办事有计划,雷厉风行

    E. 意大利人时间观念强,与人打交道时比较僵硬、刻板,缺乏民主色彩

三、简答题

1. "性相近,习相远",说说你对此观点的看法。

2. 你如何解释世界各地存在的不同的行为方式?

3. 对在谈判过程中出现的文化差异,谈谈你的态度。

4. 在准备与来自德国和日本的商人谈判时,你应考虑哪些关键因素?

 **案例分析题**

宗教引起的麻烦

    一中国企业谈判小组赴中东某国进行一项工程承包谈判。在闲聊中,中方负责商务条款谈判的成员无意中评论了中东盛行的伊斯兰教,引起对方成员的不悦。当谈及实质性问题时,对方较为激进的商务谈判人员丝毫不让步,并一再流露撤出谈判的意思。

案例来源:http://www.51lieke.com/liligang.

分析:

(1) 在此案例中,沟通出现的障碍主要表现在哪些方面?

(2) 这种障碍导致谈判出现了什么局面?

(3) 应采取哪些措施克服这一障碍?

(4) 从此案例中,中方谈判人员要吸取什么教训?

第十一章 国际商务谈判的风险管理

 **学习目标**

通过本章的学习,学生应认识商务谈判中风险的类型,理解并掌握规避风险的必要措施,进而对商务谈判中的风险问题有一个深入的认识,并通过灵活运用,在商务谈判中避免其不利的影响。

第一节 国际商务谈判中的风险概述

国际商务谈判的风险在国际商务合作过程中,可谓无处不在、无时不有,既包括谈判进行过程中存在的风险,也包括由谈判活动本身所带来的风险。一般可将国际商务谈判中的风险分为人员风险和非人员风险两大类。

 **案例**

政局不稳定的沉痛代价

在 20 世纪 70 年代初期,世界上石油主要出产国伊朗,为了利用天然气生产一些化学产品,经过再三选择,准备将日本作为合作伙伴来解决技术及管理方面不足的问题。日本得知这一消息后非常高兴,因为当时日本的石油需求主要依赖中东,所以对日本来说,这确实是一次难得的机会。于是日本在经过一番调研之后,决定全力投入这项工程,并且期望通过该工程建成一个日本在中东地区最大的石油化工生产基地。该工程就这样很顺利地达成了协议,进入了履约阶段。

1973 年 4 月,由日本三井东庄化学、三井物产、东洋达等 100 多家公司组成的伊朗化学开发股份公司,与伊朗自己的国营石化公司合资建立了合营企业伊日石化公司。该合营公司全部资产为 7 300 亿日元,其中日方占 4 300 亿日元,伊方占 3 000 亿日元,伊方 3 000 亿日元中有近 900 亿日元是由日方贷款提供的,即伊方真正实投资本近 2 100 亿日元。合营公司预定生产能力为年产 30 万

（续上）

吨乙烯等化工产品。资本到位以后,工程的建设就开始了。经过5年的建设,工程粗具规模。谁知,到了1978年年末,伊朗国内突然爆发动乱,政局极不稳定,经济运行处于中断状态,工程陷入瘫痪。时至1979年3月,几乎85%以上的工程停工。更令日方担忧的是,当时的霍梅尼政权主张对西方企业要实施国有化措施,这就使日方已投入的1 000多亿日元资产面临着巨大损失的危险。幸运的是,伊朗政府也期望这项耗资巨大的工程尽快发挥效益,以促进伊朗经济的发展,于是便向日本政府与企业要求尽快复工,并且向日方保证该工程项目不列入国有化之列。这对于已投入巨额资本的日方来讲无异于柳暗花明。因此,日方企业又进一步进行调研工作,并确信霍梅尼政权的地位是比较稳固的,于是便同意于1979年11月复工,并计划追加1 300亿日元的资产。不幸的是,在未开工之前,发生了伊朗学生占领美国大使馆扣押人质的事件,伊朗内阁被迫辞职,政局再次陷入混乱,工程又不得不继续延期。到了1980年3月,日方又一笔28亿日元贷款开始使用,工程于5月又一次动工,同时,60名技术人员进入工地。到了1980年9月,工程全面展开,日方700人开始正式工作。不曾想开工没几天,灾难再一次降临了。1980年9月末,两伊战争爆发,伊拉克军队当然不会放过建设中的石化生产基地,仅在1个月内,连续5次轰炸该生产工程,造成了十分严重的损失,工程遭受严重破坏。为了安全,全体工人被外遣,日方人员都纷纷乘飞机去泰国避难,到了同年11月份,347名日籍技术人员全部返回东京成田机场。工程再一次停顿下来。

到了1981年3月和7月,伊朗和日本的投资者互访并视察了破坏后的工地,双方努力探寻有无重新修复的可能性。还没等找到结论,在同年10月,伊拉克的空军又第六次对该工程进行轰炸,使修复的希望也破灭了。

本案例中,因为政局不稳定带来的谈判政治风险,导致日、伊双方在该工程上付出惨痛代价,投入的资产、人力和时间付之东流。谈判风险是所有谈判方面临的,对于这种风险不能移除,只有规避。

资料来源:张煜.商务谈判[M].成都:四川大学出版社,2005.

一、国际商务谈判中的人员风险

人员风险(personnel risk)主要指员工的个人因素导致失误或错误所引起的风险。人员风险主要有素质风险、技术风险等。

(一) 素质风险

素质风险(quality risk)是由于参与商务谈判的人员素质欠佳造成的。商务谈判过程中可能出现的人员风险,主要是由人员素质影响造成,谈判人员综合素质的高低往往是制约谈判能否顺利进行的一项重要因素,参与人员素质欠佳通常会给谈判造成不必要的损失。具

体地讲，人员素质风险主要表现为以下几个方面。

1. 谈判态度问题

谈判者急于求成，好表现自己，情绪急躁或唯唯诺诺、迟缓犹豫，都属于谈判态度不佳，容易造成谈判风险，从而不能取得很好的谈判效果。造成这种风险固然有谈判者先天的性格因素，但更多的却是谈判作风方面的问题。

2. 缺乏主见

有些谈判者一遇到来自对方或自己上司的压力，就感到难以适从，不能自主，缺乏主见。比如有时不与对方交涉洽商，就随意作出承诺，使经过力争可能获取更大利益的局面丧失殆尽；有时拖泥带水，不从实际工作出发，沉湎于谈判结果对于个人进退得失影响的考虑之中，不能争取更有吸引力的合作前景。

3. 缺乏灵活性

有些谈判者刚愎自用，自我表现欲过强。在谈判中坚持一切都要以他的建议为合作条件，寸步不让，从而使有些合作伙伴不得不知难而退，错失良好的合作机会。

 案例

爱表现的副厂长

上海某机械厂拟引进一批先进设备，经有关部门牵线搭桥和多方比较，最终选定某国F公司的产品。F公司以前从未与中国企业有直接业务来往，因而合作态度十分积极，希望借此机会开拓中国市场。为此，F公司在商务谈判中报出了非常优惠的价格。然而中方主谈者是一位新上任的副厂长，为了表现自己，把谈判看成是一场胜负赛，不顾实际情况，一而再、再而三地向对方压价，并在合同条款上向F公司提出了许多实在难以让人接受的条件，如对于一台定制设备，要求F公司货到上海后10天内必须安装调试完毕等。这位副厂长还公然声称"签七八个合同都可以，大不了再改嘛"。这种表面看来有些毛糙的性格，实际上却是作风不踏实，责任心不强的反映。显然，这种做法也只会把客商吓跑，丧失一个良好的合作机会。

本案例中，作为谈判主力的副厂长错误地将个人的尊严和地位高于谈判目标，采用了不当的谈判态度，在面对初次合作的F公司时也没有适当的灵活性，最终导致一场本可以双赢的谈判以失败结束。

资料来源：陈福明，王红蕾.商务谈判[M].北京：北京大学出版社，2006.

4. 缺乏必备知识

有些谈判者缺乏必备的知识，又缺乏充分调查与研究和虚心向专家请教的精神，因此也会产生风险。

实际上，因国际商务谈判的复杂性，谈判者对客观环境不够了解、对专业问题不够熟悉

是很正常的事,但关键是其如何去正确地看待自己的这种不足。那些应该掌握的知识、可以预知的情况,是可以通过一定的途径和方式来加以了解的,否则就要遭受不必要的经济损失。如果谈判者所面临的未知因素是事先无法测控或不可抗拒的,即主要是由于外界环境的意外变化引起与决定的,那么谈判者也只能被动地接受。但是,如果是由于谈判者专业知识方面存在不足所反映出的一些情况,则需要谈判者事先能够充分地进行调查研究和分析,认真全面地做好可行性研究。比如,工程技术人员、律师、会计师等参与可行性研究,就可能对这些客观因素的影响作出预先估计,并可相应地采取措施。

可见,在国际商务活动中,谈判者要不断地保持风险意识,积累实践经验,细心观察,虚心求教,从而降低风险的发生概率。这是每位谈判者都应该做到的。

(二)技术风险

技术风险(technical risk)主要是由技术项目本身和谈判技术操作不当而可能带来的风险。在国际商务谈判中,所要考虑的技术问题是十分广泛的,比如技术上过分奢求引起的风险,强迫性要求造成的风险,合作伙伴选择不当引起的风险等。

1. 技术上过分奢求引起的风险

在项目合作中,己方在向外方提出任何技术要求时,都要有承担相应费用的心理准备。而且需要明确的是费用的上升幅度有时会大大超过功能、技术的提高幅度。

过分奢求无疑会带来风险,所以己方的工程技术人员、谈判者在提出有关要求时,应考虑这些要求既要符合我们的需求,又能符合对方的技术规范。这样不仅在技术上可行,而且经纪商也可以达到合理的目标,并且有助于商务谈判的顺利进行。

 案例

水土不服的 ERP

ERP 即指企业资源计划系统,是当代信息化企业管理的先进工具,在世界上已经有许多成功的案例证明该项技术是很值得引进和推广的。因此,许多有条件的企业都花费了大量精力和财力引进了 ERP 系统。以 2000 年为例,国内 MR - PII/ERPDE 的销售总额达 4.7 亿元人民币,增长速度达 13.1%,占整个管理软件销售量的 8%。但到目前为止,ERP 软件实施成功的例子相当少,初步统计成功比例只在 10%～20%之间,多数企业付出巨大代价而收效甚微。例如,有一家著名的汽车配件公司,花费了 400 多万元人民币引进了 ERP 软件,其中还不包括电脑和网络系统的硬件投资。该软件运作 3 年来,没有给生产管理带来多大有实际价值的效益。

本案例中,因该汽车配件公司没有准确地评估市场容量,过分地奢求技术高度,导致技术与实际生产力脱节,从而既浪费了高额引进的技术,又没有产生一定的价值受益。

资料来源:仰书纲.商务谈判理论与实务[M].北京:北京师范大学出版社,2007.

2. 强迫性要求造成的风险

在国际商务活动中,一些发达国家的企业在与发展中国家的企业交往中,利用发展中国家的企业有求于发达国家的特点,在项目合作条件中对发展中国家提出苛刻要求,于是发展中国家的企业就面临着强迫风险。反过来,发展中国家的一些企业在开展对外商务合作时,对国外客商的合作条件要求苛刻,强迫对方做一些他们根本做不到或者做不好的事情。这样一来,谈判就容易陷入僵局,产生一定的风险。

3. 合作伙伴选择不当引起的风险

在发展中国家开展国际经济合作活动时,常常以引进资金、技术、设备及管理为主要内容,但能否如愿以偿地从发达国家的合作伙伴中得到这些东西,却往往难以确定。不能仅仅简单地认为对方是发达国家的企业,拥有先进技术,就一定能够保证合作的顺利和成功。在国际商务谈判合作项目中,除了考虑合作伙伴的技术状况之外,还要考虑其他资信条件、管理经验等方面的情况。

 案例

一次不慎重的选择

在我国 L 市的一个大型项目中,谈判者选择了美国的一家中型企业 M 公司作为技术设备供应商。事实证明,这个选择是不慎重的。M 公司的技术比较先进,但它的资金实力、商务协调能力比较差,对中国情况不了解,缺乏在中国开展活动的经验。尤其是它在美国收购了 T 公司。T 公司曾向银行借过一笔款项,到期无力偿还,这笔债务就转而由 M 公司承担。然而 M 公司此时亦无足够资金抵债,于是银行冻结了它的银行账务往来,它的各项业务被迫全部停顿,并累及与 L 市合同的履行。鉴于 L 市这个项目的重要性,本已紧张的工期不能再拖延,最后我方只得采取非常措施帮助 M 公司继续履行合同,使其摆脱困境,L 市工程才得以完成。

本案例中,选择不恰当的合作伙伴 M 公司,导致谈判失败。可见,为了使谈判顺利进行,达到预期结果,要综合考虑各种因素,慎重选择。

资料来源:陈福明,王红蕾. 商务谈判[M]. 北京:北京大学出版社,2006.

实践证明,只有选择了合适的合作伙伴,才有可能保证项目合作达到预期目的。特别是对于那些重要的、敏感的工程,更要寻找信誉良好、有实力的合作伙伴,即使为此承担稍高的合同价格也是完全值得的。合作伙伴选择不当,不但会使项目在合作中出现一些难以预料、甚至是难以逆转的困难,而且会造成不可挽回的损失。由此可见,国际商务谈判活动中,在合作伙伴的选择过程中隐含着相当大的风险,为此,必须十分慎重。

二、国际商务谈判中的非人员风险

(一) 政治风险

政治风险(political risk)是指由项目所在国政治因素变化而造成的风险。政治风险是

所有在该国投资的外国公司普遍面临的风险，一般不具有特别的指向性，一般包括四类：总体政局风险、所有权（控制）风险、经营风险、转移风险。

1．总体政局风险

总体政局风险产生于企业对东道国政治制度前景认识的不确定性。例如，1998 年 5 月印度尼西亚发生骚乱，导致许多华人企业损失严重。总体政局不稳定不一定会迫使企业放弃投资项目，但肯定会干扰企业经营决策和活动水平。

2．所有权（控制）风险

所有权风险又称控制风险，它产生于企业对东道国政府注销或限制外商企业行为认识的不确定性。这类风险包括政府对国外企业的控制和国有化行为。

3．经营风险

经营风险产生于企业对东道国政府控制性惩罚认识的不确定性。它主要表现在对生产、销售、财务等经营职能方面的限制。

4．转移风险

转移风险主要产生于对东道国限制经营所得和资本汇出的认识的不确定性。转移风险还包括货币贬值的风险。

货币贬值和人民币升值

货币贬值（devaluation）又称通货贬值，指单位货币所含有的价值或所代表的价值的下降，即单位货币价格下降。货币贬值可以从不同的角度来理解：从国内角度看，货币贬值在金属货币制度下指减少本国货币的法定含金量，降低其对金属的比价，以降低本国货币价值的措施；从国际角度看，货币价值表示与外国货币的兑换能力，具体反映在汇率的变动上，指一单位本国货币兑换外国货币能力的降低，本国货币对外币汇率的下降。

进入 21 世纪以来，全球经济低迷、萧条，许多西方国家面临着通货紧缩的巨大压力。与一些发达国家情况正好相反的是，中国经济持续高速增长。国际收支的双顺差和不断增加的巨额外汇储备成为推动人民币升值的直接原因。以美国和日本为首的西方国家认为中国的出口商以"不公平的低价"抢夺世界市场，逼迫人民币升值，并进而将这一经济问题转变为政治责难，向中国施加压力。综观全局，人民币升值有利亦有弊。

人民币升值的好处在于：① 扩大国内消费者对进口产品的需求，使其得到更多实惠。② 减轻进口能源和原料的成本负担。③ 有利于促进我国产业结构调整，改善我国在国际商务谈判中的地位。④ 有助于缓和我国和主要贸易伙伴的关系。

（续上）

> 人民币升值的弊端在于：① 对我国出口企业特别是劳动密集型企业造成冲击。② 不利于我国引进境外直接投资。③ 加大国内就业压力。④ 影响金融市场的稳定性。⑤ 巨额外汇储备将面临缩水的威胁。

在国际商务谈判中，政治风险一方面是指由于政治局势的变化或国际冲突给有关商务活动的参与者带来可能的危机和损失；另一方面也包括由于商务合作上的不当或者误会给国家间的政治关系蒙上阴影。比如，前几年，在一些阿拉伯国家，有人发现一批中国鞋的鞋底纹路近似于阿拉伯文"真主"字样，在当地即刻引来了一片愤怒，我国驻外使馆也为此遭到骚扰。这批鞋结果被封存起来。最后通过埃及一位颇有影响力的宗教领袖出面解释，风波才得以平息。由此可见，政治因素与商务活动有着千丝万缕的联系，消极影响难以挽回，损失亦难以弥补。因此，提高预见和防范政治性风险的能力，是开展国际商务合作的重要方面，必须予以高度重视。

（二）市场风险

市场风险（market risk）是指由国际市场上各种因素的交互变化，不可避免地给市场参与者带来各种损益的可能性。其风险主要有以下几个方面。

1. 外汇风险

外汇风险是指因汇率波动而蒙受的损失以及将丧失所期待的利益的可能性。具体地讲，外汇风险是指一个经济实体或个人，因在国际经济、贸易、金融等活动中，以外币计价的资产或重债因外汇汇率的变动，其价值上升或下降所造成的损益的可能性。

外汇风险主要有三种，即经营风险、交易风险和会计风险。

（1）经营风险又称经济风险，是指汇率的变化对国际企业未来销售、价格和成本的影响，引起企业未来一定时期收益或现金流量减少的潜在可能性的风险。对国际企业而言这种影响是长期的，因而相对于其他一次性风险来说，此风险更为重要。经营风险中的汇率变动指的是意料之外的汇率变动。国际商务谈判中那些意料到的汇率变动不在此例。

（2）交易风险是指外汇汇率波动对现行商务活动的短期现金流量的影响而使经济主体蒙受损失的可能性的风险。它随着商品资本买卖的外汇转移而发生。具体讲，交易风险可能来自以下三种情况：一是以即期或延期付款为支付条件的商品或劳务的进出口在货物已装运或劳务已提供，而货款或费用尚未收到时这一期间外汇汇率变化所发生的风险；二是以外币计价的国际信贷活动在债权债务清偿前所存在的汇价变动的风险；三是本期外汇合同到期时，由于汇率变化，交易的某一方可能要拿出更多的或较少的货币去换取另一种货币的风险。

（3）会计风险是指一个国际企业组织在其经营活动结果中的风险，具体来说是会计机构或人员在进行工作时，由于错报、漏报会计信息，使财务会计报告失实或依据失实的信息误导监控行为而给其带来损失的风险。

由于一个企业在它经营活动中所发生的外币收付均需与本币进行折算以结清债权债务并考核其经营绩效，因此，本币是衡量一个企业经济效益的共同指标。从交易达成到应收账款的收进、应付款项的支出、借款本息的偿还都有一个期限，这个期限就是时间因素。在确定的时间内，外币与本币的汇率也可能发生变化，产生外汇风险。可见外汇风险一般取决于

三个要素：本币、外币与时间。一般来说，时间越长，汇率变化的可能性越大，外汇风险相对也就越大。

2. 利率风险

利率风险是指一定时期内由于利率水平的变化而引起的公司投资损失的风险，它最终体现在公司的生产成本上。虽然国际商务的利率风险主要是由国际资本市场利率运动决定的，但就公司国内的投资活动而言也存在利率风险，利率风险可看作国际商务谈判的一般性风险。

筹资者应根据开展国际商务活动的具体情况采取相应办法。如果筹资时估计市场利率已达顶峰，且有回跌趋势，则应先借短期贷款或以浮动利率借入长期贷款为宜，这样在利率回跌时，就可再重新借短期借款；如果筹资时市场利率较低，并有回升趋势，则应争取设法借入固定利率的长期借款。贷款若以固定利率计息，则同种贷款利率升高或降低就会使放款人损失或得益、受款人得益或损失。此时，利率风险对于借贷双方都是同时存在并反向作用的。

 ## 知识拓展

浮动利率

浮动利率（floating interest rate）是一种在借贷期内可定期调整的利率。根据借贷双方的协定，由一方在规定的时间依据某种市场利率进行调整，一般调整期为半年。浮动利率因手续繁杂、计算依据多样而增加费用开支，因此，多用于3年以上的及国际金融市场上的借贷。

银行等金融机构规定以基准利率（benchmark interest rate）为中心在一定幅度内上下浮动利率。高于基准利率而低于最高幅度（含最高幅度），称利率上浮，低于基准利率而高于最低幅度（含最低幅度），称利率下浮。

基准利率是金融市场上具有普遍参照作用的利率，其他利率水平或金融资产价格均可根据这一基准利率水平来确定。

在西方国家传统上，基准利率是中央银行的再贴现利率，不过也不尽然，英国的基准利率就是伦敦银行间同业拆借利率。著名的基准利率有伦敦同业拆放利率（LIBOR）和美国联邦基准利率。

在中国，以中国人民银行对国家专业银行和其他金融机构规定的存贷款利率为基准利率。具体而言，一般普通民众把银行一年定期存款利率作为市场基准利率指标，银行则是把隔夜拆借利率作为市场基准利率。

隔夜拆借利率是银行间以一天为期限互相拆借资金的利率。银行间拆借利率（interbank offered rate）就是各银行间进行短期的相互借贷所适用的利率，通常是隔夜拆借或1～7天内拆借，它是发达货币市场上最基本最核心的利率。许多其他利率都要直接或间接受到其变动的影响，甚至其变动的国际影响也很剧烈，所以银行拆借利率通常可以作为一国利率市场化程度的重要参考。一般来说，流动性强，利率就低；流动性差，利率就高。

3. 信用证方式风险

信用证方式用于交易结算,通常容易为交易各方所接受,但仍然存在风险。就出口方而言,这种风险主要表现在五个方面:一是进口商不依合同开证,使合同执行发生困难而令出口商蒙受额外损失;二是进口商故意设置障碍,在信用证上蓄意添加一些难以履行的条件或设置一些陷阱,如规定不明确、有字误以及条款相互矛盾等;三是进口商伪造或窃取甚至与已经倒闭或濒临破产的银行的职员勾结开出信用证;四是信用证规定的要求与有关国家的政策法规不一致;五是涂改信用证进行诈骗。

4. 海运提单风险

海运提单是承运人签发给托运人的货物收据,是货物所有权凭证。由它的性质所决定,海运提单在国际商务活动中具有非常重要的地位和作用。谁控制了提单,谁就拥有了该批货物的所有权。然而,在国际商务活动中,提单的使用也带来种种风险,常见的海运提单风险包括倒签和预借提单、伪造提单、以保函换取清洁提单、无提单放货。

(三) 自然风险

自然风险(natural risk)是指由自然灾害、自然环境恶化等不可控制因素引起的,导致公司投资损失的可能性。尽管现代的气象预报、地震预测、环境监控技术日新月异,但毕竟还不能充分揭示自然界活动的规律。因而,起因于大自然变化莫测的这种自然性风险,也是任何投资者难以完全避免的。

(四) 纯风险和投机风险

商务风险不仅可以从宏观上区分为人员风险和非人员风险,同时还可以从微观上具体地区分为纯风险和投机风险两种,而且这两种风险往往是共存的。

纯风险(pure risk)是指纯粹造成损失却没有任何受益机会的风险。如货物运输途中,货主即将面临船沉货毁的风险就是纯风险。

投机风险(speculative risk)是指既有带来受益机会又存在损失可能的风险。如在国外举办合资企业,这既为我们开拓海外市场提供机会,也有产品或许不够畅销的可能。

换言之,纯风险是令人恐惧的,而投机风险却是让人欲罢不能的。在通常情况下,这两种风险是同时存在的,比如房主就同时面临诸如火灾之类的纯风险和经济形势变化引起房价上涨或下跌的投机风险。

第二节　国际商务谈判中风险的防范与规避

一、风险的防范

风险防范(risk prevention)并不是说完全消灭风险,事实上,也不可能完全消灭风险,这里所要规避的主要是风险可能给商务活动造成的损失。具体来说,可以通过采取事先控制措施降低这种损失发生的概率,或者通过事先预控、事后补救两种途径来降低损失程度。

（一）风险的预测与控制

在国际商务谈判中，针对这两种风险的不同特征，谈判者应采取不同的策略。那么，风险预测的重点应集中在两个方面：一是对事件发生概率大小的估计；二是对损失程度的估计。如果事件发生的概率较小，但是倘若发生便会导致损失惨重，这就需要认真考虑对策，并且不惜承担必要的成本去应对。相反，如果未来损失程度对整个事件是无足轻重的，那么即使事件发生的概率再大，谈判者也没必要花费很大的人力和物力去解决。因此，我们首先要对风险作出准确可靠的预测。

通常，人员风险是比较容易预测的，也是比较容易控制的。而对于非人员风险的预测和控制则难度较大，因为其发生常令人难以预见，所以只有采取事后补救的办法，可是实际损失的绝大部分是无可挽回的。但这绝不是说对非人员风险就听之任之，而是要采取积极主动的态度，对于那些根据已经观察到的事实而判断出来的政治风险和自然灾害风险，完全可以采取回避风险的策略来应对。

在国际保险业日益发达的今天，运用保险来转移自然风险所造成的损失已成为一种普遍的选择。同时，对政治风险的保险也已成为一种现实，只是这种保险业务的内容还被严格地限制在一定的范围之内。不难得出一个结论，即风险越不容易被预见，就越难以得到应有的控制，相反，风险一经被识别和衡量，相应的对策和措施也就会很容易地被找到。比如，对于非人员风险中的市场风险，包括汇率风险、利率风险，谈判者都可以通过加强预防措施来达到减少风险的目的。例如，汇率风险，当谈判者能够通过对历史资料的分析及今后国际外汇走势的预测，确信某种外币对本国货币将升值，谈判者就可采取远期交易的方式，以现汇汇率或约定汇率来买入未来某个时刻的外币，这样外币价格就被锁定。如果该种外汇汇率果真上升，不仅损失能够得以避免，而且相对而言等于有了一笔额外收益。同时，在国际商务谈判中，积极地采取其他一些风险转移策略，或让合作伙伴分担风险，或向国际保险商投保，都不失为对付商务风险的一种有效的措施。

（二）风险防范的措施

现代风险管理理论认为，要想有效地规避商务活动中可能出现的风险，通常可采取如下措施。

1. 完全防范风险

即通过放弃或拒绝合作、停止业务活动来防范风险源。利用这种方法，虽然潜在的或不确定的损失能就此避免，但获得利益的机会也因此而丧失殆尽。

2. 风险损失的控制

即通过减少损失发生的机会来降低风险损失。同时，通过降低损失发生的严重性来对付风险。

3. 风险转移

即将自身可能要承受的潜在损失以一定的方式转移给第三者，包括保险与非保险两种方式。在国际商务活动中，普遍采用的保险方式就是让合作方的担保人来承担有关责任风险，是一种非保险的风险转移方式。

4. 风险自留

即通过将风险留给自己的方式来防范,自留风险可以是被动的,也可以是主动的;可以是无意识的,也可以是有意识的。当风险在没有被预见,因而没有做好处理风险的准备时,自留风险就是被动的或者是无计划的。这种自留风险的方式比较常见,而且在一定程度上不可避免。所谓主动的或有计划的自留风险,通常是采取建立一笔专项基金的做法,以此来弥补可能遭遇的不测事件所带来的损失。在某些情况下,自留风险可能是唯一的对策,因为有时要完全防范风险是不可能或明显不利的。这时,采取有计划的自留风险不失为一种良好的防范风险的方式。

综上所述,处理风险主要有完全防范风险、风险损失的控制、风险转移和风险自留四种方式。对于政治风险、自然风险这类纯风险而言,有时采取完全防范风险的策略而终止国际商务活动的做法是有积极意义的,而被动的风险自留的做法往往也是迫于无奈的。但如果用完全防范风险的方式来对付汇率风险这种投机风险,则无疑是一种因噎废食之举,而且即使以有计划的风险自留方式来对付它,也未必能取得理想的效果。

在国际保险业日益发达的今天,运用保险来转移自然风险所造成的损失已成为一种普遍的选择。同时,对政治风险的保险业已成为一种现实,只是这种保险业务的内容尚被严格地限制在一定的范围之内。不难得出一个结论,即风险越不容易被预见,就越难以得到应有的控制;相反,风险一经被识别和衡量,相应的对策和措施也就会很容易地被找到。

针对汇率风险所隐含投机可能的特性,谈判者可以采用外汇的期货交易或期权交易方式,因为它不仅是一个争取套期保值的过程,同时也是一个伴随可能获利的过程。也就是说,风险的防范,从广义上理解,不仅不是指消灭风险,而且是要在寻求减少未来可能的损失的同时,寻求未来收益增长的机会,这才是防范风险的真正含义,也是处理风险的更为积极的做法。

二、风险的规避

在国际商务谈判中,体现上述风险规避思想的具体策略有以下几种。

(一) 提高谈判者的素质

谈判者的选择应当着重依照一定的素质要求从严掌握。由于国际商务谈判的责任重大,因此就不得不对谈判者,特别是首席谈判代表提出严格的要求。最终被选定的谈判者应该以事业为重,有较强的自我控制能力,不图虚荣,敢于负责。这样,谈判者的素质风险就可能避免。为了切实提高商务谈判者的素质,应该从以下几个方面入手:

(1) 谈判者工作作风应该是深入细致,洞察力强,信息渠道广,善于营造竞争局面,多方择优,这样可以克服伙伴选择方面的风险隐患。

(2) 谈判者要懂得一分价钱一分货的商业道理,在谈判中既能坚持合理的要求,又不会提出过分条件,这样即可回避奢求所带来的风险。

(3) 谈判者应该努力拓宽自己的知识面,在谦虚好学的同时要注意求教他人,这样就可以避免一些因为自身知识欠缺引发的风险。

(4) 谈判者应该对政治与经济的辩证关系有较为深刻而清醒的认识。特别是从事国际

商务活动者,应不断努力提高对国际政治形势的分析预测能力,这样即可提高对政治风险的控制能力。

总之,国际商务谈判者要试图避免或减少由其素质条件引发的各种谈判风险,只有通过不断地提高自身的素质,才能做到真正回避风险。

(二) 公平负担

在国际商务活动中,特别是在有些项目的合作过程中,谈判双方如何分担风险是谈判中的一个重要的议题。当不测风险出现后,如何处理共同的风险损失,构成了合作双方需要磋商的内容。在这样的谈判过程中,坚持公平负担原则是能带来合理结局的唯一出路。这是多年来国际商务谈判实践所总结的经验之一。

例如,分担国际市场的风险是合作双方经常讨论的问题。如 A 方要求 B 方在结算时支付欧元,而 B 方则只愿支付英镑。在焦点的背后隐藏着双方共同的认识:欧元在未来一段时间内会日趋坚挺,而英镑会日趋疲软,所以双方谁都不愿意承担外汇风险。于是一个合理的解决方案是双方共同到外汇市场上去做套期保值,或双方自行约定一个用于结算的英镑对欧元的汇率。这样无论 B 方最终向 A 方结付英镑还是欧元,对双方都是公平的。市场价格波动也是一件令人头痛的事。对大型项目的一些后期供应的设备选择浮动价格形式,这既考虑了若干年限内原材料、工资等价格上涨的因素,又避免了供应商片面夸大这些不确定因素而使用户承受过高固定价格的风险。对于交易双方来讲,这样彼此都合理承担了各自应负的风险责任。

(三) 利用保险市场和信贷担保工具

在如今的国际商务活动中,向保险商投保已成为一种相当普遍的转移风险的方式。与价格浮动、汇率风险这种市场风险不同,保险一般仅适用于纯风险。在国际商务合作中,面对是否就项目中存在的纯风险投保、向哪家保险公司投保、承保事项如何确定、选择什么档次的保险费率、如何与合作方分担保险费等一系列问题,谈判人员还应虚心求教保险专家的意见。

国际商务活动中,信贷担保不仅是一种支付手段,而且在某种意义上也具有规避风险的作用。在大型工程项目中,为了预防承包商出现差错延误工程进度,业主可以要求承包商或供应商在签订合同时承诺提供银行担保,以保护自己的利益。通常这类担保必须由银行作出,大致可分为三种:

(1) 履约保证书。为了防止供应商或承包商不履行合同,业主可以要求供应商提供银行担保,一旦发生不履约情况,业主就可以从银行得到补偿。

(2) 投标保证书。为了阻止投标者在中标后不依照投标报价签订合同,要求投标者在投标的同时提供银行的投标保证书。开标后如投标者未中标,或已正式签订合同后,银行的担保责任即告解除。

(3) 预付款担保。在业主向供应商按合同规定支付预付款的时候,可要求供应商等提供银行担保,以保证自身利益。

(四) 请教专家,主动咨询

商务谈判者素质再高,知识储备再全面,整个谈判班子知识结构再合理,在谈判实践中也总难免会有缺漏,特别是对于某些专业知识方面的问题会缺乏全面的把握与深刻的了解。请教专家、聘请专家做顾问常常是商务谈判取得成功所必不可少的条件。

这里所指的专家,既包括国内的同行业企业、有关专业外贸公司,也包括国外特别是项目所涉及的有关国家的政府部门、行业机构,甚至还包括国内银行等金融机构、外国驻我国使领馆和我国驻外使领馆等。

特别应该强调的是,现代金融机构之间频繁的业务往来,促使银行成为各种商务信息的天然集散地。谈判者若想取得谈判的成功,尤其应该注重与银行家之间的交流。谈判经验告诉人们,专家不仅可以帮助谈判者了解客观环境,而且还可在选择谈判对手等方面提供参考意见。特别是对于政治风险、自然灾害风险等纯风险来讲,它们确实难以被预测,而且一旦造成损失,后果又会非常严重。对此,谈判者就可请教有关方面的专家,可能会得到有价值的信息与启示。比如,到海外投资,就要请国际政治问题专家考证当地政治环境是否稳定,以及该国家或地区与周边国家或地区的关系状况等。

总之,在选择国外合作伙伴时,主动征询专家的意见有助于谈判者避免因伙伴选择不当而造成的风险损失。专家不能保证完全消除这些风险,但总要比外行更了解这些风险,而这些正是商务谈判人员所需要的。

（五）通过财务手段化解风险

在国际商务活动中,所涉及的市场风险,即汇率风险、利率风险、价格风险,谈判者是可以通过一定的财务手段予以调节和转化的。在现代商品流通高度发展的今天,期货和期权交易作为商品交换的高级形式发挥了重要作用。由于国际政治、经济等因素的影响,未来供求关系将不断变化,由此而引起的价格波动对买卖双方均会产生不利影响。为减少这种风险,交易者通过在期货、期权市场公开竞争,以其认为最适当的价格随时转售或补进商品,与现货交易对冲,从而将价格波动的风险转移给第三者,达到保值的目的。

期货交易主要是规避一段时间内商品的价格变化带来的损失,是一种集中交易标准化远期合约的交易形式。即交易双方在期货交易所通过买卖期货合约并根据合约规定的条款约定在未来某一特定时间和地点,以某一特定价格买卖某一特定数量和质量的商品的交易行为。

随着世界期货、期权交易的蓬勃发展,交易商品也日趋多样化,目前已发展为四大类:一是商品期货交易,如谷物、棉花、橡胶以及金属等;二是黄金期货交易;三是金融工具期货交易,如债券、股票指数、利率等;四是外汇期货交易。虽然像远期买卖、期货买卖、期权买卖这些调节和改变市场风险手段的运用本身就隐含着风险,但是在专家建议与指导下,这种操作会显出合乎理性的发展方向。况且,汇率、利率和价格的波动总是相互关联的,其波动的频率范围多大、连锁波动的次序与时滞效应如何、今后变化趋势怎样等,这些问题由金融、财务专家来回答是最为妥当的。

当今国际金融界已有越来越多的专业人士把期货和期权市场看做是避免市场风险的理想场所。期货交易的最终目的并不是商品所有权的转移,而是通过买卖期货合约回避现货价格风险。谈判者要发展国际商务合作,还应该在专家指导下,大胆地尝试利用期货期权交易手段规避市场风险。

（六）审时度势,当机立断

决策理论表明,在现实生活中,很少存在对某一事务进行处置的绝对最佳方案。实际情

况是纷繁复杂的,要进行反复比较作出最佳选择往往是非常困难的。所以,在国际谈判活动中,要求谈判者能够审时度势,当机立断,这在很大程度上要依赖于谈判者心理素质的优劣以及谈判的准备是否充分。

商务谈判工作既不可急于求成,也不可当断不断。在我国的一些国际商务谈判中,有些外商利用国内企业有求于他们的心理,在谈判中报出苛刻的合作条件。若谈判者急于求成,就要承受价格不合理的风险;相反,如在谈判中表现出过多的犹豫,试图把方方面面的情况都考虑周全后再作决策,就得承担失去合作机会的风险。在国际商务谈判中,有些具体方面必须相当谨慎细致地反复权衡,但在总体上却不能过于计较细节。一旦条件基本成熟,谈判者就应当机立断,对于大项目谈判尤其如此。

风险不会一成不变。在商务活动中,大量存在的是投机风险,即损失与收益的机会同时存在。因此,对于投机风险应该以积极、主动的态度去对待它。

(七) 规避风险的技术手段

对于市场风险中所涉及的汇率风险、利率风险、价格风险,是可以通过一定的财务手段予以调节和转化的。作为商品交换的高级形式,期货期权交易在这方面充当了主要角色。由于国际政治、经济等因素的影响,未来供求关系将不断变化,由此而引起的价格波动,对买方或卖方均会产生不利影响。为减少这种风险,交易者通过在期货期权市场公开竞争,以其认为最适当的价格随时转售和补进商品,与现货交易对冲,从而将价格波动的风险转移给第三者,达到保值的目的。与此同时,利用价格的时间差、地区差,从事买空、卖空、谋取利润的投机商也伴随这样一个交易过程而产生。因此,期货交易价格反映了市场参与者对 3 个月、6 个月、1 年以后乃至更长的时间里供求关系、价格走势的综合判断。

本章小结

1. 国际商务谈判中的风险是不可避免的。产生风险的原因与情况较复杂,种类也较多,关键是对风险要有正确的认识,对风险产生的原因能正确分析,预见风险可能会造成的损失,从而有针对性地采取有效措施进行控制。

2. 在国际商务谈判中,规避风险的手段和方法较多。商务谈判者要学会从主、客观方面掌握并灵活运用规避风险的手段,使风险降低到最低程度,利益能获得最大提高。

思考与练习

一、单项选择题

1. 国际商务谈判中,非人员风险主要有政治风险、自然风险和( )。

    A. 技术风险   B. 市场风险   C. 经济风险   D. 素质风险

2. 作为商品交换的高级形式,最能规避风险的交易是( )。

    A. 实务交易   B. 期货和期权交易

    C. 外汇交易   D. 商品交易

3. 下列各项中,属于国际商务活动中人员风险的是(　　)。

  A. 政治风险   B. 市场风险   C. 自然风险   D. 技术风险

4. 货物运输途中船沉货毁的风险属于(　　)。

  A. 纯风险   B. 投机风险   C. 市场风险   D. 技术风险

5. 保险是规避风险的主要方法,其一般适用于(　　)。

  A. 市场风险   B. 技术风险   C. 纯风险   D. 素质风险

6. 支付方式对谈判最大的影响是(　　)。

  A. 汇率风险   B. 利息损失

  C. 预期利润的变化   D. 市场风险

7. 既会带来受益机会又存在损失可能的风险是(　　)。

  A. 人员风险   B. 非人员风险

  C. 纯风险   D. 投机风险

二、多项选择题

1. 市场风险包括(　　)。

  A. 利率回落趋势   B. 价格波动幅度较大

  C. 技术淘汰较快   D. 汇率变动较大

  E. 谈判者素质不高

2. 商务活动中,容易预先估计并可以控制的风险有(　　)。

  A. 技术风险   B. 市场风险   C. 纯风险   D. 素质风险

  E. 政治风险

3. 规避商务谈判风险可采取的措施有(　　)。

  A. 完全回避风险   B. 风险损失的控制

  C. 转移风险   D. 自留风险

  E. 风险忽视

三、名词解释

1. 人员风险   2. 非人员风险

四、简答题

1. 商务活动中的人员风险主要有哪些?

2. 商务谈判中的非人员风险有哪些?

3. 商务谈判风险规避的含义是什么?

4. 简述规避谈判风险的具体策略。

 案例分析题

信用证风险

  某外贸公司出口一些运动器材到美国。由于信用证规定的装运期比较短,另外具体的规格型号在生产过程中也有些调整,所以出口商提交的信用证项下单据有好几个不符点。经过和进口商磋商,进口商给出口商写了保证函,声明接受单据中的所有不符点,并且将正

本的保证函寄给了出口商。

　　案例来源：http：//wenku. baidu. com/view/d6ccf31db7360b4c2e3f643e. html.

　　分析：面对这种情况，出口商应该怎么做？

附录

国际商务谈判策划书

沃尔玛超级市场是著名跨国沃尔玛大型连锁超市公司在成都的分店之一,该公司进入成都5年多,迅速扩张,已在成都有多家分店,是成都市规模最大的连锁超市品牌之一。该连锁超市品牌坚持质量把关,有一套严密的商品供应筛选制度,在保证服务质量的同时该超市品牌实行薄利多销的营销方针,因此,超市内品种繁多,成都市的市民接受度很高。

乐百氏饮料公司是国内一家区域性的知名饮料公司,该公司在饮料市场特别是纯净水饮料市场占有一定的份额,现在该公司推出一种新型的运动饮料,并以新品牌命名,产品经国家质量认证部门检验证明富含人类所需的一些维生素和矿物质,并经实验证明该产品能及时解渴和补充人体运动后所缺失的水分、维生素和矿物质。该产品是低糖饮料,分青柚、草莓和青柠几个口味。为进一步扩大市场占有率,乐百氏公司决定进入成都市场,与沃尔玛超级市场进行合作,现将其谈判策划列举如下。

一、谈判主题

乐百氏新运动饮料进入沃尔玛超级市场。

二、谈判团队人员组成

谈判团队人员组成:主谈;决策人;法律顾问;商务顾问;财务顾问。

三、双方利益及优劣势分析

(一)我方核心利益

1. 双方尽快达成合作关系,避免拉锯战,建立并维护长期合作关系。

2. 以较低价格达成协议,完成相关的既定目标,保证产品及时进入市场。

3. 进入市场,扩大知名度,增加市场占有率,沃尔玛超级市场把乐百氏产品放在醒目位置,并定期为乐百氏公司产品做促销活动。

(二)对方利益

1. 按时按量为其提供产品,并确保产品质量。

2. 能建立和维持长期合作关系。

3. 我方可以适当地为产品投放广告等,提高销量,为超市带来利润。

(三)我方优势和机会

1. 乐百氏饮料公司是国内一家区域性知名的饮料公司,通过ISO9001认证。

2．在质量性能方面,产品经国家质量认证部门检验证明富含人体内所需的一些维生素和矿物质,并经试验证明该产品能及时解渴和补充人们运动后所缺失的水分、维生素和矿物质,产品是低糖产品,分青柚、草莓和青柠味,并且产品已注册生产,产品有一流的生产线和乐百氏公司完善的产品质量检验过程。

3．乐百氏公司已有一套完整的市场推广机制,也已做好了一定的区域性广告投放和宣传活动的策划,这为公司的市场推广打下了一个坚实的基础。

4．公司产品具有很强的针对性,消费市场目标明确,面向年轻时尚男女一族;我方主谈已经做了充分的前期市场调查,结果显示年轻时尚男女一族对运动型饮料有着非常高的崇尚力和热爱度,而且年轻一族对新事物的接受力和好奇心也非常强,因此我公司推出的新运动饮料有着很好的销售和发展前景。

5．公司对前期产品的销售渠道已经建立初步的销售网络,产品销路有市场保证。

6．时下,健康运动饮料观念开始流行,行业发展趋势好,市场空间较大,而我公司产品应运而生,我们的品牌富有运动和时尚感,相信会有很广的市场前景。

7．公司有一套完善的物流管理体系和组织策略。从产品的种类,全面的物流关系,完善的销售网络,合理的市场需求分析,到及时的产品配送策略和合理的库存管理,公司都有一套自己独有的方式,在质量和时间效率上都有很强的优势。

8．市场尚未出现该运动型产品的领导品牌,这是我方的巨大机会。

（四）我方劣势和威胁

1．公司刚推出的新产品,知名度不高,可信度、消费者接受度也不高。

2．乐百氏公司非第一集团的饮料公司,在国内处于第二集团前列位置。

3．乐百氏公司前期有一个产品曾被工商质检部门内部通报批评,主要问题是印刷包装问题而非产品质量问题,但曾被媒体曝光过。

4．传统的饮料消费观念仍然很强,运动饮料作为新的概念被市场的接受度有待考验。

5．有很多来自同类更大型饮料公司的市场竞争,这会给乐百氏公司产品的推广造成一定的威胁。

（五）对方优势

1．作为国际知名大型连锁超级市场,拥有广阔的消费人群市场。

2．有完善的销售渠道、销售网络以及自己的宣传手段。

3．完善的管理体系。规模经济,重视物流,甚至买卫星构成其物流体系,采购成本低。

4．政府公关优秀,积极遵守支持中国的相关政策,获得政府信任。

（六）对方劣势

1．超市在中国市场中的知名度和市场占有率比例不大。

2．规模巨大,带来管理上的挑战,面临的问题也更多,运营成本高。

3．沃尔玛超市布局速度慢,优势物流系统发挥不了作用。

4．沃尔玛超市经营比较僵化,导致在中国营销成绩不理想,成本降不下来,市场反应迟钝。

四、谈判目标

（一）目标

1.战略目标

双方形成战略伙伴,提高公司产品的知名度、可信度,增强消费者对运动饮料的接受度,扩大产品市场占有率,与沃尔玛超市建立一个长期的合作关系。

2.具体目标

（1）要求沃尔玛超市方尽量将进场费控制在 3 万元以内。
（2）要求超市把乐百氏公司产品放在醒目位置。
（3）要求超市方必须对乐百氏公司产品做定期的促销活动。
（4）要求超市收取进场费的形式是在每季供货款中扣取。
（5）要求供货价格在 2.8~3.0 元之间。

（二）底线

1.要求沃尔玛超市方将进场费控制在 5 万元以内。
2.要求超市把乐百氏公司产品放在醒目位置。
3.要求超市方对乐百氏公司产品做定期的促销活动。
4.要求超市收取进场费的形式是在每月供货款中扣取,而非一次性支付。
5.要求保证供货价格在 2.4~2.6 元之间。

五、程序及具体策略

（一）开局

方案一：协商式开局策略。

通过谈及双方发展现状及前景形成感情上的共鸣,把对方引入较融洽的谈判气氛中。探讨沃尔玛超市近期的产品销售情况,自然地过渡到饮料方面的销售情况和发展方向;陈述我方在一定的饮料市场基础下推出的新型运动饮料的基本情况和销售前景,并顺势提出我方观点,希望达成共识。

方案二：坦诚式开局并配合借题发挥的策略。

首先,我方真诚、坦率地表明我方的来意和总体的目标,着重强调我方的合作诚意,但不透露我方的任何要求及条件;其次,配合采用借题发挥的策略,认真听取超市一方陈述,抓住对方问题的重点和漏洞,并沿着对方的漏洞进行攻击、突破,以占有主动权。

（二）中期阶段

1.投石问路策略

因为本次是双方的第一次合作,对双方合作的条件不能作深入了解,所以就先提出一组交易假设条件,比如提出"针对饮料价格多少钱可以"等试探性地向对方进行询问,最后在讨价还价中确定。本策略需得注意虚实结合,让对方难以琢磨你的意图。

2. 红脸白脸策略

2名主谈成员中,1名充当红脸,注意调节谈判的进程,一方面要站在对方的立场上考虑,给超市方一种假想的同情感,同时,也要适当地强调自己的苦处,保证白脸的条件立场;1名充当白脸,辅助协议的谈成,一定要尽可能地坚持自己的条件,表现出很强势,给人以些许的畏惧感,从而占据主动。

3. 层层推进,步步为营的策略

有技巧地提出我方预期利益,先易后难,选择较易解决的内容先谈好,然后再提出一些有争议的内容,步步为营地争取利益。

4. 把握让步原则

明确我方核心利益所在,实行以退为进策略,退一步进两步,做到迂回补偿,从其他对我方有利的条件处获取最大的利益,充分利用手中筹码,适当时可以减低价格换取利益。

5. 突出优势

以资料作支撑,以理服人,强调与我方协议成功给对方带来的利益,利润肯定要着重提出,同时软硬兼施,暗示超市方若与我方协议失败将会有巨大损失。

6. 打破僵局

可运用肯定对方形式,否定对方实质的方法解除僵局,适时用声东击西策略,打破僵局。

7. 旁敲侧击、探彼虚实

我方在谈判中可以不直接提及产品的价格方面的事,而是从其他方面,比如从其他饮料的销售情况,以及超市的一些具体需求和日常的管理方面进行了解等。

(三) 休局阶段

合理利用暂停、一定的幽默风趣,可以拉近超市与我方人员的关系,这时可以不讨论尖锐的话题,让对方放松,以博得对方好感,并在不自然的交流中尽可能地获取到有利于自己的相关信息,再冷静分析僵局原因,制定一些新的富有建设性的方案。

(四) 最后谈判阶段

1. 把握和坚持自己的底线,适时运用折中调和策略,严格把握最后让步的幅度,在适宜的时机提出最终报价,使用最后通牒策略;

2. 埋下契机,形成一体化谈判,以期与超市方达成建立长期合作关系;

3. 达成协议,明确最终谈判结果,出示会议记录和合同范本,请对方确认,并确定正式签订合同时间。

六、准备谈判资料

1. 合同范本、背景资料、对方详细的信息资料、技术资料、财务资料等。

2. 相关法律资料:《中华人民共和国合同法》、《国际合同法》、《国际货物买卖合同公约》、《经济合同法》。

七、谈判议程

1. 双方进程。

2. 介绍本次会议安排与会议人员。

3. 正式进入谈判。

4. 达成协议。

5. 签订协议。

6. 预付订金。

7. 握手祝贺谈判成功,拍照留念。

备注:(略)

八、制订应急预案

双方是第一次进行商务谈判,彼此不太了解。为了使谈判顺利进行,针对以下情况有必要制订应急预案。

1. 对方摆出一副居高临下,不重视合作的姿态。

应对方案:首先我方应表示出足够的合作诚意,并将此次合作给对方带去的利益一一说明,动之以情,晓之以利;其次,不能因为对方的排斥,我们就屈于合作,我们更应该不卑不亢,坚持自己的原则不变。

2. 对方对我方的价格表示异议,使用权力有限策略,声称金额的限制,拒绝我方的提议。

应对方案:就价格进行谈判,运用妥协策略,换取在交货期、技术支持、优惠待遇等方面利益。了解对方权限情况,"白脸"据理力争,适当运用制造僵局策略,"红脸"再以暗示的方式揭露对方的权限策略,并运用迂回补偿的技巧,来突破僵局,或用声东击西策略。

3. 对方使用借题发挥策略,对我方某一问题抓住不放。

应对方案:避免无必要的解释,可转移话题,必要时可指出对方的策略本质,并声明对方的策略影响谈判进程。

专业词汇索引

参考文献

1. 张吉国.国际商务谈判[M].济南：山东人民出版社,2010.

2. 殷庆林.国际商务谈判[M].北京：现代教育出版社,2010.

3. 刑新影.国际商务谈判[M].吉林：吉林出版集团有限责任公司,2010.

4. 汤秀莲.国际商务谈判[M].北京：清华大学出版社,2009.

5. 丁溪.国际商务谈判[M].北京：中国商务出版社,2009.

6. 鲁丹萍.国际商务谈判[M].北京：首都经济贸易大学出版社,2009.

7. 刘向丽.国际商务谈判[M].北京：机械工业出版社,2009.

8. 刘园.国际商务谈判[M].北京：对外经济贸易大学出版社,2009.

9. 李清.国际商务谈判[M].成都：西南财经大学出版社,2009.

10. 王晓冰,赵剑飞.中国大买家[M].北京：中国友谊出版社,2009.

11. 刘宏.国际商务谈判[M].沈阳：东北财经大学出版社,2009.

12. 宋格兰.国际商务谈判[M].北京：高等教育出版社,2009.

13. 田玉来.国际商务谈判[M].北京：电子工业出版社,2008.

14. 田长广.策划案例精选[M].北京：北京大学出版社,2008.

15. 张志.国际商务谈判[M].大连：大连理工大学出版社,2008.

16. 卞桂英,刘金波.国际商务谈判[M].北京：中国农业大学出版社,2008.

17. 潘玥舟.东西方文化差异对商务谈判的影响[J].天津职业院校联合学报,2007(4).

18. 王海云.商务谈判[M].北京：北京航空航天大学出版社,2007.

19. 李斌,全球并购研究中心.中国十大并购[M].北京：中国经济出版社,2007.

20. 吕维霞,刘彦波.现代商务礼仪[M].北京：对外经济贸易大学出版社,2006.

21. 丁建中.商务谈判教学案例[M].北京：中国人民大学出版社,2005.

22. 刘文广,张晓明.商务谈判[M].北京：高等教育出版社,2005.

23. 赵宏中.公共关系学[M].武汉：武汉理工大学出版社,2005.

24. 白远.国际商务谈判——理论案例分析与实践[M].北京：中国人民大学出版社,2002.

25. 商务谈判案例. http://yeppme.bokee.com/3785680.html.

26. 刘白玉.国际商务谈判礼仪中的文化差异研究[DB/OL].http://space.itpub.net/? uid-12878345-action-view space-itemid.

27. 陈文汉.商务谈判实务[DB/OL].http://www.dub.com/read free/19/04929/10.html.

28. 慧聪网. http://www.hc360.com/.